Frohn / Rhyner

Vastu

Birgit Frohn
Hans-Heinrich Rhyner

Vastu

Die indische Lehre vom gesunden Bauen und Wohnen

IRISIANA

IRISIANA
Eine Buchreihe herausgegeben von
Margit und Ruediger Dahlke

Bildnachweis
Karl Klein: 4.11., 6.1., 7.5.
Marco Klein: 2.2., 4.12., 4.17., 4.19., 4.27. 4.29., 4.44., 5.17., 6.2., 6.3., 6.9., 6.10., 7.1., 7.4., 7.6.-7.10
Shreedhar Morab, Bangalore: 8.4.
Alle anderen Fotos stammen von Dr. Hans-Heinrich Rhyner

Die deutsche Bibliothek – CIP-Einheitsaufnahme
Frohn, Birgit:
Vastu : die indische Lehre vom gesunden Bauen und Wohnen / Birgit Frohn/
Hans-Heinrich Rhyner. – München : Hugendubel, 1999
(Irisiana)
ISBN 3-89631-273-1

Umschlaggestaltung: Zembsch' Werkstatt, München,
unter Verwendung eines Motivs von Marco Klein, München
Produktion: Tillmann Roeder, München
Satz: DTP, Ismaning
Druck und Bindung: Huber, Dießen
Printed in Germany

ISBN 3-89631-273-1

Inhalt

Danksagung

Für ihre freundliche Unterstützung danken die Autoren:
B. Niranjan Babu, Experte für vedische Astrologie und Vastu-Consultant, Journalist und Buchautor. B. Niranjan Babu rief gemeinsam mit seinem Vater Dr. B.V. Raman die erste Konferenz zu Vastu, First All India Symposium on Vastu, in Bangalore 1995 ins Leben. Er ist einer der wichigsten Wegbereiter für Vastu und hat bereits zahlreiche Workshops und Symposien außerhalb Indiens, vor allem in den USA geleitet.
Dr. B.V. Raman, Astronom und Astrologe, und einer der wichtigsten Fachleute Indiens für vedische Astrologie
Dr. Sham Sunder, M.V.Sc., Allgemeinmediziner, Scientific Vastu Advisor, Bangalore
Appanna D. Sirdeshpande, M.Arch., M.C.A., Vastu-Architekt, Bangalore
Shreedhar Morab, Vastu-Architekt und Designer, Bangalore
Dr. Abhijit Mhalank, Ayurveda-Arzt in der SEVA Ayurveda Clinic, Bangalore, Ausbildung an der University of Poona
Keshav V. Morab, Herausgeber der Zeitschrift Builders & Developers World, Bangalore

Adressen

Birgit Frohn
Unertlstr. 15
D-80803 München
email: birgit.frohn@muenchen.roses.de

Dr. Hans-Heinrich Rhyner
Harz
CH-9103 Schwellbrunn AR
email: dr.rhyner@bluewin.com

für ayurvedische Heilkräuter:

SEVA Ayurveda GmbH
Leutstettener Str. 67 a
D-81477 München

Kapitel 1
Vom Wesen des Vastu

»Man sollte nicht einmal für einen Tag in einem Haus leben, welches nicht nach den Prinzipien von Vastu errichtet wurde.«
(»Astanga Samgraha of Vagbhata, Sutra Sthana«, Kapitel 3, Vers 111 – 112)

Jedem mag das Gefühl bekannt sein, sich beim Betreten eines Raumes auf Anhieb wohl und geborgen zu fühlen. Ein anderer wirkt dagegen vom ersten Moment an abweisend und unangenehm – im ersten Fall ist die Ausstrahlung gut und zieht den Besucher an, im zweiten stimmt »irgendwie etwas nicht«...

Interessant dabei ist, daß diese spontanen Empfindungen bei allen Menschen, welche den betreffenden Raum betreten, in gleicher Weise hervorgerufen werden. Sicherlich gibt es Unterschiede darin, wie schnell ein Mensch die Atmosphäre eines Raumes wahrnimmt und darauf reagiert. Manch einer entdeckt bereits in den ersten Minuten, daß ihm dieser nicht angenehm ist, während andere Zeitgenossen hingegen oftmals über Jahre in einem Haus oder in einer Wohnung leben, bis sie erkennen, daß sie sich darin nicht wirklich wohl fühlen. Doch unabhängig von Alter, Geschlecht und Nationalität, von Bildungsstand und Geschmacksvorlieben wirkt ein Lebens- und Wohnraum einladend oder abweisend, löst Wohlbefinden oder Beklemmung und Unruhe aus, hat eine positive oder eine eher negative Ausstrahlung: Was ein Gebäude, ein Raum braucht, um zu »stimmen« und dem Bewohner wohl zu tun, ist gewissermaßen ein archetypisches »Urwissen«, das jeder Mensch besitzt, ob er sich dessen bewußt ist oder nicht.

Nicht umsonst sagt ein indisches Sprichwort: »Bei der Wahl des Partners und des Hauses sollst du nicht den Verstand, sondern dein Herz sprechen lassen.« Was wiederum nichts anderes heißt, als daß der Wohnraum – ebenso wie die Liebe – emotionale Aspekte besitzt und nicht nur unter funktionellen Gesichtspunkten zu betrachten ist.

Doch, was genau verbirgt sich hinter den Empfindungen, die ein Raum auslöst? Neben dem Wissen um wohlproportionierte Formen und eine dem Menschen angenehme Architektur gehören auch bestimmte Kriterien, die erfüllt sein müssen, dazu. Diese Bedingungen sind zusammengefaßt in *Vastu*, der Lehre vom gesunden Bauen und Wohnen. Ihre Prinzipien geben einem Haus jene angenehme Ausstrahlung, die bereits beim Betreten empfängt und einlädt zu verweilen: die Atmosphäre stimmt, Raum und eigener Körper schwingen auf der gleichen Wellenlänge.

Ein Lebensraum, der Wohlbefinden schafft und in körperlicher wie geistiger Hinsicht unterstützt, bildet das Grundbedürfnis eines jeden Menschen – die Instrumente dazu gibt Vastu an die Hand.

Im Gleichklang mit der Natur

»Vastu«, so das knappe, aber treffende Fazit des in Indien sehr bekannten Vastu-Experten Dr. Sham Sunder aus Bangalore, »bringt den Menschen und seine Wohnumgebung in Einklang mit der Natur.« Anders formuliert: Vastu kreiiert Formen und Räume, die in Harmonie mit den Gesetzmäßigkeiten der Natur und den ihnen zugrundeliegenden Prinzipien stehen – Mensch, Natur und Kosmos werden so in Einklang zueinander gebracht.

Dazu berücksichtigt Vastu die Wechselwirkungen zwischen den in einem Raum herrschenden Energien und dem Menschen und gibt Methoden an die Hand, wie diese Kräfte zum Wohl der Bewohner genutzt werden können: indem das verlorene Gespür für Räume wiedererlangt und eigenverantwortlich für die Gestaltung der Wohnumgebung gesorgt wird. Entsprechend sollen die Prinzipien von Vastu jeweils individuell Zeit, Ort und Umständen sowie der eigenen Natur angepaßt werden. Die Konzepte von Vastu sind dabei stets als Arbeitshypothese zu verstehen, und keinesfalls als unumstößliche Dogmen und starre Regeln.

Ein komplexes Konzept

Die Idee von Vastu basiert auf der Tatsache, daß auf unseren Planeten viele verschiedene Energien und Kräfte einwirken, die ihren Ursprung zum einen im uns umgebenden Universum, dem Kosmos, zum anderen in der Erde selbst haben. Kosmische Energien sind beispielsweise die Strahlen der Sonne, des Mondes und anderer Planeten, terrestrische Kräfte dagegen magnetische, bioelektrische oder thermische Energiefelder. Weitere naturgegebene Gesetzmäßigkeiten, die Vastu berücksichtigt, sind die Eigenschaften der fünf Elemente. Alle und jede Materie, ob belebt oder unbelebt, ist aus diesen geformt. Diese Grundeinheiten jeder Existenz sind die fünf Elemente Luft, Raum (Äther), Erde, Wasser und Feuer; im Sanskrit *Pancamahabhuta* genannt.

Wörtlich genommen ...

Der Begriff Vastu stammt von dem Sanskrit-Wort *Vasa* ab, was ins Lateinische übersetzt *Habitat* beziehungsweise *Gelände zum Erbauen einer Residenz* bedeutet. Mit anderen Worten, Vastu allein für sich genommen heißt im Grunde nichts anderes als (Bau)-Land, Grundstück. Kommt das Wort *Shastra* hinzu, wird daraus die altindische Wissenschaft von Architektur, vom Entwerfen und Erbauen von Städten, Tempeln, Palästen und Häusern, genannt *Vastu Shastra*.
Korrekterweiser müßte in diesem Buch also stets die Rede von Vastu Shastra sein, denn schließlich geht es nicht um das Grundstück, um Vastu, sondern darum, in welcher Weise und vor allem nach welchen Grundsätzen ein Gebäude auf welchem Bauland auch immer errichtet werden soll. Da jedoch selbst im Ursprungsland Indien meist nur von Vastu allein gesprochen wird, soll diese – zwar nicht ganz korrekte – Bezeichnung auch in diesem Buch Verwendung finden. Ebenso sollte Vastu eigentlich mit zwei A und nicht mit einem geschrieben werden, denn im Sanskrit trägt das A von Vastu einen Balken über sich, was anzeigt, das es lang gesprochen wird. Manche Autoren in Indien wählen daher auch die Bezeichnung Vaastu. Im Hinblick auf die auch auf dem indischen Subkontinent geläufige, einfachere Form Vastu haben sich die Autoren ebenfalls für diese entschieden.

Jedes der Elemente besitzt charakteristische Eigenschaften, die sich im Menschen wie auch in der Natur unterschiedlich manifestieren – so beispielsweise in den Richtungen und Stärken des Windes (Luft-Element), in der Anziehungskraft (Erd-Element), im Licht und in der Wärme der Sonne (Feuer-Element) sowie in der Intensität und Häufigkeit von Regenfällen (Wasser-Element).

Diesen Überlegungen zufolge enthält der Raum, der uns umgibt, verschiedene Arten von Energien, positive wie negative. Sobald nun ein Gebäude errichtet wird, schließt dieses mit seinen Wänden und seinem Dach einen Teil des Raumes und seiner Energien in sich ein. Diese energetischen Kräfte beeinflussen die Menschen, die in dem betreffenden Gebäude leben und arbeiten. Jeder Raum übt also auf den menschlichen Körper, der seinerseits ebenfalls einen Raum darstellt, eine Wirkung aus. Diese kann unterschiedlich ausfallen – je nachdem, aus welcher Richtung und in welcher Intensität die in einem Gebäude und in jedem seiner Räume wirkenden Strahlen, Energie- und Magnetfelder auf den menschlichen Körper einwirken.

Sind die energetischen Kräfte in einem adäquaten und ausgewogenen Verhältnis, so daß Wohnraumkörper und menschlicher Körper ähnliche Schwingungen entwickeln, können sie das körperliche wie seelische Wohlbefinden der Bewohner positiv beeinflussen. Ist das Energiefeld des betreffenden Gebäudes jedoch gestört, haben die darin herrschenden Kräfte spürbar negative Effekte. Zentrales Anliegen von Vastu ist es deshalb, Gebäude und Räume so zu gestalten, daß deren Bewohner von den darin gegebenen natürlichen Kräften und Energien profitieren können. Ziel ist stets das harmonische Zusammenspiel von menschlichem Körper und Raumkörper.

Welche Voraussetzungen erfüllt sein müssen, daß ein Gebäude mit den herrschenden, natürlichen Kräften arbeitet und nicht gegen sie, und wie deren Einfluß zum Wohl der Bewohner genutzt werden kann, vermitteln die Prinzipien von Vastu. Dabei handelt es sich um Empfehlungen, die sich einfach auf die heutigen Verhältnisse übertragen und in die Praxis umsetzen lassen. Auch sind die Prinzipien von Vastu universal anwendbar – ob im privaten Wohnraum, in öffentlichen Gebäuden, Büros und Industriegebäuden, Krankenhäusern und Schulen oder aber in ganzen Städten.

Die Inhalte von Vastu

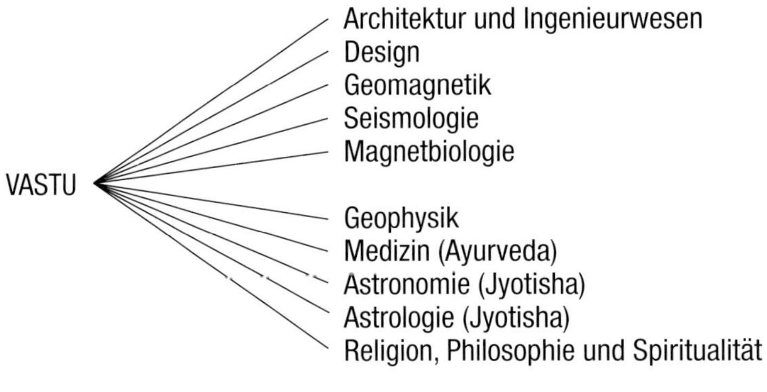

Schmelztiegel der Wissenschaften

Vastu ist eine überaus komplexe Symbiose vieler Themenkreise – unterschiedlichste Wissensinhalte gehen hier eine einzigartige Verbindung ein. Dabei beschränkt sich die Lehre von Vastu nicht nur auf die Konstruktion einzelner Gebäude, sondern befaßt sich auch dezidiert mit der Planung ganzer Städte. Thema ist hier auch nicht nur allein die Architektur, sondern Vastu erstreckt sich auch auf Kunst und Design. Dieser Tatsache folgend formuliert, dient Vastu ganz allgemein der Gestaltung eines Objekts, sei dieses architektonisch oder künstlerisch: eine »Methodik des Designs« also mit jahrtausendealter Tradition.

Astronomie: Wissenschaft, die sich mit der Erforschung des Universums befaßt; Grundlage ist die Analyse der aus dem Kosmos kommenden elektromagnetischen und kosmischen Strahlung.

Geomagnetik: Lehre von den Magnetfeldern der Erde.

Geophysik: Teilbereich der Physik, der sich mit natürlichen Erscheinungen auf der Erde, in ihrem Inneren wie auch im erdnahen Raum befaßt; dazu gehören auch die Einflüsse anderer Himmelskörper auf die Erde, vor allem jene von Sonne und Mond.

Magnetbiologie: Wissen um die elektromagnetischen Felder; unter anderem zur Behandlung von Knochenbrüchen, Verletzungen, Wunden und Nervenerkrankungen.

Seismologie: Wissenschaft von der Entstehung, Ausbreitung und Auswirkung von Erdbeben.

Der Architekt als Arzt

Was haben Ärzte und Architekten gemeinsam? Dies ist im Grunde einfach zu beantworten: die Verantwortung für das Wohlbefinden ihrer Klienten. Denn ebenso wie ein gewissenhafter Mediziner sich um die Erhaltung und die Wiederherstellung der Gesundheit seiner Patienten bemüht, sollte es auch oberstes Anliegen eines Architekten sein, Wohn- und Arbeitsräume zu schaffen, die den Bedürfnissen des Menschen gerecht werden und in denen sich die Bewohner körperlich wie psychisch wohl fühlen können.

Hier jedoch zeigt die Architektur der letzten Jahrzehnte Schwächen, indem sie funktionale, ästhetische und materielle Aspekte in den Vordergrund stellt, überbewertet und darüber die Menschen vergißt, die in dem fertigen Gebäude einmal leben beziehungsweise arbeiten sollen. Diesem Mißstand wird nun vor allem in den westlichen Ländern seit einigen Jahren versucht entgegenzuwirken – man denke an biologisches Bauen mit schadstoffreien Materialien und andere Bestrebungen.

Die Forderung nach einer Architektur und Raumgestaltung, die Lebensqualität schafft, macht das Wissen, das Vastu vermittelt, heute hochaktuell. Denn die Grundlagen dieser Lehre, obwohl mehrere Jahrtausende alt, sind die gleichen geblieben. Und ebenso wie zu den Gründerzeiten von Vastu möchten und sollen Menschen ihren Bedürfnissen gemäß wohnen und arbeiten können und sich in ihrer Umgebung wohl fühlen. Dieses Grundbedürfnis ist heute sogar stärker, denn bedingt durch unsere hektische Lebensweise ist ein Zuhause, das ein Refugium bietet, in dem man sich zurückziehen und Entspannung finden kann, noch essentieller als zu den damaligen Zeiten: Wohn- und Arbeitsräume haben mehr denn je die Aufgabe, einen Ausgleich zu schaffen, das körperliche und geistige Wohlbefinden zu fördern und das physisch wie psychisch angegriffene Immunsystem zu stärken.

So kann Vastu heute auf bereits einen Spalt weit geöffnete Türen treffen, ohne mit ebendiesen ins Haus fallen zu wollen. Ebenso wie Indiens alte Medizin Ayurveda, die gerade die westliche Welt erobert, ist auch Vastu kein Heilsversprechen, mit dem die Folgen der heutigen Lebensverhältnisse und -weisen aufgebessert werden können. Anliegen von Vastu ist es vielmehr, wertungsfrei und ohne jedes Dogma auf Umstände aufmerksam zu machen, das Empfinden zu schulen und die Sinne zu schärfen, um nachteilige Wohn- und Arbeitssituationen zu verändern.

Die »Mutter der Medizin« und Vastu

Nicht zuletzt angesichts der erwähnten Analogie zwischen Arzt und Architekt wird verständlich, warum Vastu und Ayurveda, außer daß sie beide auf den Veden (S. 17) basieren, eng miteinander verwoben sind: gesundes Leben und gesundes Bauen und Wohnen bedingen sich gegenseitig. Denn eine der wichtigsten Voraussetzungen, um gesund zu leben, ist eine Wohnumgebung, welche die Erhaltung des körperlichen wie psychischen Wohlbefindens fördert. Nach der ayurvedischen Lehre, wonach »alles fließt«, wird ein Mensch von zahlreichen inneren wie äußeren Faktoren geprägt und in seinem Befinden beeinflußt. Entsprechend befaßt sich die ayurvedische Medizin nicht nur mit der Untersuchung des Körpers, sondern berücksichtigt auch die seelische Verfassung, den Lebensstil und die Ernährung, den Beruf und den sozialen Status sowie nicht zuletzt auch das Wohn- und Arbeitsumfeld des Betreffenden: dieses hat nach Auffassung des Ayurveda einen entscheidenden Einfluß auf das gesundheitliche, soziale wie geistige Befinden.

Spurensuche bei den Urvätern …

Vor diesem Hintergrund nimmt es wenig wunder, daß sich in den Grundlagenwerken des Ayurveda an vielen Stellen Verweise auf Vastu und genaue Angaben zur praktischen Umsetzung seiner Prinzipien finden (S. 216). Zwar sind diese Empfehlungen meist recht knapp gehalten – schließlich ging es den Altvorderen der Ayurveda-Ärzte mehr um medizinische Aspekte, denn um architektonische Raffinessen –, doch stets sind sie enorm präzise und detailliert. So findet sich beispielsweise in der »Caraka Samhita«, eine der wichtigsten Schriftensammlungen der ayurvedischen Lehre, die dringliche Empfehlung, ein Krankenhaus ausschließlich von einem gut geschulten Architekten bauen zu lassen, der neben anderen Wissenschaften auch in Vastu sehr versiert ist.

Um die Brücken, welche Ayurveda und Vastu miteinander verbinden, besser nachvollziehen zu können, soll folgender kleiner Exkurs zunächst die grundlegenden Konzepte der traditionellen Medizin Indiens erläutern.

Die Veden, abgeleitet von dem Sanskrit-Wort *Veda*, Wissen, bilden die Grundlage der indischen Philosophie und gelten als die ältesten Belege der indischen Kultur. Sie dienten als Kompendien, in denen soziale, politische, religiöse, philosophische und wissenschaftliche Themen und Sachverhalte dargelegt wurden. Bei den in Sanskrit verfaßten vedischen Schriften handelt es sich nicht um ein einzelnes Werk, sondern um eine eigene Literaturgattung; jeder Veda besteht aus zahlreichen Textsammlungen, den »Samhita«. Die Niederschrift der Veden wird heute in die Zeit vom 4. Jahrtausend v. Chr. bis zum 6. Jahrhundert v. Chr. datiert.

Das Wissen vom Leben

Der Begriff Ayurveda setzt sich zusammen aus *Ayus*, »leben« und *Veda*, »Wissen«. Hieraus ergibt sich »Wissen vom Leben«, medizinische Lehre und Lebenskunst in einem. Denn obgleich Medizin eine bedeutende Säule des ayurvedischen Gesamtkonzepts darstellt, ist dieses nicht nur heilkundlich ausgerichtet. Vielmehr erfaßt Ayurveda alle Aspekte des täglichen Lebens und findet demgemäß in gesunden wie in kranken Tagen gleichermaßen nutzbringende Anwendung.

Die Anfänge der ayurvedischen Lehre reichen bis etwa in das dritte Jahrtausend vor Christus zurück. Ayurveda bildet die Basis vieler Heilsysteme außerhalb Indiens, etwa der Traditionellen Chinesischen Medizin (TCM). Auch unsere abendländische Medizin wurde entscheidend vom ayurvedischen Wissensgut beeinflußt; von Hippokrates, dem Vater der empirischen Medizin, ist beispielsweise überliefert, daß er in enger Anlehnung an die ayurvedische Lehre behandelte. Nicht umsonst wird Ayurveda deshalb oft als »Mutter der Medizin« bezeichnet.

Ein ganzheitliches Weltbild

Die grundlegende These von Ayurveda beruht darauf, daß alles in der Natur, damit auch wir Menschen, aus den erwähnten Bausteinen zusammengefügt ist. Aufgrund dieses gemeinsamen Ursprungs steht nach ayurvedischer Auffassung alles Beseelte und Unbeseelte in der Natur in einer immerwährenden Wechselbeziehung zueinander: Jeder Organismus wird durch seine Umwelt beeinflußt und bezieht seine Energien und Lebenskräfte aus all dem, was ihn umgibt. Vor diesem Hintergrund betrachtet ist es nur logisch, daß Ayurveda der Umwelt und damit auch dem Wohnraum einen äußerst bedeutenden Stellenwert beimißt.

Das holistische Weltbild des Ayurveda findet sich in drei grundlegenden Konzepten wieder: auf der feinstofflichen Ebene der *Triguna* und auf der grobstofflichen Ebene der fünf Elemente sowie der drei *Dosha*, die sich aus der Verbindung der Elemente ableiten.

Die drei Grundeigenschaften – Triguna

Die drei *Guna* sind die Grundeigenschaften jeder Existenz. Sie werden *Sattva*, *Rajas* und *Tamas* genannt und gelten als die Grundlagen alles Seins: jedes der drei Guna stellt einen bestimmten Aspekt der Realität dar. Sattva ist rein und fein, Rajas ist aktiv und Tamas bietet Widerstand. Die den Triguna zugeordneten Charakteristika sind demzufolge:

Sattva-Eigenschaften:	allerhöchste Bewußtseinsebene, emotionale Harmonie, große Intelligenz und Wahrnehmungsfähigkeit.
Rajas-Eigenschaften:	Leidenschaft und emotionale Regungen, wie beispielsweise Wut, Ärger, Aggressionen, Ehrgeiz, Motivation und Sexualität.
Tamas-Eigenschaften:	Passivität, Empfindungen wie Geiz, Gier, Ignoranz, Pessimismus, Zweifel, Unsicherheit und Entscheidungsunfähigkeit.

Die fünf Elemente – *Pancamahabhuta*

Ayurveda basiert ebenso wie Vastu und alle anderen vedischen Wissenschaften auf dem Konzept der *Pancamahabhuta*, der fünf Elemente. Dieses besagt, daß jede belebte und unbelebte Materie, ja der gesamte Kosmos aus den folgenden fünf Elementen zusammengefügt ist:

Urstoffe des Lebens

Äther (Raum):	Akasha
Luft (Wind):	Vayu
Feuer:	Agni
Wasser:	Ap
Erde:	Prithivi

Die Zusammenstellung und Gewichtung der fünf Elemente variiert fortwährend, denn Ayurveda ebenso wie auch Vastu verstehen unter »Elementen« nicht nur Materielles, sondern auch die Gesamtwirkung der Umwelt. Darin mit eingeschlossen sind auch nichtstoffliche Kräfte: Alles, was von »außen« kommt, enthält die fünf Elemente und kann damit den aus den gleichen »Grundstoffen« bestehenden Organismus beeinflussen.

Die drei Dosha – *Tridosha*

Ein weiterer Schlüssel zum Verständnis von Ayurveda ist die Lehre von den drei Dosha. Diese generieren sich aus den fünf Elementen, indem diese sich zu Paaren vereinen und so die drei verschiedenen Dosha formen, genannt *Vata*, *Pitta* und *Kapha*.

Raum (Äther) und Luft (Wind) werden zu Vata
Feuer und Wasser werden zu Pitta
Erde und Wasser werden zu Kapha

Der Sanskrit-Begriff Dosha läßt sich übersetzen mit »Stütze«, was auch schon die Funktion verdeutlicht: Dosha können als biologische Grundprinzipien betrachtet werden, die den Organismus unterstützen, indem sie alle körperlichen und seelischen Vorgänge steuern. Jedes einzelne Dosha ist in allen Zellen, Geweben und Organen des Körpers wirksam und prägt die verschiedenen Erscheinungstypen der Menschen, sowohl im gesunden wie im kranken Zustand. Denn die in jedem Menschen vorhandenen drei Dosha sind von Geburt an in einem für jeden Menschen charakteristischen Verhältnis angelegt; dabei können ein oder zwei Dosha dominieren. Entsprechend geht man im Ayurveda von verschiedenen Typen oder Konstitutionen aus. Die Konstitution gibt Aufschluß über Stärken, aber auch Schwachstellen, erlaubt Aussagen über die Krankheitsanfälligkeit und erklärt die unterschiedlichen Reaktionen auf Ernährung, Sinneseindrücke, Klima oder Lebensumstände.

Vata, Pitta und Kapha sind wechselseitig voneinander abhängig – ihr harmonisches Gleichgewicht ist nach Auffassung von Ayurveda die Voraussetzung, um gesund zu werden und zu bleiben. Eine Disharmonie der Dosha, beispielsweise bedingt durch körperliche und psychische Überlastung, kann körperlichen wie psychischen Erkrankungen den Weg ebnen. Zentrales Anliegen der ayurvedischen Medizin ist es deshalb, die Balance der Dosha zu erhalten oder wieder herzustellen.

Vastu und das Wissen um die Kraft des Lichts

Die Begründer von Vastu wußten auch um die energetischen Kräfte, die in Form von Strahlungen anderer Planeten auf die Erde einwirken. Aus diesem Grund wird dem Zeitpunkt, an dem bestimmte Handlungen ausgeführt werden, auch bis heute eine immense Bedeutung beigemessen. Denn wird dieser richtig gewählt, kann der positive Einfluß kosmischer Strahlungen erhöht und der negative minimiert werden.

Die Lehre, die sich mit den Wirkungen von Planetenstrahlungen befaßt, ist *Jyotisha*, was Licht beziehungsweise Lichtstrahl bedeutet. Die Eckpfeiler dieser Lehre sind die vedische Astronomie und Astrologie, das Wissen um die Effekte bestimmter Planetenkonstellationen. Auch das Studium von den Wirkungen jedweder (Licht)-Strahlungen, die nicht nur von der Sonne, sondern auch von allen anderen Planeten auf die Erde gesandt werden, ist Bestandteil von Jyotisha.

Jyotisha ist ein wichtiger Aspekt von Vastu, denn seine Prinzipien haben zum Ziel, neben den auf der Erde herrschenden Kräften auch jene der kosmischen Strahlungen in ein ausgewogenes Verhältnis zu bringen. Nur dann vermögen sie das Befinden der Bewohner eines Gebäudes positiv zu beeinflussen.

Wo Jyotisha bei Vastu vor allem zum Tragen kommt, ist bei den Zeitpunkten, an denen bestimmte Bautätigkeiten vorgenommen werden sollten. Dieser richtige Augenblick wird im Sanskrit *Muhurta* genannt; *Muhurta Shastra* ist demzufolge das Wissen um diesen. Muhurta ist von herausragender Bedeutung für die Geschicke des entstehenden Hauses und seiner zukünftigen Bewohner. Die alten Schriftwerke zu Vastu geben detaillierte Anweisungen dazu, an welchem Monat und Tag, zum Teil sogar zu welchen Stunden die einzelnen Bauphasen idealerweise durchzuführen sind. So sollte etwa der Grundstein für ein Haus nur an bestimmten Tagen im Monat gelegt werden, ebenso wie sich auch die Einweihung des Gebäudes, *Grihapravesham*, nur zu bestimmten Zeiten des Jahreslaufs empfiehlt (S. 150).

Neben Muhurta spielt aus Sicht von Vastu auch der Stand der Sterne bei der Geburt des zukünftigen Hausbesitzers eine Rolle. Ganz besonderes Augenmerk richtet man dabei darauf, von welchem Planeten das vierte Haus im Horoskop des Betreffenden regiert wird. Dies gibt beispielsweise Auskunft darüber, wie sein Eigenheim beschaffen sein soll, ob er damit Probleme haben oder ob er darin sein Leben lang wohnen bleiben wird. Genausogut kann es jedoch sein, daß anhand des Horoskops vielleicht nur eine Mietwohnung »vorgesehen« ist. Weiterhin von Bedeutung sind die beiden Planeten Venus und Mars, ihres »Zeichens« Regenten über das Haus (Venus) und über das Grundstück (Mars). Auch aus der Position dieser beiden Planeten lassen sich Rückschlüsse über die Qualitäten und Eigenschaften eines Hauses, aber auch über das Befinden seiner Bewohner ziehen.

Der Architekt als Sterndeuter?

Bedeutet das nun wiederum, daß die Lehre von Vastu ohne Jyotisha nicht in die Praxis umzusetzen ist und demgemäß jeder Architekt in puncto Astrologie firm sein sollte? Bei der Beantwortung dieser Frage scheiden sich in Vastu-Kreisen die Geister. Die überwiegende Mehrheit der Experten plädiert ganz klar für eine Berücksichtigung jyotischer Angelegenheiten. Andere, »hartgesottene« Rationalisten in Sachen Vastu wiederum lehnen derartige Vorgehensweisen entschieden ab und wollen diese Lehre einzig und allein auf bautechnischen Fakten basierend wissen.

Als Schiedspruch in diesem Zwist mag vielleicht die Aussage eines in ganz Indien berühmten Jyotisher und Vastu-Experten, Dr. B. V. Raman aus Bangalore gereichen, nämlich, daß Vastu zwar auch ohne Jyotisha praktizierbar, damit jedoch ungleich schwieriger umzusetzen sei.

Feng Shui und Vastu

Nicht zuletzt soll hier auch die Beziehung zwischen Vastu und Feng Shui beleuchtet werden. Die Lehre von »Wind und Wasser«, wie Feng Shui ins Deutsche übersetzt heißt, hat sich aus den Grundlagen von Vastu entwickelt und ist gewissermaßen das chinesische Pendant zur Lehre vom gesunden Bauen und Wohnen. Ebenso wie seine »Mutter« Vastu berücksichtigt es die Einflüsse der auf der Erde wirkenden Energien und Kräfte und hat zum Anliegen, durch gezielte Gestaltung eines Raumes dessen Bewohner in Einklang mit der Natur zu bringen. Die beiden wichtigsten Erscheinungsformen der Natur, »Wind und Wasser«, sollen diesem Bemühen Ausdruck verleihen. Auch bei Feng Shui spielen der Fluß der Energie, bei den Chinesen *Chi* genannt, sowie die fünf Elemente (S. 19) eine zentrale Rolle. Die Pancamahabhutas von Vastu wurden allerdings in ihrer Zusammensetzung verändert: Luft und Raum sind durch Metall und Holz ersetzt worden.

Entsprechend seinem Ursprung Vastu hat sich auch Feng Shui im asiatischen Kulturraum entwickelt; als Kernland wird China angesehen.

Kapitel 2
Zwischen Tradition und Moderne

Wer sich auf die Reise zurück zu den Wurzeln von Vastu begibt, begegnet dabei neben historisch verbürgten Tatsachen und real existenten Belegen für die jahrtausendealte Tradition dieser Lehre auch Mythen und Legenden. So beispielweise jener des Dämons *Maya* (S. 27), welcher der Überlieferung gemäß vom Göttervater *Brahma* in den Geheimnissen von Vastu unterwiesen worden sein soll. Ein anderer Eingeweihter war *Vishwakarma*, der »Architekt der Götter« (S. 28). Nun mag sich mancher dagegen verwahren, im Zuge der Entstehungsgeschichte einer so komplexen und auf naturwissenschaftlichen Sachverhalten basierenden Wissenschaft wie Vastu mit Sagen und Märchen konfrontiert zu werden. Doch aus der sagenumwobenen Entstehungsgeschichte von Vastu erwächst in keiner Weise ein Widerspruch hinsichtlich seiner wissenschaftlichen Relevanz.

Wer historische Fakten und Überlieferungen klar voneinander getrennt wissen möchte, sollte sich vor Augen führen, daß Vastu indischen Ursprungs ist und damit auch die traditionelle Mythologie und Religion dieses Landes in sich birgt. Nebenbei bemerkt hat auch die abendländische Mythologie einiges aus der Sagenwelt zu bieten. Man denke beispielsweise an die schöne Helena und den Kampf um Troja, an die Irrfahrten des Odysseus oder an den Ring des Nibelungen, Siegfried und die Ritter der Tafelrunde – alles alte Legenden, von denen niemand behaupten würde, sie seien nicht wichtige Eckpfeiler unseres Bildungsgutes. Nicht anders verhält es sich mit Indiens reichem Fundus an Sagen und Mythen.

Auf dieser Basis sollen im folgenden geschichtlichen Abriß sowohl die historischen Belege wie auch die Legenden zur Entwicklung von Vastu Eingang finden: zum einen, weil letztere untrennbar mit der Lehre von Vastu verbunden sind, zum anderen, weil sie auch interessant sind. Nicht zuletzt ist dies wohl mit der Grund, warum die alten Sagen bis heute fester Bestandteil des indischen Alltags sind.

Das architektonische Erbe Indiens

Die Lehre von Vastu gründet wie auch jene von Ayurveda auf den Veden (S. 17). Während Ayurveda vor allem auf den sogenannten »Atharva Veda« und zu einem kleinen Teil auch auf den »Rig Veda« zurückgeht, leitet sich

2.1. Weithin sichtbar überragen die Türme des Menakshi-Tempel von Madurai, Südindien, das Häusermeer.

2.2. Ein privates Wohnhaus in Nepal, getreu den Prinzipien von Vastu erbaut.

Vastu überwiegend vom »Yajur Veda« und zum Teil vom »Sthapathya Veda« ab, einem Bestandteil des »Atharva Veda«. Gleich einem kulturellen Erbe, wurden die traditonelle Lehre von Vastu und deren Geheimnisse und Prinzipien von Generation zu Generation weitergegeben. Sie findet seit undenklichen Zeiten auf dem gesamten indischen Subkontinent Anwendung: Vastu kann mit Recht als Synonym für traditionelle indische Architektur und Kunst gelten.

Das Studium der alten Schriften zu Vastu offenbart die immensen intellektuellen Leistungen der altindischen Gelehrten und zeigt, daß die dort festgehaltenen Prinzipien nicht nur auf herausragendem architektonischem und bautechnischem Wissen, sondern zweifelsohne auch auf profunden geologischen und -physischen, kosmologischen und seismologischen Kenntnissen basieren.

Der Einfluß von Vastu – treffender sollte man vielleicht sagen, seine Magie – reichte weit über die Grenzen Indiens hinaus und zog auch andere Kulturen in ihren Bann. Im Laufe seiner Jahrtausende währenden Geschichte hat Vastu die Architektur des gesamten südostasiatischen Raumes entscheidend geprägt. Auf das Wissen des indischen Subkontinentes, das neben Architektur, Baukunst und Bildhauerei viele andere Sparten wie unter anderem Mathematik, Physik, Astronomie und Astrologie sowie nicht zu vergessen Medizin umfaßte, griff jedoch nicht nur der Orient der Antike gerne zurück. Auch den Okzident erreichte die Kunde vom fundierten wissenschaftlichen Treiben Indiens. Abgesehen von gegenseitigen Besuchen und den regen Handelsbeziehungen, welche Abendland und Ferner Osten unterhielten, fand auch ein intensiver Wissensaustausch statt. In dessen Zuge gelangten zweifelsohne auch die Lehre von Vastu und die Kenntnisse der indischen Baumeister westwärts. Und so spiegeln sich die Wissensinhalte, welche die Lehre von Vastu vermittelt, in zahllosen Bauwerken rund um den Globus wider (S. 184).

Das Wissen der Rishi

Kein geringerer als *Brahma*, der oberste in der Hierarchie der indischen Religion, gilt der Legende nach als Urheber von Vastu: er weihte 18 *Rishi*, Seher und Weise, in die Geheimnisse dieser Lehre ein. Diese entwickelten kraft ihres Erfahrungsschatzes und ihrer Weitsicht daraus die Prinzipien von Vastu und verbreiteten sie auf unserem Planeten. Zu den von göttlicher Stelle persönlich Auserwählten gehörten unter anderem *Maya* und *Vishwakarma*.

Mayas Dank: der Prototyp von Vastu

Besagter Maya war kein terrestrisches Wesen, sondern ein Bewohner der südlichen Planeten. Zum besseren Verständnis sei hier kurz erwähnt, daß die indische Mythologie den Kosmos als eine aus den Poren Vishnus hervorgegangene Seifenblase sieht, in der drei Planetensysteme existieren: im »Äquatorbereich« der Blase ist unser Sonnensystem mit der Milchstraße und der Erde angesiedelt. Nur in diesem mittleren Planetensystem existiert das duale System von gut und schlecht; das heißt, nur hier können sich Menschen ein positives oder aber ein negatives Karma erwerben. Oberhalb des »Seifenblasenäquators«, im nördlichen Planetensystem leben die Unsterblichen. Hier sind Leid und Kummer unbekannt und hier werden die guten Taten abgegolten. Die unterhalb des Äquators gelegenen, südlichen Planeten, sind Heimstätten der Unterwelt, der Dämonen und Hexen. Hier sind Freude und Glück unbekannt, denn hier werden die schlechten Taten abgegolten. Die Bewohner des oberen und unteren Planetensystems blicken mit Sehnsucht auf die mittleren Planeten und wollen beständig dorthin expandieren, denn nur hier können sie die Polarität des Daseins, also sowohl Gutes wie Schlechtes erfahren.

Von der Unterwelt machte sich Maya also auf, um der Erde einen Besuch abzustatten; keineswegs in feindlicher Absicht. Als *Deva*, Dämon, hatte Maya nur einfach in jeder Hinsicht weitaus größere Fähigkeiten als wir Menschen – so beispielsweise auch jene, sich von den unteren Planeten auf die Erde zu begeben. Dies soll nicht implizieren, daß alle Dämonen so freundlich gestimmt sind wie Maya. Manch einer ihrer Zunft betritt die Erde mit durchaus zerstörerischem Vorhaben.

Während einer seiner Streifzüge auf der Erde geriet Maya einmal in große Bedrängnis seitens einiger seiner nicht so pazifistischen Kollegen. Zum Glück für den bedrohten Weltenbummler kam im richtigen Augenblick der große König Arjuna des Weges, jener tugendhafte Held des berühmten »Mahabharata«-Epos (S. 31). Arjuna erkannte die Gefahr, in der Maya schwebte und rettete ihn vor den Dämonen, die ihm nach dem Leben trachteten.

Als Dank für seine Hilfe versprach Maya dem König, ihm, sobald er aus dem Exil in seine Heimat zurückkehren könne, eine neue Königsstadt zu bauen. Denn zu den vielen Fertigkeiten Mayas gehörte auch sein Wissen um die Kunst des Bauens. Sobald es soweit war, und Arjuna wieder als Regent in seine Heimatstadt einzog, begann Maya sein Versprechen in die Tat umzusetzen: er unterwies Arjunas Baumeister und Handwerker in seinem aus einer anderen Dimension importiertem Wissen über das perfekte Entwerfen und Bauen, aber auch über die Kunst des Holzschnitzens und Verzierens von Gebäuden sowie über das Fertigen kunstvoller Möbel. Nach und nach entstand nach Mayas Plänen ein märchenhaft schöner Palast, umgeben von einer ebensolchen Stadt voller Charme und Eleganz – *Indraprastha*, die der Legende nach überirdisch schön gewesen sein soll. Daher auch ihr Name, denn Indra bedeutet Götterkönig, und Indraprastha ist demzufolge der Sitz des Götterkönigs.

Indraprastha gilt als Prototyp für Vastu-Architektur: Der Überlieferung gemäß waren die Paläste und Häuser dieser Stadt so hoch wie Berge und überaus reich verziert; sie hatten starke Wände und waren ohne jede baulichen Mängel. Die Türen hatten allesamt die exakt gleiche Höhe und waren üppig mit metallenen Ornamenten geschmückt.

Mayas Hinterlassenschaft für die Erdbewohner ist in der sogenannten »Mayamata« verewigt (S. 33), einem umfassenden Werk über Architektur und Ingenieurwesen; unter anderem auch über Wagenbau, der zu damaligen Zeiten den Architekten oblag.

Architekt überirdischer Abkunft

Das Wissen um Architektur und damit die Lehre von Vastu kam jedoch nicht nur aus der Unterwelt auf die Erde, sondern auch von den himmlischen nördlichen Planeten. Überbringer war *Vishwakarma*, genannt der Architekt der Götter und gewissermaßen das himmlische Gegenstück zum Dämonen Maya. Vishwakarma gilt als Autor der »Manasara« (S. 32), einem weiteren grundlegenden Schriftwerk über Vastu.

Vastu Purusha – der Dämon im Kasten

Im Zusammenhang mit der Entwicklung der grundlegenden Prinzipien von Vastu ist darüber hinaus folgende Begebenheit überliefert: Gemäß der hinduistischen Mythologie tauchte in einem Krieg zwischen den Überirdischen ein hünenhafter Dämon auf und begann, die Kämpfenden zu peinigen. Die ließen sich das schließlich nicht länger gefallen, stießen ihn mit gemeinsamen Kräften zu Boden und setzten sich allesamt auf seinen Körper. Der überwältigte Dämon befand sich, bäuchlings und mit dem Gesicht auf der Erde, in einer wahrhaft mißlichen Lage; er konnte sich weder bewegen noch einen Blick auf seine Häscher werfen. Als diese ihn auch noch in einen quadratischen Kasten sperrten, flehte er Göttervater Brahma um Hilfe an. Dieser erschien, taufte ihn Vastu Purusha und segnete ihn mit den Worten: »Alle Werke auf dieser Erde können nur mit dir begonnen und beendet werden.« Mit anderen Worten: ohne Vastu Purusha läßt sich nichts auf dieser Erde vollbringen. Ob dieser hohe Segen den gefangenen Dämon über sein Schicksal hinwegtrösten konnte, ist uns nicht überliefert.

Wohl aber, daß aus der Position, die Vastu Purusha in seinem Gefängnis einnahm, das *Vastu-Purusha-Mandala* entstand: der Grundriß aller Bauwerke der Vastu- und damit der hinduistischen Architektur. Alle Prinzipien von Vastu nehmen in der einen oder anderen Weise Bezug auf das Vastu-Purusha-Mandala (S. 47). Seine exakten Ausmaße richten sich nach den jeweiligen Anforderungen, denen ein Gebäude genügen muß. Entsprechend existieren insgesamt 32 verschiedene Arten von Vastu-Purusha-Mandala.

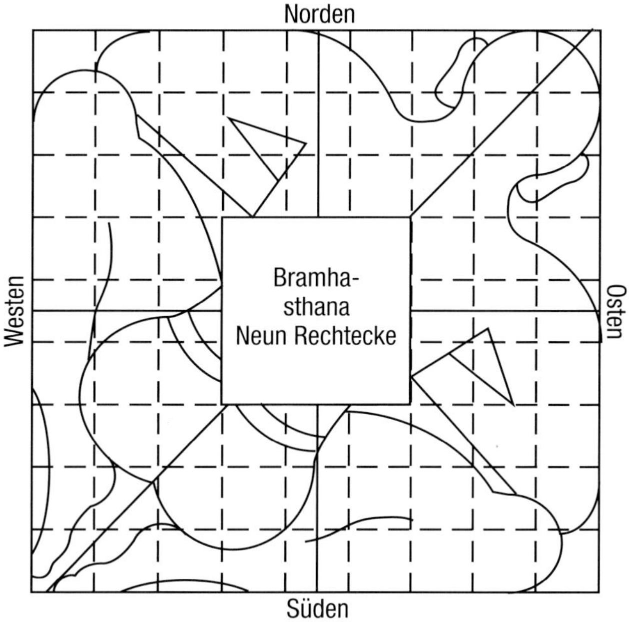

2.3. Der Dämon im Kasten – Vastu-Purusha-Mandala

Historische Spuren

Die Geburtsstunde von Vastu schlug zwischen Sechstausend und Dreitausend vor Christus – auf diesen Zeitraum datieren Historiker heute die Anfänge dieser Lehre. Indizien für die jahrtausendealte Vergangenheit von Vastu liefern uns zum einen die Ausgrabungen im Industal, welche die Überreste einer bemerkenswerter Stadtarchitektur zutage brachten, die bereits um die Mitte des dritten Jahrtausends vor Christus in voller Blüte gestanden hat. Zum anderen führt uns die Spurensuche nach den Wurzeln von Vastu zu den berühmten Epen der Inder: in diesen Monumentalwerken indischen Kulturschaffens stößt der Leser an vielen Stellen auf Referenzen zu Vastu.

Bis ins Jahr 1920 waren sich die Historiker darüber einig, daß die Anfänge der indischen Baukunst auf wenige Jahrhunderte vor den Eroberungsfeldzug Alexanders des Großen 327 v. Chr. zu datieren seien – als älteste Belege galten Reste einer städtischen Siedlung im Industal aus dem sechsten Jahrhundert vor Christus.

Entsprechend überrascht war die Fachwelt, als 1921 bei systematischen Grabungen im Industal Spuren einer hochentwickelten Stadtkultur entdeckt wurden, datiert auf 3500 v. Chr. Die spätere Bezeichnung Harappa-Kultur geht auf den Fundort dieser antiken Stadt in unmittelbarer Nähe des Dorfes Harappa zurück. In den folgenden Jahrzehnten wurden über hundert weitere derartige Stadtanlagen gefunden; die bedeutendste neben der von Harappa ist jene von Mohenjodaro, nahe dem gleichnamigen Ort 640 Kilometer südwestlich von Harappa gelegen.

Mittlerweile weiß man, daß das Zentrum dieser Kultur jedoch nicht am Indus-, sondern am Saraswati-Fluß lag, der von Punjab nach Süden in die Bucht von Kush floß: Die Mehrheit der gefundenen Städte liegen entlang des heute nicht mehr existierenden Flußbettes des Saraswati. Denn durch geologische Verschiebungen fließt der Saraswati heute nach Westen und mündet in den Indus. Korrekterweise spricht man deshalb heute nicht mehr von der Indus-, sondern von der Indus-Saraswati-Kultur. Fachleute sehen die Tatsache, daß diese Kultur ihren Anfang am Saraswati-Fluß nahm, als Beleg dafür, daß sie vollkommen eigenständig war und nicht aufgrund geographischer Verhältnisse von Mesopotamien beeinflußt wurde.

Allen Städten der Indus-Saraswati-Kultur liegt ein- und dasselbe, herausragend gut durchdachte System zugrunde, das hier vor über fünftausend Jahren seinen steinernen Ausdruck fand: schachbrettartige Planungen, welche die Stadt in nahezu quadratische Abschnitte unterteilen. Die großzügige Bemessung der Wohnhäuser, ein komplexes Be- und Entwässerungssystem mit weitreichenden Kanälen, unterirdische Wassertanks, Badehäuser und geschlossene Stadtmauern künden von dem hohen kulturellen Niveau der Bewohner. Nicht zu vergessen das ausgeklügelte städtebauliche Prinzip, das natürliche Kräfte wie Windrichtung und Sonneneinstrahlung berücksichtigte und das Stadtgebiet in einzelne Bezirke aufteilte, die jeweils ganz bestimmten Zwecken dienten.

Die antiken Städte am Saraswati-Fluß sind wie »aus einem Guß« nach stets den gleichen Konzepten erbaut: den Prinzipien von Vastu. Diese geben ihnen ihren charakteristischen rechtwinkeligen Grundriß, ausgerichtet nach den vier Himmelsrichtungen. Die Hauptachse verläuft dabei von

Osten nach Westen, die kleineren Straßen von Norden nach Süden, ein Platz im Zentrum ist für den Tempel vorgesehen.

Die durch die Indus-Saraswati-Kultur belegten architektonischen Fertigkeiten der antiken indischen Baumeister fanden im Jahr 1934 mit der Entdeckung eines umfassenden Werkes über Architektur und Bautechnik, der »Manasara« (S. 32) weitere Bestätigung. Die fälschliche Annahme, daß die Baukunst im Indien der Antike nur wenig ausgeprägt gewesen sei, wurde damit endgültig widerlegt.

Epische Zeugnisse

Die ersten schriftlichen Erwähnungen von Vastu stammen aus der Pre-Ramayana- und der Mahabharata-Periode, und werden entsprechend auf etwa 600 v. Chr. datiert. Im »Ramayana«-Epos findet sich beispielsweise die Beschreibung einer Stadt namens Ayodhya, deren Grundriß und Bauplan exakt jener entspricht, welche in der »Manasara«, einem wichtigen Grundlagenwerk zu Vastu, empfohlen wird. Auch das »Mahabharata«-Epos berichtet an vielen Stellen über Städte, deren Tempel und Paläste von überirdischer Schönheit und baulicher Perfektion sind. Unter den aufgeführten »urbanen Juwelen« befindet sich auch die Stadt Indraprastha, die, wie bereits erwähnt, nach den Plänen des Dämons Maya erbaut worden sein soll. Historisch interessant ist, daß die in den beiden Epen gerühmten Gebäude alle jene Eigenschaften und Prinzipien aufweisen, die Vastu empfiehlt.

Die wichtigsten indischen Epen

Das aus 18 Büchern und über hunderttausend Doppelversen bestehende »Mahabharata«-Epos ist eine der wichtigsten Grundlagen des Hinduismus und der indischen Kultur; ihm sind unter anderem viele Werke der klassischen Sanskrit-Dichtung entlehnt. Zentrales Thema dieses Heldenepos ist die geschichtliche Entwicklung Indiens: *Maha* bedeutet übersetzt groß und *Bharata* ist der indische Subkontinent. Einer der Hauptdarsteller ist dabei König Arjuna.
Darüber hinaus finden sich im »Mahabharata« zahlreiche Sagen, Tierfabeln, religiös-philosophische Gesänge und Lehrgedichte wie etwa die »Bhagawadgita«.
Das »Ramayana«-Epos ist das zweite große Epos der Inder. Als Autor dieser sieben Bücher und insgesamt 24 000 Sanskrit-Verse umfassenden Schriftreihe gilt der mythologische Weise Walmiki. Er schildert im »Ramayana«-Epos das Leben des Rama, der siebten Inkarnation Vishnus.

Festgeschrieben in Tausenden von Versen

Das Wissen der indischen Gelehrten des Altertums über Vastu und seine Prinzipien ist in zahllosen schriftlichen Werken für die Nachwelt festgehalten worden. Dabei handelt es sich fast ausnahmslos um umfangreiche Kompendien, jeweils bestehend aus mehreren Büchern und in Versform verfaßt. Im Laufe dieses Jahrhunderts wurden viele dieser Sanskrit-Texte ins Englische übersetzt und so auch der indischen Hochsprache Unkundigen zugänglich gemacht. Die Prinzipien von Vastu, die in den folgenden Kapiteln ausführlich dargestellt werden, basieren ohne Ausnahme auf diesem alten Schriftgut. Die wichtigsten Grundlagenwerke zu Vastu sollen im Anschluß kurz vorgestellt werden.

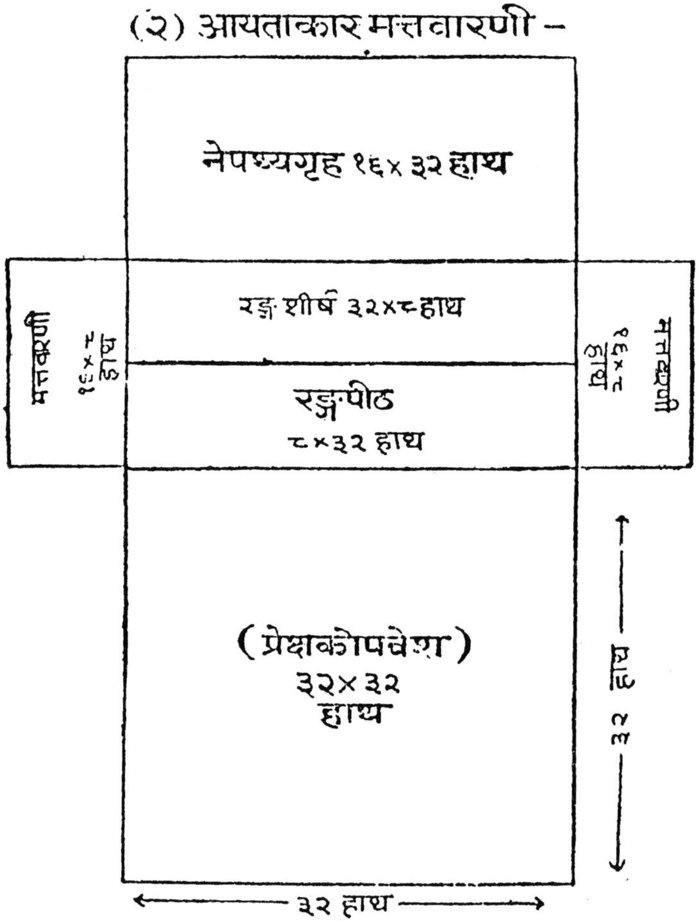

2.5. Alter Plan aus der »Manasara«, einem der bedeutendsten Grundlagenwerke von Vastu.

»Manasara«

Die bedeutendsten Vertreter der klassischen Vastu-Literatur sind zweifelsohne »Manasara« und »Mayamata«. Erstere, eine Abhandlung über Architektur und Ikonographie, dient bis heute als Grundlagenwerk und war Ausgangsbasis für andere alte Schriften zu Vastu. Als Verfasser der »Manasara« gilt bereits erwähnter Vishwakarma.

Unter anderem geht das differenzierte System der verschiedenen Maßeinheiten zu Bau und Vermessung von Gebäuden (S. 54) auf die »Manasara« zurück. Ihre Niederschrift wird auf das dritte bis vierte Jahrhundert vor Christus datiert.

»Mayamata«

Ähnlich ausgiebig, in 36 Kapiteln und über 3300 Versen, und heute besser bekannt als ihr Vorläufer, befaßt sich auch die »Mayamata«, die schriftliche Hinterlassenschaft des genialen Dämons Maya, mit allen Aspekten von Vastu – ob für Tempel, Paläste oder einfache Bauernhäuser, für großangelegte Städte oder Dörfer.

Die »Mayamata« unterteilt sich in drei Abschnitte: der erste handelt von dem Bauland an sich (das erste Vastu), der zweite von den zu errichtenden Bauwerken (das zweite Vastu), und der dritte gibt Anleitungen für Fahrzeuge, Möbel und Ikonographie (das dritte Vastu).

In den einzelnen Kapiteln selbst finden sich detaillierte Angaben zur Auswahl des geeigneten Grundstückes, zur Untersuchung des Baugrundes, zu Vermessung und Ausrichtung, zu geeigneten Opfergaben sowie zu den Riten, die nach Fertigstellung und beim Bezug eines Gebäudes zu vollziehen sind.

Darüber hinaus finden sich Empfehlungen für die Plazierung und die Maße von Türen, Toren und Treppen; das gleiche für Pavillons und Gartenhäuschen sowie für Sänften und auch für weniger herrschaftliche Fortbewegungsmittel wie etwa Ochsenkarren.

Auch was das Interieur wie beispielsweise Betten und Sitzmöbel anbelangt, hält das Werk Mayas Ausführliches bereit.

»... es gibt vier verschiedene Arten von Baumeistern, die alle ihre eigenen Aufgaben haben: den Architekten, den Sutragrahin, den Vardaki und den Taksaka.

Der Architekt ist aus einem berühmten Land und aus einer gemischten Kaste, ein Mann mit Charakter; er muß wissen, wie man baut und sollte in allen Wissenschaften erfahren sein; er soll körperlich vollkommen, gewissenhaft, selbstlos und unvoreingenommen, ohne Mißgunst und Schwäche sein; er sollte in Mathematik ausgebildet sein und die alten Texte kennen, aufrichtig sein und seinen Verstand beherrschen; er muß gut zeichnen können und das ganze Land kennen, er sollte großzügig und nicht gierig sein; seine Gesundheit sollte gut sein; er sollte ausdauernd, zuvorkommend, frei von den sieben Lastern sein und einen gut gewählten Namen tragen; er sollte den Ozean der Architektur überquert haben.

Der Sutragrahin ist der Sohn oder der Schüler des Architekten; er folgt seinen Anordnungen. Er ist geschickt und kunstfertig, kennt sich gut aus, ist klug und weiß, wie man Längen, Höhen und Proportionen mißt.

Der Taksaka wird so genannt, weil er Steine, Holz und Ziegel in kleine oder große Stücke schneidet. Der, der die vom Taksaka geschnittenen Stücke montiert, zusammensetzt und korrekt errichtet, ist der Vardaki; er ist erfahren im Mauern, tugenhaft, tüchtig und seinem Handwerk verbunden; er folgt stets den Anordnungen des Suutragraahin.«

(Aus »Mayamata« Kapitel 5, Vers 13 b–22 a)

»Brihat Samhita«

Ein weiteres wichtiges Dokument ist die »Brihat Samhita«, geschrieben von dem Gelehrten Varahamihira im Jahre 505 n. Chr. Der Herr mit dem blumigen Namen – Varahamihira bedeutet übersetzt »Geschenk der Sonne« – ist auch Begründer der Proportionslehre von Vastu; unter anderem soll der sogenannte »Goldene Schnitt« auf ihn zurückgehen (S. 54).

Die wie in den anderen alten Werken in Versform verfaßten Texte der »Brihat Samhita« erläutern ebenfalls en detail den Bau von Tempeln und Residenzen gemäß den Prinzipien von Vastu. Darüber hinaus finden sich in einem Kapitel dieses Vastu-Klassikers genaue Informationen darüber, wie unterirdische Wasserreservoirs aufgespürt werden können. Alle diese Anleitungen zur Grundwassersuche bestechen durch ihre überaus gute Naturbeobachtung und führen die immensen Fähigkeiten der Vastu-Pioniere ein weiteres Mal vor Augen. So gibt der besagte Abschnitt der »Brihat Samhita« beispielsweise den Hinweis, daß südlich einer Kokospalme, an deren Stamm viele Ameisenhaufen sind, eine Wasserader verläuft und in welcher Bodentiefe und Entfernung von der Palme diese genau zu finden ist. Des weiteren widmet Varamihira den verschiedenen Zubereitungsarten von Zement, je nach Verwendung, die der Baustoff später finden wird, ein eigenes Kapitel.

Buddhistische Referenzen

Nicht unerwähnt bleiben sollte, daß sich auch in der alten buddhistischen Literatur zahlreiche Erwähnungen von Vastu finden: Buddha (560 – 480 v. Chr.) selbst soll Vorträge über vastu-gerechte Architektur gehalten haben.

Steinerne Zeugen perfekter Baukunst

Im Indien der Antike war Vastu selbstverständlicher Bestandteil des täglichen Lebens: sowohl Städte, Paläste, Tempel und private Wohnhäuser wie auch Theater und Wehranlagen waren nach seinen Prinzipien erbaut. Unter den Bauwerken, die noch heute von der hohen Perfektion vastu-gemäßer Architektur künden, befindet sich beispielsweise die Tempelstadt von Madurai, Südindien, in deren Zentrum der berühmte Menakshi-Tempelkomplex steht. Oder die Tempel von Mahabalipuram nahe Chennai, ebenfalls in Südindien gelegen, der Shiva-Tempel von Kanchi oder der weltbekannte Chennakesava-Tempel von Belur oder oder … Diese Liste könnte endlos fortgesetzt werden, denn dem Indienreisenden begegnen zahllose Exempel vastu-gemäßen Bauens. Unter anderem auch in den Tempeln des Himalaya, die trotz extremer Witterungsverhältnisse und eines immer wieder von Erdbeben erschütterten Standorts die Jahrtausende nahezu schadlos überdauert haben (S. 172).

Vastu in der antiken Städteplanung

Von den herausragenden architektonischen Leistungen dieser Zeit zeugen nicht nur Sakralbauten und Paläste, sondern auch die alten Städte. Die Vastu-Schriften halten detaillierte Richtlinien für Planung und Bau einer Stadt bereit. Dies beginnt bereits bei der Auswahl eines geeigneten Baulandes, das bestimmte, klar definierte Kriterien erfüllen muß. So sollte sich beispielsweise der Baugrund nach Osten und Norden leicht absenken, nach Süden und Westen hingegen etwas ansteigen. Falls sich ein Fluß in der Nähe befindet, sollte dieser idealerweise von Osten nach Westen oder aber von Süden nach Norden verlaufen. Das Klima sollte nicht zu heiß und nicht zu kalt, und die Erde das Baulandes feucht und dunkel sein. Nach der Wahl des Baulandes wurde der Grundriß für die Stadt entsprechend des Vastu-Purusha-Mandala exakt nach den vier Himmelsrichtungen ausgerichtet: geradlinig, so daß sich die Straßen stets im rechten Winkel kreuzen. Die Hauptachse, die längste Straße der Stadt, sowie alle anderen Hauptstraßen waren exakt in Ost-West-Richtung anzulegen, so daß sie den ganzen Tag über den Sonnenstrahlen ausgesetzt waren – eine wichtige hygienische Maßnahme, deren wissenschaftlicher Hintergrund auf S. 222 erläutert wird. Die kleineren Verbindungsstraßen zwischen den Hauptstraßen sollten wiederum exakt von Süden nach Norden verlaufen, um eine perfekte Luftzirkulation zu gewährleisten: die Luft stand nicht in den Straßen, sondern deren Bewohner kamen in den Genuß einer steten Brise. Einzelne Bezirke waren für bestimmte Zwecke und für verschiedene Bevölkerungsgruppen vorgesehen. Im Zentrum der Stadt, dem sogenannten Brahmasthana (S. 56), stand stets der Tempel und fanden die Audienzen des Königs statt.

2.6. Einer der insgesamt sieben Innenhöfe der Tempelanlage von Shri Rangam, Südindien.

2.7. Rast vor der weitläufigen Tempelanlage von Kanchepuram, Südindien.

2.8. Der üppig verzierte Eingang zur Tempelanlage von Shri Rangam – die rot-weißen Bemalungen zu beiden Seiten des Tores sollen das Heiligtum vor negativen Einflüssen bewahren.

Unbezwingbare Wehranlagen

Auch die Forts im alten Indien wurden gemäß der Lehre von Vastu erbaut. Diese Wehranlagen haben allerdings wenig mit den hierzulande üblichen Trutzburgen gemein, sondern sind Bauwerke von ausgesuchter Eleganz und technischer Perfektion: Über und über mit Ornamenten verziert, mit zahlreichen Erkern, Pavillons und Galerien versehen, waren sie repräsentativ genug, um auch dem König und seiner Familie als Residenz zu dienen. Die indischen Wehrbauten hatten nicht nur die Aufgabe, feindliche Invasionen zu stoppen, sondern sollten dem Königreich auch eine möglichst lange Existenz ohne Zwischenfälle und Störungen garantieren – ein nach Vastu erbautes Fort verschaffte dem Land langanhaltenden Frieden.

Entsprechend ihrer geographischen Lage, ihrer Größe und ihrer Widerstandsfähigkeit gegenüber feindlichen Angriffen werden zwölf verschiedene Typen von Wehranlagen unterschieden. Allen gemeinsam ist jedoch ihr Grundriß und ihre Ausrichtung gemäß den Prinzipien von Vastu: unter anderem ein exakt rechteckiger, bestenfalls quadratischer Grundriß,

2.9. Das weit über Indiens Grenzen berühmte Old Fort bei Delhi.

ausgerichtet nach den vier Himmelsrichtungen, im Zentrum die königliche Residenz und der Tempel, Wasserreservoirs im Norden, Osten oder Nord-Osten, Haupteingang im Nord-Osten.

Renaissance genialen Wissens

Bis ins 13. Jahrhundert hinein trieb Vastu auf dem gesamten indischen Subkontinent ungestört seine Blüten. Dann jedoch ließen sich muslimische Völker, zunächst nur in Nordindien, nieder und gründeten mehrere Sultanate. Mit den Feldzügen der Eroberer gelangten auch deren architektonische Ideen schließlich immer weiter nach Süden und machten der Vastu-Ära dann im 14. Jahrhundert ein jähes Ende: Moscheen verkündeten den Sieg des Islams über Indien. Vastu, das alte Wissen von Baukunst und Architektur, trat mehr und mehr in den Hintergrund.

Mit der Eroberung Indiens durch die Engländer und Portugiesen im 18. Jahrhundert wurde die islamische Bauperiode abgelöst. An deren Stelle traten die architektonischen Importe der Kolonialmächte: Der englische Kolonialstil prägte die Architektur Nordindiens, der spanische Barock hingegen verbreitete sich in Goa, dem portugiesisch besetzten Teil Indiens.

Auch nachdem Indien 1949 nach jahrhundertelanger Kolonialisierung seine Unabhängigkeit wiedererlangte, sollte es noch geraume Zeit dauern, bis Vastu wieder aus der Schatzkiste der alten indischen Hochkultur hervorgeholt wurde – ebenso wie Ayurveda, ein weiteres Juwel aus Indiens Vergangenheit, dem das gleiche Schicksal wie Vastu zuteil wurde und das ebenfalls erst in den letzten Jahrzehnten wieder jene Beachtung findet, die ihm gebührt.

Vastu-Mania

Seit etwa fünf Jahren jedoch läßt sich auf dem indischen Subkontinent ein regelrechter Vastu-Boom verzeichnen – von den Ausläufern des Himalaya bis hinunter nach Sri Lanka, von Mumbai bis Madras erlebt die Lehre von Vastu ein bemerkenswertes Comeback. Im Juni 1995 fand in Bangalore die erste »All India Vastu Conference« statt, die sowohl in wissenschaftlichen Kreisen wie auch bei Laien in Sachen Vastu landesweit auf große Resonanz stieß. Der Veranstaltungsort dieser Konferenz selbst, der Regierungspalast in Bangalore, ist bereits vor mehreren Jahren absolut getreu den Prinzipien von Vastu erbaut worden.

Das Interesse an Vastu ist mittlerweile derart groß, daß in Indien – nicht ohne sarkastischen Unterton – bereits die Vermutung kursiert, daß »demnächst sogar die öffentlichen Toiletten nach Vastu gebaut werden«. Schon möglich, denn allein in Bangalore, der Hauptstadt des südindischen Bundesstaates Karnataka, planen und bauen zahllose Architekten gemäß Vastu und stehen über zweitausend Vastu-Berater zu allen Belangen rund um den Wohnraum zur Verfügung. Kaum ein Haushalt, der auf deren Dienste verzichten möchte.

2.10. In Bangalore, der Hochburg der Vastu-Renaissance, findet Politik im vastu-gerechten Rahmen statt – hier das monumentale Eingangsportal zum Regierungsgebäude.

Die wiedererwachte Begeisterung für Vastu erfaßt alle Bevölkerungsschichten Indiens – auch hochrangige Regierungsvertreter legen allergrößten Wert auf vastu-gemäßes Amtieren und Residieren. So ließ beispielsweise Sri Devegowda, vormals Ministerpräsident von Karnataka, nach seiner Wahl zum Premierminister Indiens sowohl seine künftige Residenz wie auch seine Arbeitsräume komplett gemäß der Vastu-Kriterien umbauen, bevor er sein Amt antrat. Vastu-Kritiker mögen nun anmerken, daß ihm dieses (kostspielige) Unterfangen wenig gebracht hat – denn bereits nach neun Monaten wurde Devegowda wieder seines Postens ent-

Die Geburtshelfer

Einer der wichtigsten Pioniere, die Vastu den Weg zurück ins Rampenlicht ebneten, ist B. Niranjan Babu, ein über die Grenzen Indiens bekannter Experte in Sachen Vastu und Jyotisha. Er rief die eben erwähnte erste Konferenz über Vastu ins Leben, zu der über 1500 anerkannte Experten aus ganz Indien, vor allem aus den Bereichen Architektur, Ingenieurwesen und Jyotisha, erschienen. Auch Dr. Rhyner nahm an der Veranstaltung teil.
Anliegen dieses interdisziplinären Treffens war es, Vastu einen Teil seines verlorenen Ruhms zurückzubringen und wissenschaftliche Ergebnisse zu präsentieren, welche die fachliche Relevanz und vor allem die absolute Richtigkeit der alten Vastu-Prinzipien bestätigen.
Durch die Veranstaltung in Bangalore gelang es, eine Basis für einen Informationsaustausch zwischen Vastu-Experten und modernen Architekten zu schaffen und nicht zuletzt die Wissensinhalte von Vastu und deren Anwendung im privaten wie öffentlichen Bereich wiederzubeleben. Entsprechend war die Konferenz in Bangalore gewissermaßen die (Wieder-)Eintrittskarte für Vastu in das öffentliche Leben. Der Gastgeber, B. Niranjan Babu, gilt vor diesem Hintergrund als der entscheidende Geburtshelfer von Vastu, der sich auch im Westen sehr für die Wiederbelebung der Lehre vom gesunden Bauen und Wohnen engagiert – auf seine Anregung hin wurden in den USA, so beispielsweise in New Mexiko und in Kalifornien, eine ganze Reihe moderner Häuser nach den Prinzipien von Vastu erbaut.

hoben. Doch nirgends, weder in den alten Schriften noch in den heutigen Abhandlungen steht geschrieben, daß Vastu auch vor gravierenden politischen Fehlentscheidungen bewahrt …

2.11. B. Niranjan Babu, Vastu-Experte, Astronom und Astrologe, in seinem Büro in Bangalore.

Back to the roots

Die Gründe für die augenblickliche Renaissance des so lang in der »Rumpelkammer« der altindischen Wissenschaften schlummernden Vastu sind vor allem in der gegenwärtigen Rückbesinnung der Inder auf ihre alten Traditionen zu suchen. Fünfzig Jahre nach Erlangen ihrer Unabhängigkeit wird sich die indische Bevölkerung langsam wieder ihrer hochentwickelten alten Kultur und des komplexen Wissens ihrer Vorfahren bewußt. Diese »back to the roots«-Bestrebungen zeigen sich nicht nur in reger besuchten Tempeln, sondern auch im Bemühen um eine Verschmelzung der überlieferten eigenen mit der westlichen Kultur.

Kapitel 3
Die Fundamente des Vastu

Bevor es an die eigentliche Anwendung von Vastu, an die Umsetzung seiner Prinzipien in der Praxis geht, sollen die grundlegenden Konzepte dieser Lehre umrissen werden. Sie stellen die theoretische Basis der Vastu-Prinzipien dar und sind gewissermaßen der »Unterbau« vastu-gemäßen Bauens und Wohnens.

Die Kenntnis dieser Modelle dient als Werkzeug zur praktischen Umsetzung von Vastu. Im Grunde ist es wie beim Bauen selbst: das Fundament muß stimmen, sonst ist das Haus nicht stabil. Ebenso sollten die grundlegenden Konzepte von Vastu bekannt sein. Denn andernfalls kann darauf nicht das Gebäude mit jenem immensen Potential, das dieses Wissen in sich birgt, zur nutzbringenden Anwendung im Alltag aufgebaut werden.

Die Fundamente, auf denen Vastu ruht, mögen sicherlich für unser Verständnis oftmals ungewohnt sein. Das Bild, das Vastu von der Natur und dem Menschen entwirft, entspricht nicht immer jener naturwissenschaftlichen Auffassung, wie sie in unseren Breiten geläufig ist oder treffender, was hierzulande darunter verstanden wird. Die Lehre von Vastu zeigt durch ihre globale Sicht der Dinge auch Horizonte auf, die über unser Verständnis vom Leben auf diesem Planeten hinausgehen. Und so ist es auch nicht möglich, alle Regeln von Vastu vollständig in das Schema unseres wissenschaftlichen Denkens einzupassen.

Eben Gesagtes soll nicht implizieren, daß die Prinzipien von Vastu auf schwerlich nachvollziehbaren Thesen jenseits der Logik beruhen. Das Gegenteil ist der Fall: die Vastu-Konzepte sind auch in den westlichen Alltag zu integrieren und basieren auf der detaillierten Analyse der naturgegebenen Gesetzmäßigkeiten und deren Auswirkungen auf den Menschen. Nur fließen bei diesen Betrachtungen auch spirituelle Inhalte ein, die unserer Weltsicht fremd sein mögen und ein gewisses Umdenken erfordern. So beispielsweise das Konzept der Triguna (S. 57) sowie all jene Riten, die gemäß Vastu im Zuge des Hausbaus vollzogen werden sollten.

Wer die Bereitschaft aufbringt, sich anderen Anschauungen zu öffnen, dem mag Vastu Zusammenhänge aufzeigen, die unser rationalistisch geprägtes Denken nur bereichern können – nicht nur im Hinblick auf eine Optimierung der Wohn- und Arbeitsumgebung, sondern auch auf viele andere Bereiche des täglichen Lebens.

Die Themen

Die wichtigsten Themen und deren Unterpunkte, die zum Großteil in den Praxiskapiteln behandelt werden, sind im Anschluß aufgeführt.

Aspekte vastu-gemäßen Bauens

Auswahl des geeigneten Baugrundstückes
- Vorgeschichte, frühere Nutzung des Baugrundstückes
- Baugrunduntersuchung, u.a. Bodenproben
- Form und Neigung des Baugrundstückes
- Fließrichtung des Grundwassers sowie eines angrenzenden Baches oder Flusses

Entwurf des Baukörpers
- Ausrichtung und Grundriß des Gebäudes
- Ausdehnung des Gebäudes in verschiedene Himmelsrichtungen (z.B. Anbauten, Veranda, Erker)
- Proportionen des Gebäudes sowie der Räume
- Baumaterialien
- Bezug zum Außenbereich und Bauabstand
- Nebengebäude

Aufteilung des Grundrisses
- Anordnung des Haupt- und Nebeneingangs, der Zimmertüren wie der Fenster
- Anordnung der Zimmer
- Treppenhaus und Stufen
- Anordnung von Balkonen und Terrassen
- Plazierung von Möbeln (vor allem der Betten) sowie von Spiegeln
- Wasserreservoirs, Brunnen(schacht), Klärtank, Versitzgrube

Spirituelle Aspekte
- Berücksichtigung astrologisch günstiger Zeitpunkte für bestimmte Bauabschnitte
- Rituale bei Grundsteinlegung, Setzen der Eingangstür, Hauseinweihung

Die Lehre von Vastu hat die Zielsetzung, Wohn- und Arbeitsräume zu schaffen, die in Harmonie mit den natürlichen Gesetzmäßigkeiten stehen und so einen Gleichklang von Raum und Umwelt erzeugen – die Basis für körperliches, geistiges und seelisches Wohlbefinden der Bewohner. Die

3.1. Einer der eindrucksvollen Tempeltürme in Kanchepuram, Südindien.

wichtigsten Parameter, um dies zu erreichen, sind die Form eines Baugrundstückes, die Geometrie eines Gebäudes, die Orientierung an den Himmelsrichtungen, die Berücksichtigung der Effekte von UV- und Infrarotstrahlen, magnetischen und elektrischen Strahlungen sowie der Umgebung des Gebäudes.

Entsprechend gibt Vastu detaillierte Empfehlungen zu vielen Aspekten rund um Planung, Bau und Raumaufteilung; unter anderem zur Anordnung und Ausrichtung der Türen und Fenster sowie auch dazu, welches der beste Zeitpunkt für einen bestimmten Baubabschnitt ist.

Die Anatomie des Bauens

Nahezu alle Prinzipien von Vastu beziehen sich auf das sogenannte Vastu-Purusha-Mandala – es wird entsprechend als die Verkörperung von Vastu betrachtet. Als Vastu Purusha selbst gilt jene spürbare Ausstrahlung, die jedes Gebäude besitzt; gewissermaßen das Wesen eines Hauses.

Der quadratische »Käfig« von Vastu Purusha, exakt ausgerichtet nach den vier kardinalen Himmelsrichtungen, ist gemäß Vastu die beste Grundrißform. Der Körper des Dämons kommt dabei schräg in diesem Quadrat zu liegen:

Kopf im Nordosten,
Füße im Südwesten,
Wirbelsäule als Diagonale von Nordosten nach Südwesten,
Solarplexus im Zentrum (dort, wo sich die Verbindungslinien aller vier Himmelsrichtungen sowie die Diagonalen zwischen den vier Ecken treffen),
linke Schulter im Norden und rechte Schulter im Süden,
linkes Knie und linker Ellenbogen im Nordwesten,
rechtes Knie und rechter Ellenbogen im Südosten.

Jeder dieser Körperbereiche repräsentiert unterschiedliche Energiefelder. Abhängig von den jeweiligen Schwingungen dieser energetischen Kräfte besitzen die einzelnen Bereiche spezielle Eigenschaften und entsprechend andere Wirkungen. Demzufolge sollten Räume mit ihren jeweils unterschiedlichen Funktionen nur in ganz bestimmten Zonen eines Gebäudes plaziert werden.

Die Anordnung der Bereiche eines Hauses und die Raumaufteilung erfolgen also abhängig von den in den einzelnen Feldern des Mandala herrschenden energetischen Kräften und deren unterschiedlichen Eigenschaf-

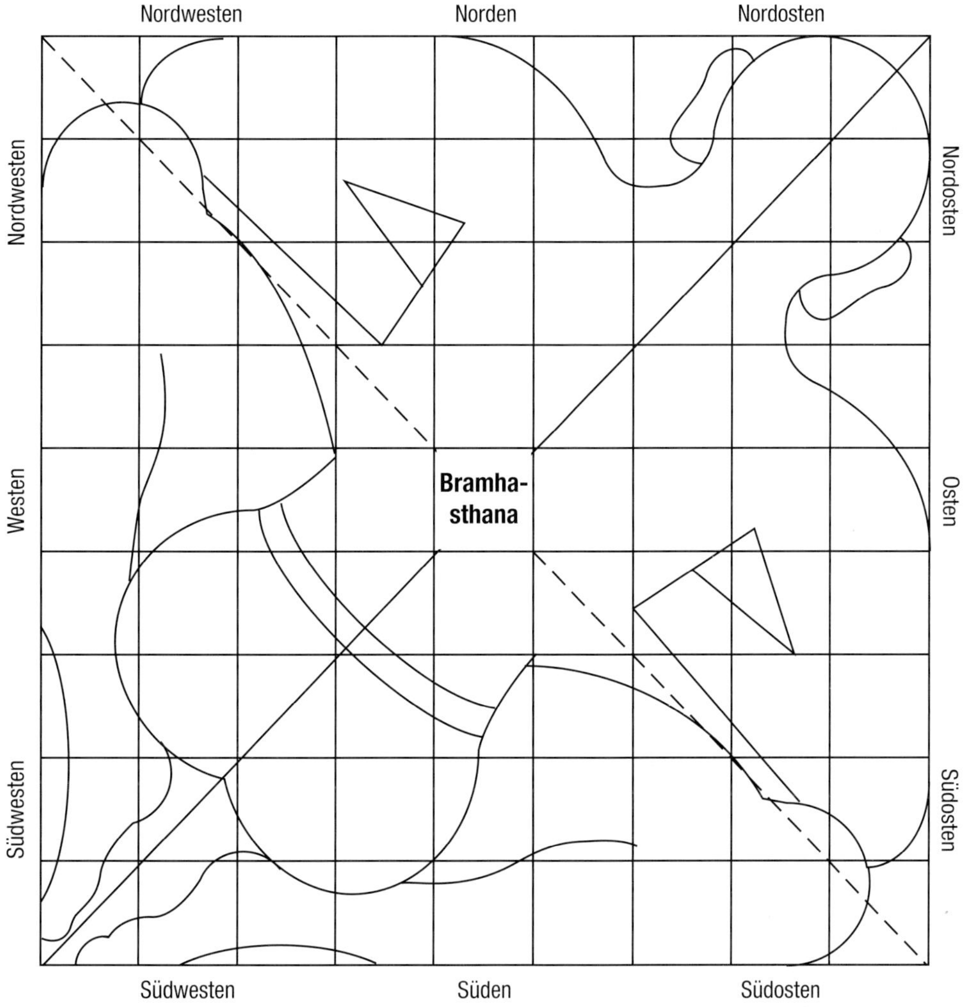

3.2. Das Vastu-Purusha-Mandala – die Verkörperung der Prinzipien von Vastu.

ten. Das Mandala dient gewissermaßen als Schablone, die auf jeden Grundriß angelegt werden kann und mittels derer die unterschiedlichen Energiefelder und damit die Eigenschaften der einzelnen Bereiche eines Hauses verdeutlicht werden. Eine ähnliche Funktion kommt dem *Bagua* im Feng Shui zu. Dieses Schema, übersetzt »Körper des Drachen«, ordnet ebenfalls jedem Bereich eines Gebäudes spezielle Bedeutungen und Effekte zu.

Das Vastu-Purusha-Mandala enthält nicht nur wichtige Informationen zu Planung und Bau, sondern auch für verschiedene Aktivitäten des täglichen Lebens, so beispielsweise, wo die Mahlzeiten eingenommen, wo also Eßzimmer oder Küche plaziert werden sollten.

Von Nordost nach Südwest

Von Vastu Purushas Kopf beginnend läßt sich eine Diagonale zu den Füßen ziehen. Da sich der Kopf in der Nordostecke und die Füße in der Südwestecke befinden, verläuft besagte Diagonale von Nordosten nach Südwesten. Diese Linie spielt eine zentrale Rolle bei der praktischen Umsetzung der Prinzipien von Vastu. Aber auch im menschlichen Körper kommt ihr eine wichtige Bedeutung zu. So folgt die sogenannte Brahmanenschnur, eine aus Baumwollfäden geflochtene Schnur, welche die Brahmanen zum Schutz vor negativen Einflüssen und zum Zeichen ihrer gesellschaftlichen Stellung tragen, deren Verlauf: von der linken Schulter vorne schräg über Brust und Bauch, hinten über den Rücken fallend und seitlich in Höhe des rechten Hüftknochens zusammengeknotet.

Abbild kosmischer Ordnung

Die hinduistischen Bauten sollten die kosmische Ordnung widerspiegeln. Deshalb legten die Architekten dem Entwurf des Bauwerkes eine graphische Darstellung dieser Ordnung, ein sogenanntes Mandala oder Yantra zugrunde. Den Punkten und Feldern dieses Zeichens maß die altindische Architekturtheorie spezifische mythische Bedeutungen bei – die Felder waren beispielsweise meist Sitz bestimmter religiöser Prinzipien. Das Mandala und die mit ihm verbundene Proportionslehre legt die Form und die Abmessungen aller Bauteile fest.
(nach Sir Nikolaus Pevsner, »Lexikon der Weltarchitektur«)

Nicht kopflastig werden …

Kraft des Vastu-Purusha-Mandala kann ein Gebäude und jeder darin befindliche Raum als Modell eines menschlichen Körpers und seiner unterschiedlichen Funktionen verstanden werden. Allen Körperbereichen, und damit den verschiedenen Himmelsrichtungen, sind bestimmte Eigenschaften zugeordnet, die bei Planung und Raumaufteilung eine ausschlaggebende Rolle spielen. Der Nordosten beispielsweise, wo Vastu Purusha seinen Kopf hat, ist nach Auffassung von Vastu ein sehr energetischer und wichtiger Bereich (S. 162) – unter anderem sollten sich hier keine schweren Lasten, etwa Pfeiler, dicke Mauern oder wuchtige Möbelstücke befinden.

Vergleichbares gilt für den Kopfbereich eines Menschen, denn der Schädel mit dem Gehirn sollte ebenfalls nicht großem Gewicht ausgesetzt und vor Schlägen und anderen Gewalteinwirkungen geschützt werden. Darüber hinaus ist der Kopf auch Sitz des Intellekts und der verstandesmäßigen Leistungen sowie jener Ort, an dem viele Sinneseindrücke empfangen und verarbeitet werden. Dem entsprechen wiederum die der Nordostecke zugeordneten Eigenschaften wie Weisheit, Reinheit und Intelligenz.

Zur Verdeutlichung, wie sich »Kopflastigkeit« auswirken kann, ein Beispiel aus der Praxis eines Vastu-Beraters: Eine gut laufende Granitfabrik bei Bangalore hatte die beim Bearbeiten der Steine anfallenden Abfälle über lange Zeit hinweg in der Nordostecke ihres Grundstückes gelagert. Auf diese Weise ruhte hier, bedingt durch die schweren Granitbrocken, eine große Last. Über die Jahre verschlechterte sich die Auftragslage immer mehr, bis die Fabrik schließlich kurz vor der Schließung stand. Um den drohenden Bankrott abzuwenden, entschloß sich der Besitzer in letzter Minute, einen Vastu-Berater zu bestellen. Dieser empfahl auf das dringlichste, umgehend die Granitabfälle aus der Nordostecke zu beseitigen. Gesagt, getan. Bereits wenige Wochen später stellten sich die ersten Ergebnisse ein: die Firma erhielt wieder Aufträge und konnte ihre Arbeiter wieder beschäftigen. Heute gehört besagte Granitfabrik zu den erfolgreichsten im Raum Bangalore.

Die Form der Formen

Das Quadrat, in das Vastu Purusha eingesperrt ist, stellt die absolute Form, den besten Grundriß für jedwedes Bauwerk dar – es gilt als Symbol für absolute Vollkommenheit. Entsprechend empfiehlt Vastu, Gebäude möglichst nach quadratischem Grundriß zu errichten.

Mit den vier Himmelsrichtungen

Gemäß Vastu sind alle Außen- wie Innenmauern eines Gebäudes nach den vier Haupthimmelsrichtungen auszurichten. Nur dann sind die Bedingungen gegeben, daß die herrschenden magnetischen und kosmischen Energiefelder die beste Wirkung auf die Bewohner entfalten können.

Falls ein quadratischer Grundriß nicht realisierbar oder aufgrund der Bestimmung, der das geplante Gebäude zugeführt werden soll, unzweckmäßig ist, kann es auch rechteckig oder L-förmig Abweichungen davon geben. Unregelmäßige, vieleckige, dreieckige, stark unsymmetrische oder gerundete Grundrißformen sind hingegen zu vermeiden (S. 90), denn sie bringen die innerhalb und außerhalb eines Gebäudes wirkenden energetischen Kräfte aus dem Gleichgewicht.

Der rechte Winkel zählt

Die große Bedeutung, die einem quadratischen und rechteckigen Grundriß beigemessen wird, läßt erahnen, daß die Winkel ausschlaggebend für die Wirkung der herrschenden energetischen Kräfte und damit für das Wohnklima sind.

Und in der Tat bildet eine Bedingung von Vastu, daß die Ecken eines Gebäudes und eines Raumes 90 Grad messen. Bei der Südwestecke muß diese Vorgabe in jedem Fall realisiert werden; die anderen Ecken können geringfügig davon abweichen – bis zu 12 Grad. Spitze Winkel bis zu 78 Grad sind gemäß Vastu also noch »erlaubt«. Eine einfache Methode, um die Winkel in den eigenen vier Wänden grob zu prüfen, ist es, die Diagonale von der Nordost- zur Südwestecke zu messen. Sie muß länger sein als die Diagonale von der Südost- zur Nordwestecke.

32fache Ausführung

Die Ausmaße, die ein Gebäude haben soll, richten sich konsequenterweise nach den jeweiligen Anforderungen, denen es genügen muß. Entsprechend existieren insgesamt 32 verschiedene Arten von Vastu-Purusha-Mandala. So gibt es vom Mandala, das nur aus einer einzigen Zelle besteht und das zum Beispiel für kleine Altäre Anwendung findet, bis zum Mandala aus 1024 Einzelzellen verschiedenfache Ausführungen. Die besagten Zellen entstehen dadurch, daß der Grundriß eines Gebäudes mittels gerader Linien von Osten nach Westen und von Norden nach Süden verlaufend in ein Gitter mit vielen kleinen Quadraten unterteilt wird.

Neun mal neun

Während 1024zellige Mandalas für Städte und 64 oder 100zellige für Tempel empfohlen werden, sieht Vastu für zivile Gebäude und damit für den privaten Wohnraum eine Unterteilung in 81 Quadrate vor. Dabei wird der Grundriß durch jeweils neun vertikale und horizontale Linien unterteilt (s. Abb.).

Der Sinn dieser Aufteilung liegt darin, daß damit Einzelbereiche eines Grundrisses und seiner unterschiedlichen Bedeutungen besser dargestellt werden können. Deren Berücksichtigung stellt die erwähnte Basis vastu-gemäßen Bauens dar.

So sind den 81 Quadraten jeweils verschiedene Patrone zugeordnet – nebenbei bemerkt genau jene, die Vastu Purusha zu Boden warfen (S. 28). Diese Zuordnung ist nicht willkürlich, sondern abhängig davon getroffen worden, wo welcher Überirdische den Dämon gepackt und festgehalten hat. Entsprechend der Patrone oder religiösen Prinzipien, unter deren Einfluß die einzelnen Quadrate stehen, haben diese spezifische Eigenschaften und demgemäß verschiedene Funktionen in einem Haus.

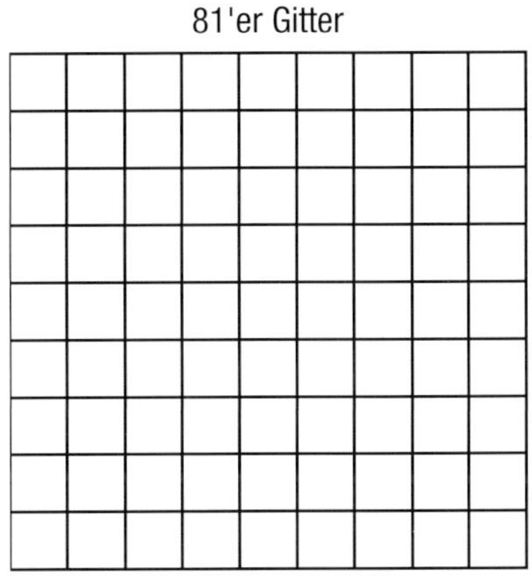

3.3. Neun mal neun Quadrate unterteilen den Grundriß in spezifische Bereiche.

Anhand der weiteren Entspechungen läßt sich dieses Grundprinzip gut nachvollziehen.

Die Proportionslehre von Vastu

Mit Proportion sind zunächst ganz allgemein die Größenverhältnisse von den Teilen eines Ganzen gemeint, so beispielsweise das Verhältnis der einzelnen Teile des menschlichen Körpers zueinander – je nachdem wirkt ein Mensch mehr oder weniger »wohl-

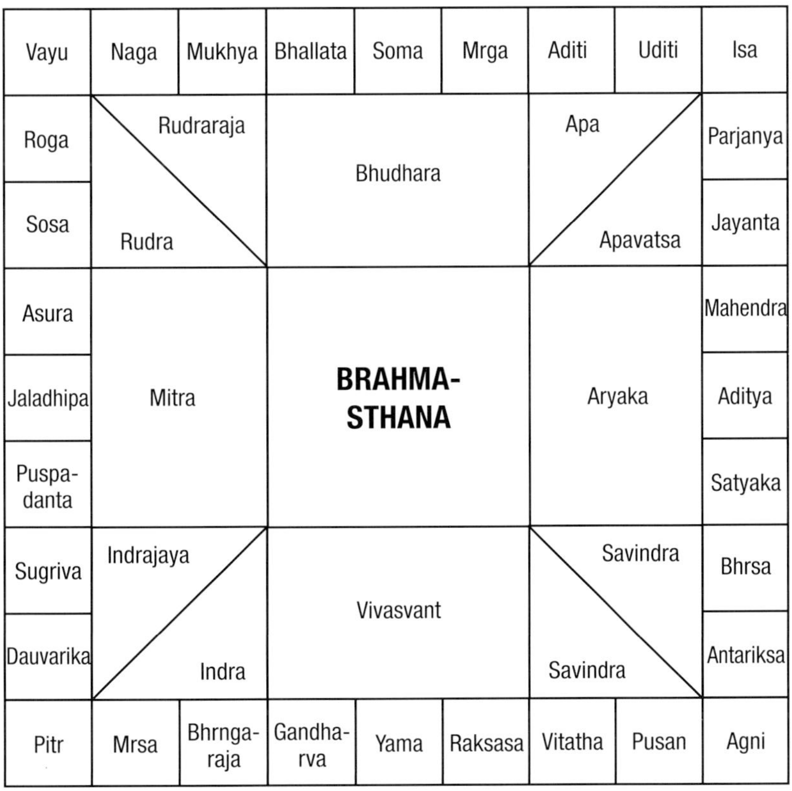

3.4. Jeder Patron besitzt sein eigenes »Hoheitsgebiet«.

proportioniert«. Die Architektur versteht demzufolge unter Proportion das Maßverhältnis einzelner Bauteile untereinander und zum ganzen Gebäude – etwa das Verhältnis zwischen den Längen und Breiten sowohl eines Gebäudes wie eines einzelnen Raumes.

Im Laufe der kulturellen Entwicklung der Menschheit sind viele unterschiedliche Proportionslehren entstanden, im Zuge derer bestimmte Proportionen als ästhetisch beste galten. Eine Proportion gilt jedoch quer durch die Epochen und Kulturen (damit auch der indischen) bis heute als ideales Maßverhältnis – der sogenannte Goldene Schnitt, der Maßstab ästhetisch perfekten Bauens. Er sieht die Teilung einer Strecke in der Weise vor, daß sich der größere Abschnitt zur gesamten Strecke verhält wie der kleinere Abschnitt zum größeren; also ein Verhältnis zwischen großem und kleinem Abschnitt von 8 : 5. Diese Regel findet seit alters nicht nur in der Architektur, sondern auch in der Kunst sowie in bezug auf den menschlichen Körper Anwendung. Interessant dabei ist, daß der Goldene Schnitt, wie auch andere als ästhetisch ansprechend erachtete Maßverhältnisse stets auch bautechnischen Anforderungen vollauf genügen.

Die von dem vedischen Gelehrten Varahamihira begründete Proportionslehre von Vastu basiert auf den sogenannten *Ayadi Shadvarga*. Dabei handelt es sich um sechs verschiedene mathematische Formeln, nach denen gemäß Vastu Gebäude und Häuser konzipiert werden sollten. Jede hat eine bestimmte Bedeutung und Funktion:

Aya:	Wachstum und Gewinn
Vyaya:	Rückgang und Verlust
Yoni:	Quelle und Ursprung (Ausrichtung des Gebäudes)
Vara:	Wochentag (an dem die Bautätigkeiten aufgenommen werden sollten)
Tithi:	Tag innerhalb der Mondphase (an dem der Bau begonnen werden sollte)
Nakshatra:	astrologische Maßeinheiten, nach denen der beste Zeitpunkt zum Baubeginn errechnet wird

Die Ayadi Shadvarga versetzen den Architekten in die Lage, die richtige Orientierung und Dimension für sein Gebäude zu finden. Kraft dieser mathematischen Formeln läßt sich aber auch errechnen, wann der beste Zeitpunkt zum Baubeginn ist sowie welche Lebensdauer das Haus haben wird.

»Um das richtige Maß auszuwählen, sollte der Architekt das System der sechs Formeln (Ayadi Shadvarga) anwenden.«

(Aus »Manasara«, Kapitel 9, Vers 74)

Kein Haus sollte nach Auffassung von Vastu ohne die Berücksichtigung proportionaler Vorgaben erbaut werden. Denn nur ein wohlproportioniertes Haus hält die energetischen Kräfte des Raumes in Harmonie, verbessert damit das Wohnklima und erhöht demzufolge die Lebensqualität der Bewohner. Über die Proportion eines Hauses kann also ein direkter Einfluß auf das Befinden seiner Bewohner genommen werden.

Die Formeln der Ayadi Shadvarga sind jeweils recht komplex; deshalb soll hier folgendes einfacheres Konzept, das Vastu hinsichtlich der Proportionierung von Gebäuden kennt, genügen:

Die Vastu-Proportionen

1 : 1	Dhwajaaya, die Proportion des Reichtums (Quadrat, die beste Dimension)
1 : 1, 111	Dhumaaya, die Proportion des Rauches (hat einen negativen Einfluß auf die Gesundheit der Bewohner)
1 : 1, 222	Simhaya, die Proportion des Löwen (fördert Gesundheit, bringt Wohlstand, Reichtum und Sieg)
1 : 1, 333	Swasaaya, die Proportion des Hundes (»mittelprächtig«, der Bewohner hat den Eigenschaften des Hundes gemäß treue Freunde und Geschäftspartner, kommt jedoch nie zu großem Erfolg oder Wohlstand)
1 : 1, 444	Vrishabhaya, die Proportion des Bullen (bringt Glück und Reichtum)
1 : 1, 555	Kharaaya, die Proportion des Esels (hat einen negativen Einfluß in allen Bereichen)
1 : 1, 666	Gajjaaya, die Proportion des Elefanten (hat einen immens positiven Einfluß auf alle Bereiche des Lebens, auch auf das Gebäude selbst)
1 : 1, 777	Kaakaaya, die Proportion der Krähe (zieht viele Menschen an und ist am besten für öffentliche Gebäude geeignet)

Vastu gibt dem Verhältnis 1: 1, also dem Quadrat, sowie dem Verhältnis 1: 1,666 klar den Vorzug. Letzteres ist nichts anders als der Goldene Schnitt: acht geteilt durch fünf ergibt 1, 6.

Weitere Empfehlungen, die Varahamihira hinsichtlich der Dimensionierung von Bauteilen gibt, sind beispielsweise jene, daß die Dicke der Hausmauern ein Sechzehntel der Höhe des betreffenden Gebäudes betragen sollte. Dies zeigt, daß die Proportionslehre von Vastu nicht nur ästhetische Aspekte, sondern auch bautechnische Erfordernisse berücksichtigt. Damit wird Vastu vollauf der Forderung gerecht, daß die Proportion als »Lehre von der Harmonie« Ästhetik und physikalische sowie energetische Kräfte in Einklang bringen sollte.

Das »Elefantenmaß«

Der Goldene Schnitt wurde bereits 530 v. Chr. von dem vedischen Gelehrten Varahamihira, zu deutsch »Geschenk der Sonne«, festgelegt. Er erhob diese Proportion, genannt Gajjaaya, zur besten neben dem Quadrat.
Ihre Bezeichnung verdankt diese heute als Goldener Schnitt bekannte Proportion übrigens dem Elefanten, auf Sanskrit Gajja. Daß die Dickhäuter Pate standen, geht zum einen darauf zurück, daß der Elefant bis zum heutigen Tag eines der wichtigsten Nutztiere auf dem indischen Subkontinent ist und als hochintelligentes, friedliebendes und gutmütiges Tier gilt, zum anderen darauf, daß die Körperform des Elefanten ziemlich genau dem Goldenen Schnitt entspricht.
Daran, ob es tatsächlich Varahamihira war, der den Goldenen Schnitt ersonnen hat, mögen sich die Geister scheiden. Doch ist es auch nicht weiter von Belang, ob der vedische Gelehrte oder vielleicht doch die alten Griechen diesen ästhetischen Geniestreich für sich verbuchen dürfen. Interessant ist vielmehr, daß Vastu die gleichen proportionalen Vorlieben besitzt wie die Architektur anderer Kulturen, und so mit dem Goldenen Schnitt ein weiterer Beleg für die universale Existenz von Vastu (S. 181) erbracht ist.

Das System der Vastu-Maße

Die Vastu-Pioniere bedienten sich äußerst präziser Methoden zur Vermessung, die durch ihre Nähe zur Natur und ihre Liebe zum allerkleinsten Detail – im wahrsten Sinne – bestechen. Denn die kleinste Meßeinheit, welche in den alten Schriften Erwähnung findet, ist ein Atom, *Paramanu*. Die anderen Einheiten bauen auf dieser Grundeinheit auf. Am gebräuchlichsten waren jedoch verständlicherweise – man stelle sich vor, wie viele Atomdurchmesser die Länge eines Hauses messen würde – die Fingerbreite, *Angula*, und die aus 24 Fingerbreiten bestehende, *Hasta* genannte Einheit.

Angula ist in der »Mayamata« definiert als die Länge des mittleren

Gliedes des Mittelfingers und wird dort als jene Strecke beschrieben, die sich ergibt, wenn man acht Gerstenkörner ihrer Länge nach aneinanderreiht, etwa 1,5 bis 1,8 Zentimeter. 24 Angula schließlich ergeben ein Hasta. Nun wird man sich vielleicht fragen, wie ein solches Maß für Bauwerke verwendet werden kann, handelt es sich doch bei einem Angula um eine sehr individuelle Einheit, die von Mensch zu Mensch je nach Länge seiner Finger variiert. Doch gerade diese Individualität ist gewünscht, denn auf diese Weise entsteht ein Haus nach den eigenen Maßen. So war es früher üblich, für das Angula beim zukünftigen Bewohner Maß zu nehmen und nicht etwa beim Architekten – Wohnraum auf den Leib geschneidert …

Das System der Vastu-Maße dient der Vermessung verschiedener Dimensionen: für Höhen und Längen, für Breiten, Umfänge, Mauerstärken oder etwa Hohlräume.

3.5. Das tierische Sinnbild des Goldenen Schnitts, festlich für eine religiöse Zeremonie geschmückt.

Die Maße der Natur

Grundeinheit:	1 Atom
8 Atome (Atomdurchmesser):	1 Molekül
8 Moleküle:	1 Haarspitze
8 Haarspitzen:	1 Nisse (Lausei)
8 Nissen:	1 Laus
8 Läuse:	1 Gerstenkorn
8 Gerstenkörner:	1 Mittelglied des Mittelfingers
12 Fingerbreiten:	1 Spanne
2 Spannen oder 24 Fingerbreiten:	1 Hasta

(Aus »Indian Architecture«, nach der »Manasara«)

Raum für Götter, Menschen und Dämonen

Basierend auf der Aufteilung in 81 Quadrate ergeben sich vier konzentrische Zonen innerhalb des Vastu-Purusha-Mandala: die zentrale Zone, in der sich die Diagonalen des Quadrates oder Rechtecks kreuzen, wird Brahmasthana genannt. Sie umfaßt die inneren neun Quadrate. Brahmasthana wird rundum zunächst von der Zone der Götter (*Daiva*) umschlossen, darauf folgt die Zone der Menschen (*Manushya*) und zuletzt die Zone der Dämonen, der Unterwelt (*Paisacha*). Die genannten Zonen haben jeweils die Breite von einem Quadrat, also einem Neuntel der Seitenlänge des Grundrisses.

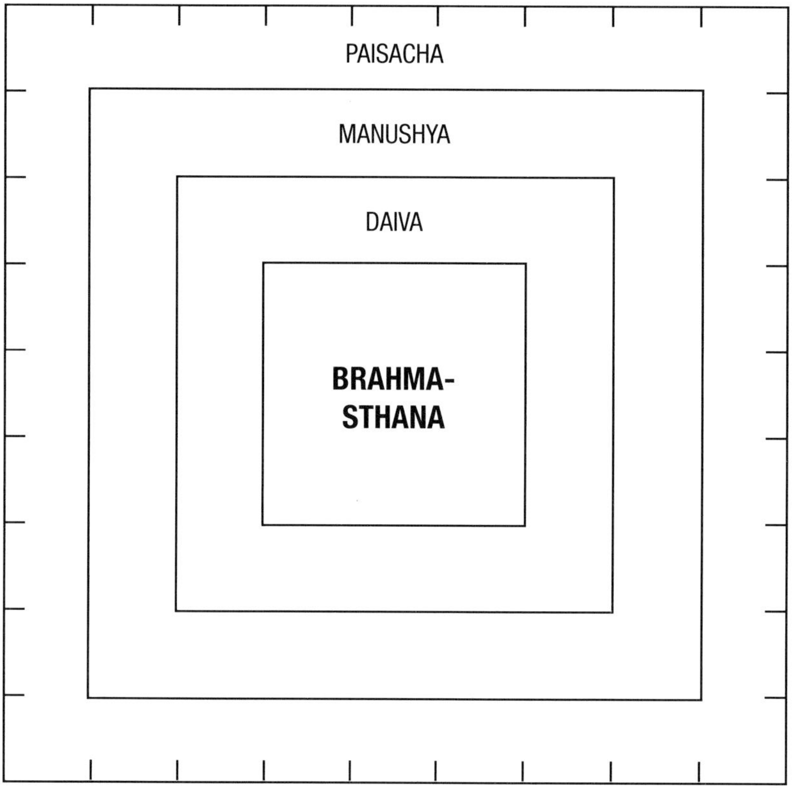

3.6. Die unterschiedlichen feinstofflichen Eigenschaften eines Raumes, dargestellt in den Zonen der Götter, Menschen und Dämonen.

Das Zentrum der Energie

Die zentralen neun Quadrate des Gitternetzes, am Bauch und rund um den Nabel von Vastu Purusha gelegen, werden Brahmasthana genannt. Diesem zentralen Bereich eines Gebäudes beziehungsweise Raumes sollte bei der Planung und beim Einrichten große Beachtung geschenkt werden. Denn im Brahmasthana treffen die beiden Diagonalen des Grundrisses sowie die Verbindungslinien zwischen Osten und Westen, Norden und Süden zusammen. Ebenso kreuzen sich hier alle Energielinien – sämtliche energetischen Kräfte eines umschlossenen Raumes konzentrieren sich im Brahmasthana. Ein hochenergetischer Bereich also, den Vastu aufgrund seiner enormen Potenz als den Ort des totalen Bewußtseins auszeichnet.

Im Brahmasthana sollten niemals Pfeiler, Säulen oder gar Mauern plaziert sowie auch keine Möbel aufgestellt werden. Dieser Bereich sollte vielmehr stets frei bleiben, um nicht an der Entfaltung seiner energetischen Kräfte gehindert zu werden. Optimal ist es, wenn sich ein Lichthof oder ein Atrium im Brahmasthana befindet, so daß dieser Bereich nach oben offen ist.

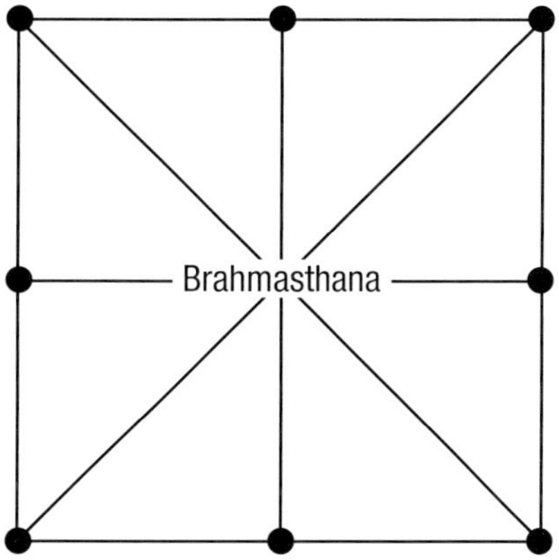

3.7. Brahmasthana und seine sensiblen Marma-Punkte (schwarz eingezeichnet); in ihrer Mitte befindet sich Brahmabindu, der Ort der höchsten Energie.

Die genannten Verbindungslinien zwischen den Hauptthimmelsrichtungen sowie die beiden Diagonalen werden in den alten Texten als hochsensible Energielinien beschrieben. Die Punkte, an denen diese Linien Brahmasthana kreuzen (s. Abb.) werden *Marma* oder *Marmasthana* genannt.

Da die Marma mit verschiedenen Körperbereichen von Vastu Purusha und damit auch mit jenen der Bewohner korrespondieren, wird aufs dringlichste empfohlen, diese beim Bau nicht zu »verletzen«, etwa dicke Mauern oder elektrische Leitungen an diesen Bereichen zu plazieren. Wird der Sensibilität der Marma-Punkte nicht ausreichend Sorge getragen, können nach Auffassung von Vastu bei den Bewohnern dieses Hauses Probleme an genau jenen Körperbereichen auftreten, die jeweils mit dem gestörten Marma-Punkt korrespondieren. Die den Marma zugeordneten Körperteile sind Kopf, Herz, Schultern, Knie, Geschlechtsorgane, Nabelbereich (Solarplexus) und Oberschenkel.

Indem die Marma mit bestimmten Punkten des menschlichen Körpers korrelieren, kann über sie aber auch Einfluß auf das Befinden der Bewohner genommen werden. Um mit den Worten von Dr. Sham Sunder, einem Schulmediziner und bekanntem Vastu-Experten aus Bangalore zu sprechen: »Behandle die Marmasthana des Hauses, und du heilst die Marmasthana des Körpers.«

Die feinstofflichen Eigenschaften eines Raumes

Vom zentralen Mittelpunkt nach außen gehend, verringern sich die Energien und damit auch die spirituelle Potenz der einzelnen Zonen; durch die Zuordnung zu den drei Grundeigenschaften, den *Triguna*, wird dem Ausdruck verliehen.

Ebenso wie jede Materie, ob belebt oder unbelebt, die fünf Elemente enthält, beschränken sich auch die Triguna *Sattwa*, *Rajas* und *Tamas* nicht

3.8. Blick in den Innenhof des Königspalastes von Madurai, Südindien.

3.9. Statt Innenhof: eine Glaskuppel gewährt Lichteinfall über dem Brahmasthana eines kürzlich nach Vastu-Prinzipien erbauten Wohnhauses in Bangalore.

auf menschliche Eigenschaften, sondern werden auf jede andere Existenz und damit auch auf Häuser und Räume übertragen. So gibt es in jedem Gebäude und Raum Zonen mit Sattwa-, Rajas- und Tamas-Qualitäten.

Die Sattwika-Zone (Sattwa) ist den Göttern zugeteilt; unter ihrem Einfluß werden Bewußtsein, emotionale Harmonie, Intelligenz und Wahrnehmungsfähigkeit gefördert. Die Rajasika-Zone (Rajas) ist die der Menschen; in ihren Bereich fallen Leidenschaft und emotionale Regungen, wie beispielsweise Wut, Ärger, Aggressionen, Ehrgeiz, Motivation und Sexualität. In der Tamasika-Zone der Dämonen schließlich herrschen Tamas-Eigenschaften. Hier finden Passivität, Empfindungen wie Geiz, Gier, Ignoranz, Pessimismus, Zweifel, Unsicherheit und Entscheidungsunfähigkeit ihre Verstärkung.

Gemäß Vastu sollte man möglichst in den Zonen der Götter und der Menschen wohnen, um so von dem Einfluß von Sattwa und Rajas zu profitieren. Die Zone der Dämonen ist als permanenter Aufenthaltsort ungeeignet. Entsprechend rät Vastu, in einem Raum Möbelstücke und vor allem die Kopfenden von Betten nie ganz an die Wand und damit in die Zone der Unterwelt zu stellen. Denn andernfalls kommt der Kopf beim Schlafen in dieser Zone zu liegen, was keinen guten Einfluß auf den Betreffenden hat. Auch die Empfehlung, daß keine der Hausmauern an die Grundstücksmauer oder den -zaun anstoßen sollten, so daß rund um das Haus ein unbebauter schmaler Gürtel verläuft, geht darauf zurück, daß die Tamasika-Zone gemieden werden sollte.

Die Himmelsrichtungen und ihre Entsprechungen

Den einzelnen Feldern des Vastu-Purusha-Mandala sind jeweils bestimmte Eigenschaften zugeordnet. Diese generieren sich aus den ihnen jeweils zugeordneten Elementen, Planeten und religiösen Prinzipien. Jede Himmelsrichtung besitzt unterschiedliche Entsprechungen, durch die sie charakterisiert ist und die sie für bestimmte Funktionen prädestiniert.

Die Empfehlungen von Vastu basieren auf diesen Zuordnungen, die im Anschluß vorgestellt werden.

»Im östlichen Viertel sollten die Götter und die Priester sein; im südlichen die Vorfahren und die Monate; im westlichen die Häuser und das Vieh; im nördlichen das Wasser, die Pflanzen und die Bäume; im Zenit sollte das Allerheiligste und der Opferplatz sein.«

(Aus »The Veda of the Black Yajus School«, Taittiriya Samhita, Teil 1, Kapitel 6, Vers i.6.5.d.)

Die fünf Elemente

Eines der zentralen Konzepte von Vastu ist das System der fünf Elemente, der *Pancamahabhuta*. Vastu geht ebenso wie Ayurveda davon aus, daß im Kosmos alle und jede Materie, ob belebt oder unbelebt, aus den gleichen fünf Grundeinheiten geformt ist (S. 19). Daraus ergibt sich, daß wir Menschen – auf die kleinsten Bausteinchen, die Atome reduziert – salopp formuliert aus den gleichen Stoffen wie etwa ein Ziegelstein oder ein Holzbalken bestehen.

Gemäß ihrer spezifischen Eigenschaften sind die fünf Elemente verschiedenen Quadranten im Vastu-Purusha-Mandala zugeordnet. Bei der Planung eines Hauses und bei der Raumaufteilung müssen diese Zuordnungen stets berücksichtigt werden. Denn dann können die fünf Elemente nach Auffassung von Vastu ihre Wirkungen in positiver Ausprägung entfalten; kann der Fluß natürlicher Energien zum Wohl der Bewohner reguliert werden.

Die Bewohner in vollem Umfang von den Kräften der fünf Elemente profitieren zu lassen und Störungen durch disharmonisch verteilte Elemente auszugleichen, ist erklärtes Anliegen von Vastu. Um dieses zu verwirklichen, gibt es detaillierte Empfehlungen zur Ausrichtung des Gebäudes und zur Anordnung der Räume, aber auch zur Plazierung von Türen und Fenstern, Wassertanks und -abläufen, Heizungen und Öfen, elektronischen Geräten oder etwa von Freiräumen im Gebäude.

Der Verteilung der fünf Elemente in einem Gebäude und allen darin befindlichen Räumen liegt folgendes Konzept zugrunde:

Himmelsrichtungen und Elemente

Nordosten:	Wasser (*Ap*)
Südosten:	Feuer (*Agni*)
Südwesten:	Erde (*Prithivi*)
Nordwesten:	Wind (*Vayu*)
Zentrum:	Äther, Raum (*Akasha*)

Hier einige Beispiele, wie Vastu das Konzept der fünf Elemente in die Praxis überträgt:

- Gewicht und Schweres, dem Element Erde zugeordnet, sollte stets im Süden, Westen und Südwesten lokalisiert sein.
- Helligkeit, dem Element Wasser zugeordnet, sollte im Osten, Norden und Nordosten vorherrschen.
- Das Zentrum, Brahmasthana, der Ort der höchsten Energie und Sitz des Elements Äther, sollte stets nach oben offen (etwa durch einen Innenhof, eine Glaskuppel oder einen Lichtschacht) und frei bleiben; also nicht bebaut oder möbliert werden.

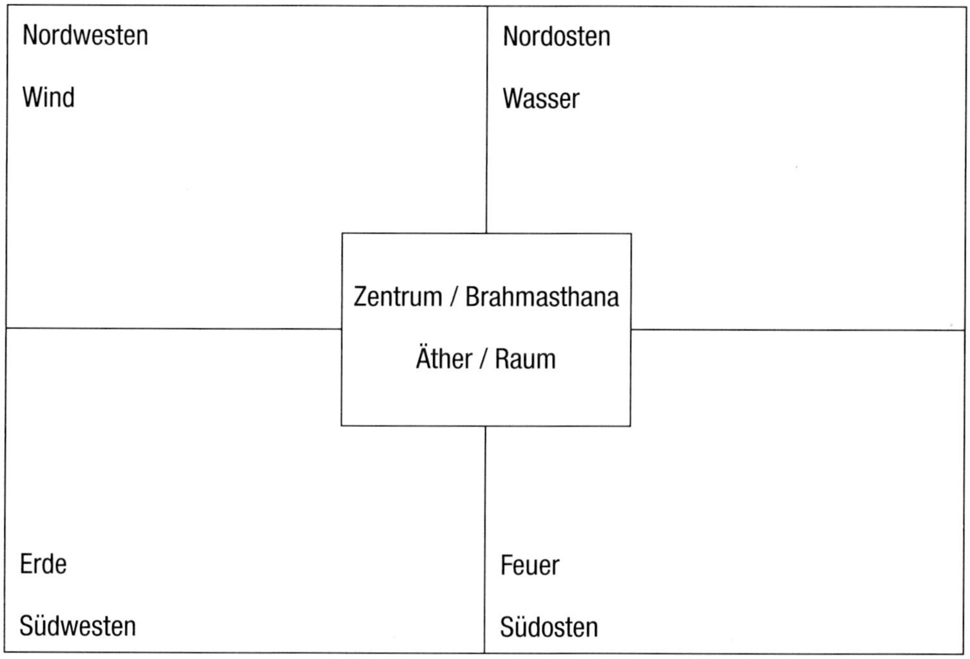

3.10. Die fünf Elemente und ihre Anordnung.

- Im Süden und Südosten, dem Ort des Elements Feuer, sollten die Küche, die Heizungsanlagen und alles andere, was mit Wärme und Feuer in Zusammenhang steht, plaziert werden.
- Bewegliche Güter, Gästezimmer und Waren zum Verkauf sollten ihren Platz gemäß den Eigenschaften des Elements Wind vorrangig im Nordwesten und Westen finden.

Die drei Dosha

Da den einzelnen Himmelsrichtungen jeweils bestimmte Elemente zugeordnet sind, ist es nur logisch, daß Vastu auch die drei Dosha, die sich ja aus den fünf Elementen ergeben, jeweils den entsprechenden Quadranten zuteilt.

Diese Zuordnungen lassen sich anhand der Eigenschaften und Funktionen, welche die Dosha nach ayurvedischer Auffassung besitzen, gut nachvollziehen:

Nordwesten Vata-Dosha	Nordosten Sama
Kapha-Dosha Südwesten	Pitta-Dosha Südosten

3.11. Himmelsrichtungen und jeweils zugeordnetes Dosha.

Vata

Dieses Dosha entsteht aus der Verbindung der beiden Elemente Luft und Äther; es steht für das Prinzip der Bewegung und des Wechsels, für Leichtigkeit, Instabiles und sich Veränderndes. Aus diesem Grund wird Vata dem Nordwesten zugeordnet, entsprechend dem hier lokalisierten Element Wind (Vayu).

Pitta

Pitta generiert sich aus den Elementen Feuer und Wasser; es steht für Wärme und (Stoffwechsel-)Aktivität. Entsprechend befindet sich Pitta-Dosha im Südosten, der vom Element Feuer (Agni) regiert wird.

Kapha

Kapha ist das aus den beiden Elementen Wasser und Erde abgeleitete Dosha und repräsentiert Schwere und Stabilität. Vastu ordnet Kapha-Dosha dem Südwesten, dem Ort des Elements Erde (Prithivi) zu, an dem den Vastu-Prinzipien gemäß am meisten Gewicht plaziert werden sollte.

Sama

Sama, der Idealzustand, in dem sich alle Dosha in Harmonie befinden, liegt im Nordosten. Dies ist nach Auffassung von Vastu der Ort der positivsten energetischen Kräfte.

Dosha und Himmelsrichtungen

Nordwestquadrant:	Vata-Dosha
Südostquadrant:	Pitta-Dosha
Südwestquadrant:	Kapha-Dosha
Nordostquadrant:	Sama – Zustand, in dem sich alle Dosha im ausgewogenen Gleichgewicht befinden

Die neun Planeten

Vastu berücksichtigt auch, daß die einzelnen Himmelsrichtungen jeweils unter dem Einfluß bestimmter Planeten stehen. Demgemäß sind den verschiedenen Bereichen eines Hauses und Raumes die einzelnen *Navagraha*, die neun Planeten der vedischen Astrologie zugeordnet.

Planeten und Himmelsrichtungen

Norden:	Jupiter
Osten:	Venus
Süden:	Mars
Westen:	Saturn
Nordosten:	Merkur
Südosten:	Mond
Südwesten:	Rahu
Nordwesten:	Ketu
Zentrum (Brahmasthana):	Sonne

(*Ketu* und *Rahu* gibt es in unserer Astrologie nicht; sie bedeuten übersetzt Drachenkopf und -schwanz.)

Nordwesten Ketu	**Norden** Jupiter	**Nordosten** Merkur
Westen Saturn	**Zentrum (Brahmasthana)** Sonne	**Osten** Venus
Südwesten Rahu	**Süden** Mars	**Südosten** Mond

3.12. Die Zuordnung der Navagraha, der neun Planeten der vedischen Astrologie.

Die sieben Chakra

Die Lehre von den sieben Chakra, den Energiezentren unseres Körpers, war bereits um 3000 v. Chr. in Indien bekannt. *Chakra*, übersetzt Lichtrad, sind Punkte erhöhter Energie, die parallel zur Wirbelsäule vom Schambein bis zum Scheitel verlaufen und denen jeweils bestimmte körperliche und psychische Funktionen, Emotionen und Organbereiche, Farben, Planeten und Edelsteine sowie nicht zuletzt auch Himmelsrichtungen zugeordnet sind.

Blockaden in bestimmten Energiezentren zeigen sich unter anderem in Beschwerden an den jeweils korrespondierenden Organbereichen sowie an den mit diesem Chakra korrelierenden psychischen Problemen. Da die Chakra den einzelnen Himmelsrichtungen entsprechen, können Blockaden auch auf Störungen in den zugeordneten Feldern hinweisen. Wiederholte Entzündungen der Blase beispielsweise können Anzeichen dafür sein, daß das zweite Chakra gestört ist. Das zweite Chakra liegt im Norden, so daß der Grund für seine Beeinträchtigung auch in einem gestörten Gleichgewicht der energetischen Kräfte in diesem Bereich zu suchen ist.

Die Räder des Lichts und ihre Himmelsrichtungen

Norden:	2. Chakra
Osten:	4. Chakra
Süden:	3. Chakra
Westen:	1. Chakra
Nordosten:	5. Chakra
Südosten:	6. Chakra
Südwesten:	1. Chakra
Nordwesten:	7. Chakra
Zentrum (Brahmasthana):	6. Chakra

(Nach Dr. Sham Sunder, Bangalore)

Auf diese Weise lassen sich bestimmte Beschwerden auf gestörte Energieverhältnisse in bestimmten Bereichen eines Gebäudes und Raumes zurückführen und – das ist nun das Interessante – auch behandeln. Mit anderen Worten: über das Korrigieren des gestörten Energieflusses in diesem Bereich wird auch der Bewohner therapiert. »Heile das Haus, und du heilst den Körper«, wie Dr. Sham Sunder, ein Schulmediziner und Vastu-Berater sich ausdrückt. Wie seine »Raumtherapie« über die Chakra in der Praxis aussehen kann, ist ab S. 226 dargestellt.

Einflüsse der Himmelsrichtungen auf den Menschen

Damit schließlich zu dem, was aus dem eben gesagten nur logisch folgen kann: die einzelnen Himmelsrichtungen besitzen aufgrund ihrer verschiedenen Entsprechungen charakteristische Eigenschaften und entfalten so jeweils unterschiedliche Wirkungen auf die Bewohner. Dazu ein Beispiel: dem Nordwesten werden depressive Stimmungen und Niedergeschlagenheit zugeordnet; die Nordwestecke ist jedoch zugleich auch der Ort von Vata-Dosha. Nimmt Vata überhand und dominiert die anderen beiden Dosha, äußert sich dies in einer gesteigerten Sensibilität des Betreffenden, was wiederum der Entwicklung von Depressionen Vorschub leistet.

- Norden

Chancen und Möglichkeiten, materieller und finanzieller Wohlstand, stabile Gesundheit, Erfolg und Freude

- Nordosten

Intelligenz, Harmonie, Kompetenz, Schnelligkeit, Beweglichkeit, Entscheidungsfähigkeit, Planung

- Osten

Steigerung der Lebensqualität, finanzieller Aufschwung

- Südosten

Frieden, Partnerschaft, beruflicher Erfolg

- Süden

hilfreiche Freunde und Umstände, Zielstrebigkeit

- Südwesten

Durchsetzungskraft, starke Fähigkeit zur Realisierung von Vorhaben, Gewinn

- Westen

Lethargie, Traurigkeit, Ängste, Tiefgründigkeit, aber auch Vitalität und Kraft, Wohlstand

- Nordwesten

Fluß des Reichtums, Beziehung mit anderen, Handel, Freundschaft

- Zentrum (Brahmasthana)

Bewußtsein, Ort der höchsten Energie

»Quantensprung in die Antimaterie«

Zu den Fundamenten, auf denen die Lehre von Vastu basiert, zählen wie eingangs erwähnt auch spirituelle Aspekte, im Zuge derer Vastu den Bereich des sichtbar Materiellen verläßt und sich in die subtile Sphäre begibt – für Angehörige des indischen,wie allgemein des gesamten fernöstlichen Kulturkreises eine gewohnte »Reise«, der abendländischen Kultur allerdings eher fremd.

Spirituelle Komponenten

Die subtilen Inhalte von Vastu bestehen zum einen darin, daß diese Lehre stets das Ziel verfolgt, eine bewußtseinsfördernde und damit sattwische At-

3.13. Zum Schutz vor schädlichen Einflüssen bemalte Außenmauer eines Tempels in Kanchepuram, Südindien.

mosphäre zu schaffen. Das Konzept der Triguna wurde auf S. 58 bereits vorgestellt. Zum anderen zeigt sich der spirituelle Aspekt bei all jenen Ritualen, die während der Bauphase und dann bei der Einweihung eines Hauses durchgeführt werden. Ihnen wird große Bedeutung hinsichtlich der Lebensqualität und dem körperlichen wie seelischen Wohlergehen der Bewohner, aber auch der Langlebigkeit und Stabilität des Hauses beigemessen.

Höchste Weihen für das Haus

Schon beim Auswählen des Grundstückes gibt es ausführliche Zeremonien, im Zuge derer die Patrone um Segen für das entstehende Haus angerufen werden. Auch der erste Spatenstich sollte in jedem Fall unter dem Segen eines Priesters erfolgen, ebenso wie das Setzen des Rahmens der Haupteingangstür. Ist dann alles bezugsfertig, sorgt eine Hausreinigungszeremonie für den letzten »spirituellen Schliff«: das *Grihapravesham*. Erst nachdem dieses vollzogen ist, dürfen die Bewohner ihr neues Heim betreten. Mit diesen Zeilen ist nur ein kleiner Ausschnitt aus dem breitgefächerten Spektrum der Rituale und Zeremonien rund um Bauen und Wohnen wiedergegeben – in dem Bemühen, ihrem immensen Stellenwert und ihrem hohen gesellschaftlichen Rang wenigstens etwas gerecht zu werden, ließe sich ein ganzes Buch, wenn nicht mehrere füllen. Vor diesem Hintergund wird bei den in den Praxiskapiteln geschilderten einzelnen Bauabschnitten jeweils nur kurz auf das zugehörige Ritual verwiesen.

Der rationale Faktenmensch mag nun ob diesen Gebahrens die Augenbrauen in die Höhe ziehen, doch vergleichbare Prozeduren werden auch hierzulande seit Jahrhunderten vollzogen. Ob christliche Pfarrer oder Hindu-Priester ein Haus segnen, Weihrauch oder Räucherstäbchen, der Schriftzug Kaspar, Melchior und Balthasar oder Gebinde aus Zitronen und grünen Chili-Schoten über der Haustür prangen, Hergottswinkel oder Götterstatuen – der dabei verfolgte Zweck ist stets ein und derselbe: Negatives von den Bewohnern eines Hauses fernzuhalten, auf daß sie darin ein gutes Leben führen können.

Die astrologische Basis

Bei den Ritualen spielt natürlich auch sehr viel Astrologie mit hinein; so ist zum Beispiel allen diesen Zeremonien gemeinsam, daß der Zeitpunkt, der Tag und die Stunde, an dem sie stattfinden, nicht dem Zufall überlassen, sondern nach astrologischen Gesichtspunkten festgelegt wird. Und nicht zuletzt sind den einzelnen Himmelsrichtungen auch die verschiedenen Planeten der vedischen Astrologie zugeordnet (S. 71).

Nun mag man an den Nutzen von Riten und Zeremonien glauben oder aber derartige Vorgehensweisen lächelnd von sich weisen – nebenbei, auch in Indien verwehren sich so manche Rationalisten vehement der spirituellen Komponente von Vastu. Doch nachdem Vastu eng mit der indischen Schöpfungsphilosophie verwoben ist, haben auch religiös und spirituell inspirierte Inhalte ihren festen Platz in dieser Lehre. Wer mit diesen nicht viel anfangen kann oder möchte, muß sich damit auch nicht befassen – Vastu ist frei von Dogmen und steht jeder Geisteshaltung offen.

Das Einmaleins vastu-gemäßen Wohnens

Die auf den vorangegangenen Seiten vorgestellten Entsprechungen und Eigenschaften, welche Vastu den einzelnen Himmelsrichtungen zuteilt, sind der Schlüssel zum Wesen von Vastu, denn die Himmelsrichtungen beeinflussen mit ihren spezifischen Charakteren und Funktionen jeden Bereich eines Hauses. Ihr Einfluß reicht bis in den letzten Winkel und verwandelt ein Gebäude in einen lebenden Organismus mit spürbaren Wirkungen auf seine Bewohner. Das Verständnis der Himmelsrichtungen ist demgemäß die Grundlage zur praktischen Umsetzung der Vastu-Prinzipien.

Nordwesten Vayuvya Vayu	**Norden** Uttara Kubera	**Nordosten** Eashanya Ishwara
Westen Pashima Varuna	**Zentrum** Brahmasthana Shiva	**Osten** Purva Aditya
Südwesten Nairutya Vorväter	**Süden** Dakshina Yama	**Südosten** Agneya Agni

3.14. Die Himmelsrichtungen und ihre Entsprechungen.

Norden – Uttara

Dem Planeten Jupiter sowie Kubera, dem Patron des Reichtums zugeordnet. Daneben gilt der Norden als Quelle »weiblicher Angelegenheiten«.

Der Norden sollte im Vergleich zu den restlichen Bereichen des Gebäudes, vor allem zu den südlich und westlich gelegenen, etwas niedriger sein. Ebenso sollte hier der Brunnen oder das Wasserreservoir eines Grundstückes liegen; auch große Wasserflächen wie Seen, Flüsse oder das Meer üben den besten Einfluß aus, wenn sie sich im Norden befinden.

Im Norden sollte viel Platz gelassen werden; auch die Grundstücksmauern sollten hier niedriger und leichter sein. Wichtig ist darüber hinaus, daß im Norden viel Helligkeit herrscht.

3.15. Grihapravesham weit jenseits Indiens Grenzen: hier ein sogenannter Kailash, der hoch oben auf dem Dach thronend, einen neu eingeweihten Hindu-Tempel im Bayerischen Wald schützen soll.

Osten – Purva

Dem Planeten Venus und Aditya, dem Patron der Sonne zugeordnet. Der Osten steht für Lebensqualität und gilt als Quelle »männlicher Angelegenheiten«.

Wie der Norden soll auch der Osten niedriger als der südliche und westliche Bereich liegen. Ebenso können sich auch hier große Wasserflächen wie Seen, Flüsse oder das Meer befinden.

Im Osten sollten viel Freiraum und vor allem große Fenster sein, um dem ersten Licht des Tages mit seinen positiven Effekten möglichst große Eintrittsmöglichkeiten zu verschaffen.

Süden – Dakṡhina

Dem Planeten Mars und Yama, dem Patron des Todes, aber auch religiöser Prinzipien und Gerechtigkeit, zugeordnet. Zudem gilt der Süden als Quelle des Wohlstands und des Glücks. Wasserflächen im Süden üben einen eher negativen Einfluß auf die Bewohner eines Hauses aus.

Im Süden sollte das Niveau des Grundstückes höher liegen, ebenso sollte hier viel Gewicht plaziert werden.

Westen – Pashima

Dem Planeten Saturn und Varuna, dem Patron der Ozeane zugeordnet. Der Westen gilt zudem als Quelle von Ruhm und Wohlstand.

Auch im Westen sollten sich, wenn möglich niemals Wasserflächen befinden und sollte viel Gewicht plaziert werden. Ebenso wie der Süden sollte auch der westliche Bereich leicht erhöht sein.

Nordosten – Eashanya

Dem Planeten Merkur und dem Element Wasser (Ap) zugeordnet; der regierende Patron ist Ishwara, das höchste unter allen religiöṣen Prinzipien. Der Nordosten steht für Weisheit, Intelligenz und Reinheit, für den Fluß der Energien und gilt als Quelle der Gesundheit und des Reichtums. Hier ist auch der Ort von Sama, jenem Zustand, in dem sich alle drei Dosha im Gleichgewicht befinden.

Der Nordosten ist neben dem Brahmasthana der wichtigste Bereich eines Gebäudes, dem bei allen Belangen des Bauens und Einrichtens erhöhte Aufmerksamkeit geschenkt wird. Er korrespondiert mit dem ultravioletten Spektrum der Sonnenstrahlen (S. 175), deren positive Energien vor allem frühmorgens aus dieser Himmelsrichtung auf das Gebäude und dessen Bewohner treffen. Entsprechend sollte hier für hohen Lichteinfall und demzufolge große Helligkeit (korreliert mit dem Element Wasser) gesorgt werden.

Damit die von Nordosten eintreffenden positiven Energien das Haus nicht wieder verlassen können, sollten der Süden, Westen und vor allem der Südwesten etwas höher liegen. Im Nordosten sollte sich auch Wasser, etwa der Wasserspeicher oder Brunnen befinden.

Darüber hinaus ist der Nordosten grundsätzlich möglichst wenig zu belasten, weder mit Pfeilern, Säulen und dicken Mauern noch mit wuchtigen Möbelstücken.

Der Nordosten ist auch der beste Platz für intellektuelle Arbeit, entsprechend den Eigenschaften des herrschenden Planeten Merkur. Auch Pooja-Raum beziehungsweise Hauskapelle, Herrgottswinkel oder Meditationszimmer sollten sich in der Nordostecke befinden.

Südosten – Agneya

Dem Planeten Mond zugeordnet und Sitz von Agni, dem Patron des Feuers. Entsprechend befindet sich hier auch der Ort des Elementes Feuer (Agni) sowie von Pitta-Dosha. Dem Südosten obliegt die Kontrolle der Verdauung und des Stoffwechsels, entsprechend gilt er auch als Quelle der Gesundheit.

Darüber hinaus entspricht der Südosten den Infrarotstrahlen der Sonne, also dem thermischen Prinzip, und steht für Hitze und die Wirkungen des Feuers.

Südwesten – Nairutya

Dem Planeten Rahu und den Vorvätern zugeordnet. Zugleich ist hier der Sitz des Elementes Erde (Prithivi) und von Kapha-Dosha. Dem Südwesten obliegt die Kontrolle des Lebens, zugleich gilt er als Quelle des Charakters und Verhaltens sowie als Ursache von Langlebigkeit und Tod.

Erde und Kapha-Dosha lassen es schon erahnen: hier ist der Platz für alles Schwere, für Gewicht. Und in der Tat ist hier die Erdanziehungskraft, die Gravitation am höchsten. Entsprechend sollten hier immer schwere Lasten plaziert werden. Kraft der dem Südwesten zugesprochenen Kontrollfunktion über das Leben ist er auch der beste Ort für das »Oberhaupt«, etwa für den Chef einer Firma.

Der Südwesten sollte leicht erhöht liegen (s. oben), ebenso muß diese Ecke in jedem Fall ein rechter Winkel sein, also neunzig Grad haben.

Nordwesten – Vayuvya

Dem Planeten Ketu und Vayu, dem Patron des Windes zugeordnet. Hier befindet sich das Element Luft, Wind (Vayu) sowie Vata-Dosha. Der Nordwesten gilt als Fluß des Reichtums und als Quelle des Handels, von Freundschaft, aber auch von Feindschaft.

Hier sollte alles plaziert werden, was sich in Bewegung befindet, beziehungsweise was das Gebäude oder die Wohnung wieder verlassen soll. Das können Gäste oder die unverheiratete Tochter sein, aber auch Waren in einem Laden.

Zentrum – Brahmasthana

Dem Planeten Sonne und dem Element Äther, Raum (Akasha) zugeordnet. Brahmasthana ist das Zentrum, in dem alle Energien zusammenfließen; deshalb ein kraftvoller und hochenergetischer Ort. Hier liegt auch der Punkt Brahmabindu, der Ort des totalen Bewußtseins und zugleich das Zentrum der Erdanziehungskraft in dem betreffenden Grundstück beziehunsgweise Raum. Brahmasthana sollte ein nach oben offener Bereich sein, in dem sich zudem weder Wände, Säulen noch Möbel befinden; gut ist auch ein Lichthof (Atrium), mit einem Glasdach über Brahmasthana.

Kapitel 4
Kriterien für den Bau

»Man sollte ein Haus auf einem guten Grundstück errichten … es sollte nach Osten oder Norden ausgerichtet und geräumig sein und ein hohes Dach haben. Auch sollte es drei konzentrische Innenhöfe haben, seine Wände sollten dick sein und es sollte zu allen Jahreszeiten gut darin zu leben sein. Es sollte frei von unangenehmen Geräuschen, gut belichtet und angenehm für das Gemüt sein.«

(Aus: »Caraka Samhita«, Cikitsasthanam Kap. 1, Vers 18)

Nach so viel »grauer« Theorie, nach Jahrtausende währender Historie und grundlegenden Konzepten der Lehre vom Bauen und Wohnen nun zur praktischen Seite von Vastu – der Umsetzung seiner Prinzipien im eigenen Wohnraum.

Anliegen von Vastu ist es, Formen und Räume zu erschaffen, die in Harmonie mit den Gesetzmäßigkeiten der Natur und den ihnen zugrundeliegenden Konzepten stehen. Hierzu legten die Begründer von Vastu basierend auf ihrer Naturbeobachtung und ihren tiefgehenden wissenschaftlichen Kenntnissen eine große Palette an Prinzipien zugrunde – mittels dieser können die natürlichen Gesetzmäßigkeiten und Energiefelder, die in und auf ein Gebäude wirken, zum Wohl der Bewohner genutzt werden.

Die Entwicklung der Vastu-Prinzipien ist darüber hinaus stark vom Wissen um die fünf Elemente und ihrer Eigenschaften geprägt. Im Ayurveda, der traditionellen indischen Medizin, gilt das Gleichgewicht der fünf Elemente als Basis für körperliche, seelische und geistige Gesundheit eines Menschen. Ebenso müssen sich auch beim Entwurf und Bau eines Hauses die fünf Elemente durch ihre richtige Verteilung in Harmonie befinden, damit das betreffende Gebäude ein lebenswerter Ort ist, in dem sich die Bewohner rundum wohl fühlen und gesund bleiben können.

Aus der Berücksichtigung der Prinzipien von Vastu ergeben sich zahlreiche Situationen, die erwünscht und wiederum andere, die zu vermeiden sind. Mit all dem, was Vastu bezüglich der Auswahl eines Baugrundes, dem Grundstück selbst, seiner Umgebung und Form – kurz, allen Aspekten, welche das Äußere eines Hauses und seine Gestaltung anbetreffen – »empfehlenswert« oder »besser zu vermeiden« nennt, befaßt sich das

4.1. Das Amber Fort in Rajasthan, das viele Jahrhunderte überdauert hat.

4.2. Vor allem in der südindischen Millionenstadt Bangalore finden sich heute wieder viele Wohnhäuser, die nach Vastu-Kriterien errichtet sind.

vorliegende Kapitel. Wie bestehende, nicht vastu-gemäße Situationen zu korrigieren sind, ist im Kapitel »Vastu-Lösungen im Alltag« dargestellt.

An dieser Stelle soll auch Erwähnung finden, daß nicht alle Prinzipien von Vastu und diese auch nicht stets in ihrem vollen Umfang realisiert werden können – vor allem in Mietwohnräumen stößt man hier an Grenzen. Die praktische Anwendung von Vastu ist jedoch nicht nur durch gemieteten Wohnraum erschwert, wo größere Umbaumaßnahmen und Umgestaltungen beispielsweise durch den Mietvertrag oder aber einfach dadurch ausgeschlossen sind, daß man nicht in Wohnraum investieren möchte, der kein Eigentum ist. Auch Haus- oder Wohnungseigentümer werden oftmals in ihrem Bemühen, Vastu auf ihrem eigenen Grund und Boden und in ihren eigenen vier Wänden umzusetzen, eingeschränkt: durch Knappheit an Baufläche, durch Bauvorschriften, die nicht mit dem Konzept von Vastu zu vereinen sind, und viele andere Widrigkeiten. Dazu kommt, daß sich die Anforderungen komplett geändert haben – ein Raum zum Wohnen oder Arbeiten muß heute andere Aufgaben erfüllen als zu den Gründerzeiten von Vastu.

Dieser Problematik sind sich auch die Vastu-Fachleute in Indien bewußt und weisen immer wieder darauf hin, daß hundertprozentiges Vastu, die bis ins kleinste Detail vollzogene praktische Umsetzung aller Prinzipien, so gut wie nicht zu erreichen ist. Dr. Sham Sunder, Vastu-Experte aus Bangalore, sagt seinen Vastu-Ratsuchenden stets: »Wer sechzig Prozent der Empfehlungen von Vastu in seinem Wohnraum realisiert hat, ist bereits gut beraten.«

Mit anderen Worten: Man sollte sich durch widrige Umstände, finanzielle oder bautechnische Probleme nicht von dem Vorhaben abbringen lassen, sein Zuhause oder seine Arbeitsumgebung gemäß den Prinzipien von Vastu zu gestalten und damit auf deren umfangreiche positive Auswirkungen verzichten. Vastu ist überall und für jeden anwendbar, wenn man anhand der gegebenen Situation überprüft, welche der Empfehlungen machbar sind und so eine eigene, auf die individuell verschiedenen Voraussetzungen zugeschnittene Lösung findet. Ganz gemäß dem Leitsatz der vedischen Wissenschaften, zu denen ja auch Vastu zählt: »...according to time, place and circumstances.« Was bezogen auf Vastu nichts anderes bedeutet, als zu prüfen, was zu einer bestimmten Zeit, an einem bestimmten Ort unter gegebenen Umständen erforderlich und realisierbar ist. Das kann auch bedeuten, daß man Räume je nach Jahreszeit wechselt, beispielsweise das Wohnzimmer im Winter vom Norden in den Süden verlegt.

Abgesehen von seiner individuellen Anwendung muß Vastu auch nicht von heute auf morgen, sondern kann ganz nach den eigenen zeitlichen und finanziellen Möglichkeiten Schritt für Schritt in die Tat umgesetzt werden.

Die Aufgabe von Vastu-Fachleuten, Architekten, Ingenieuren und Wissenschaftlern anderer Sparten wird es sein, unter den zahllosen Empfehlungen, die Vastu zu allen Aspekten des Bauens und Wohnens gibt, diejenigen auszuwählen, die unter den heutigen Bedingungen, sowohl im eigenen wie auch im gemieteten Wohnraum am besten zu realisieren sind.

Vor diesem Hintergrund wurde aus der unermeßlichen Fülle der in der alten Literatur gegebenen Empfehlungen eine Auswahl der »Eckpfeiler«, der wichtigsten Prinzipien von Vastu, getroffen – in dem Bemühen, der Lehre von Vastu gerecht zu werden, dabei jedoch möglichst praxisnah zu bleiben.

Der Baugrund

Die Auswahl des Grundstückes, auf dem ein neues Gebäude errichtet werden soll, ist eine Angelegenheit, der Vastu hohe Beachtung schenkt, denn, »die mindestens ebenso große Umsicht wie beim Auswählen seiner Braut oder seines Bräutigams sollte man beim Aussuchen eines Baugrundes walten lassen«, wie B. Niranjan Babu, einer der wichtigsten Vastu-Experten Indiens, zu sagen pflegt. Und in der Tat: Wie man sich vor dem Gang zum Standesbeamten Wesenszüge und liebgewonnene sowie weniger angenehme Eigenheiten des oder der Auserwählten vor Augen führt, und dabei auch Herkunft und Ausbildung (so ist es zumindest in Indien noch üblich) berücksichtigt, nennt Vastu ebenso einige Parameter, die bei der Auswahl des Grundstückes von Bedeutung sind. Diese sind weit gefächert – von den Ereignissen, welche auf dem betreffenden Baugrund stattgefunden und ihm dabei gleichsam einen Stempel positiver oder negativer Einflüsse aufgedrückt haben, über die Ausrichtung bis hin zur unmittelbaren Umgebung des betreffenden Stückchens Erde.

Von den Kriterien, die Vastu bei der Auswahl des Baugrundes berücksichtigt, handeln die nun folgenden Seiten.

Frühere Nutzung des Baugrundes

Liegenschaften, auf denen ehemals Gericht gesprochen wurde und Hinrichtungen stattfanden, sind nach Ansicht von Vastu negativ vorbelastet und sollten als Grundstück nicht in Betracht kommen. Das gleiche gilt für Grundstücke, die einmal als Bestattungsplatz gedient haben.

Generell ist vom Kauf von Grundstücken abzusehen, von denen bekannt ist, daß sie früher einmal Schauplatz von negativen Ereignissen, Kämpfen und kriegerischen Auseinandersetzungen sowie von Unglücken waren. Auch Orte, an denen Menschen lebten, die sich mit Schwarzer Magie beschäftigten, sollten nicht als Baugrund gekauft werden. Land, das Tempeln, Kirchen oder religiösen Institutionen gestiftet wurde sowie Grundstücke, die im Besitz wohltätiger Organisationen sind, eignen sich nach Auffassung von Vastu ebensowenig als neuer Wohnort.

Darüber hinaus gibt Vastu auch Empfehlungen hinsichtlich des Verkäufers des Grundstückes. So sollte dieser zahlungsfähig und nicht etwa verarmt sein, keine schweren Erkrankungen haben, im Vollbesitz seiner geistigen Kräfte sein und nicht in einem anderen Land leben.

Ausrichtung des Grundstückes

»Bei den Hindus spielte die Ausrichtung nach den Himmelsrichtungen stets eine sehr wichtige Rolle in ihrem täglichen Leben, denn die Sonne war für sie der Spender allen Lebens. Sogar ein Zeuge vor Gericht sollte während seiner Vernehmung nach Osten blicken. Diese Vorliebe zur Orientierung hat den Entwurf ihrer Bauwerke, ihre gesamte Architektur geprägt. Um die volle Tragweite dieses Aspektes würdigen zu können, sollte man seine zugrundeliegende Theorie kennen.«

(Aus »Vastu Shastra, Hindu Science of Architecture«, Kapitel 6, Fundamental Canons of Hindu Architecture, Seite 182)

Kurz vorweg zum besseren Verständnis dessen, was im folgenden unter Ausrichtung gemeint ist: In der Regel grenzt ein Baugrundstück an eine Straße an. Verläuft diese beispielsweise im Norden des Grundstückes, bezeichnet man den betreffenden Baugrund als nach Norden ausgerichtet. Baugrund, der dagegen sowohl im Süden wie im Osten an eine Straße angrenzt, gilt als südöstlich ausgerichtet.

Als Nonplusultra gelten nach Vastu-Prinzipien Grundstücke, die an allen vier Seiten von Straßen umgeben sind – dies ist heute allerdings selten zu finden und angesichts des heutigen Verkehrs auch nicht mehr unbedingt ratsam ... Ganz generell erhalten Grundstücke, die nach Norden

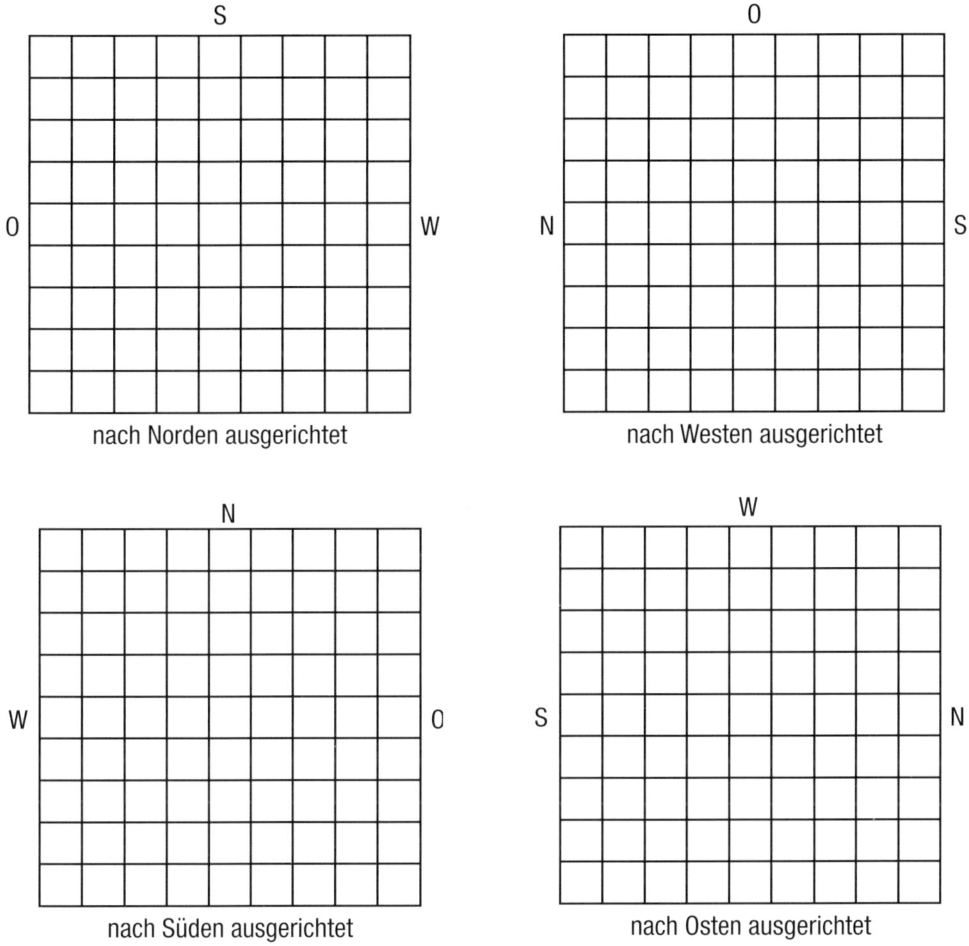

4.3. Unterschiedlich ausgerichtete Grundstücke.

oder Osten ausgerichtet sind, klar den Vorzug vor nach Westen oder Süden ausgerichtetem Bauland. Ideal sind darüber hinaus auch Grundstücke, die nach Nordosten hin ausgerichtet sind. Einige Vastu-Schriften empfehlen verschiedene Ausrichtungen als besonders geeignet für bestimmte Gesellschaftsschichten und Berufssparten:

- nach Osten für Priester, Wissenschaftler, Professoren, Lehrer und Studierende;
- nach Norden für Menschen, die in Regierungsdiensten stehen, beziehungsweise gehobene Positionen innehaben;
- nach Süden für Angestellte sowie für Menschen, die Handel betreiben;
- nach Westen für all jene Menschen, die im sozialen Dienst tätig sind.

Es wäre vorteilhaft, wenn die Grundstücksgrenzen entsprechend der vier kardinalen Himmelsrichtungen verlaufen, denn dann sind ideale Voraussetzungen für das Wohlergehen des Gebäudes und seiner Bewohner gegeben. Ganz so streng ist dieses Vastu-Prinzip allerdings nicht zu verstehen: die Grundstückseiten dürfen von den Haupthimmelsrichtungen bis zu zwölf Grad abweichen. Alles, was darüber oder darunter liegt, ist dann jedoch wirklich ein »Vastu-Problem«.

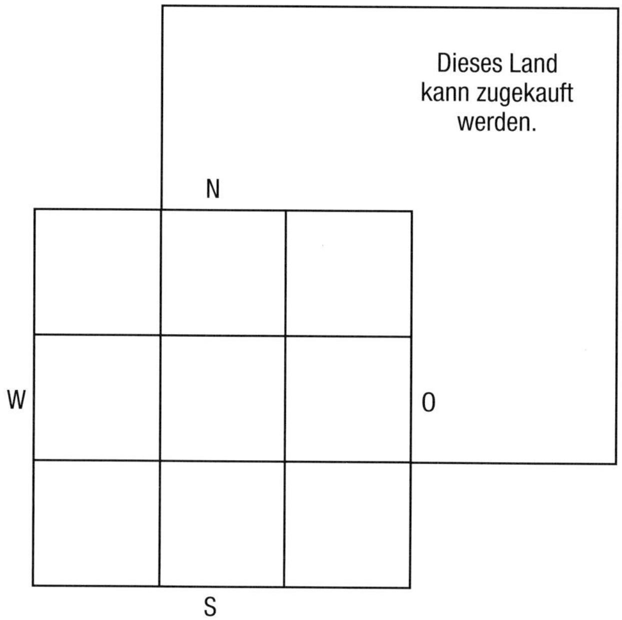

4.4. Eine Erweiterung des Grundstückes empfiehlt sich stets in östliche, nördliche oder nordöstliche Richtung.

Eckgrundstücke sind nur dann zu empfehlen, wenn sie nordöstlich ausgerichtet sind; also an einer Nordostecke liegen. Alle anderweitig ausgerichteten Eckgrundstücke sollten gemieden werden, denn sie haben nach Auffassung von Vastu negative Auswirkungen auf die Bewohner des betreffenden Hauses.

Wer bereits Grundstücksbesitzer ist und sich erweitern möchte, sollte nur Land dazu kaufen, das sich im Norden, Osten und Nordosten seines Besitzes befindet. Von Baugrund, der sich in anderen Himmelsrichtungen an das bereits vorhandene Grundstück anschließt, wird abgeraten.

Wer bereits ein nicht vastugemäßes Eckgrundstück besitzt, kann diesen Nachteil durch besonders sorgfältige Beachtung der Vastu-Vorgaben in anderen Bereichen minimieren oder sogar wieder ausgleichen.

Von Baugrund, der sich zwischen zwei größeren Grundstücken befindet, sollte nach Auffassung von Vastu abgesehen werden.

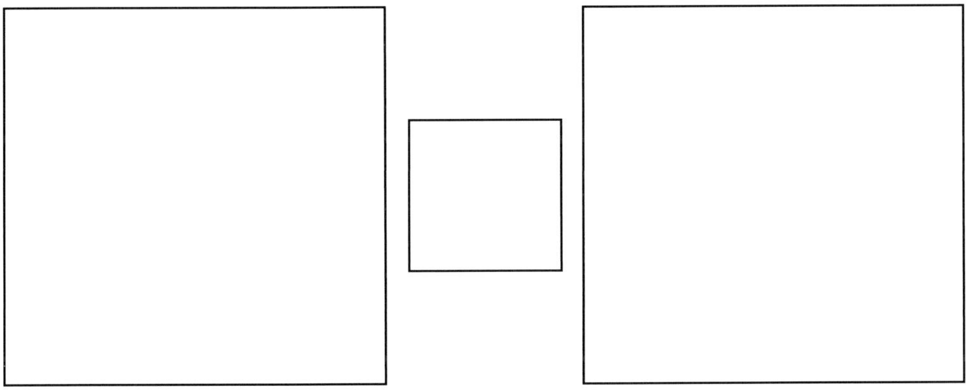

4.5. Baugrund, der zwischen zwei größeren Grundstücken gelegen ist, übt keinen guten Einfluß auf die Bewohner des zukünftigen Hauses aus.

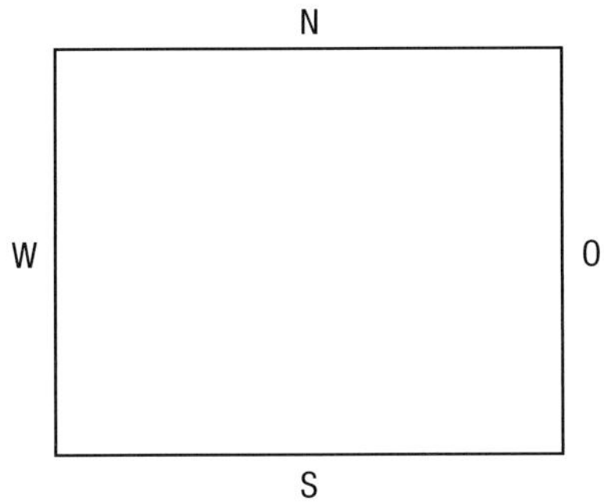

4.6. Das Ideal …

Form und Neigung des Baugrundstückes

Form

Im vorhergehenden Kapitel ist es schon angeklungen: Vastu gibt rechteckigen Grundrissen den Vorzug vor allen anderen Grundstücksformen. Dabei sollte die Länge des Baugrundes nicht doppelt soviel betragen wie dessen Breite.

Von elliptischen, runden, dreieckigen, vieleckigen und anderweitig unregelmäßig geformten Grundstücken rät Vastu hingegen generell ab. Denn zum einen ist ein solcher Baugrund ungünstig zu bebauen, zum anderen wird damit der Energiefluß innerhalb des Grundstückes gestört.

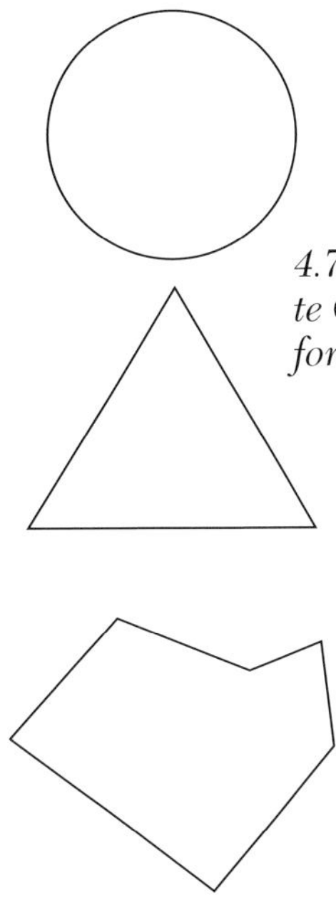

4.7. Ungeeignete Grundstücksformen.

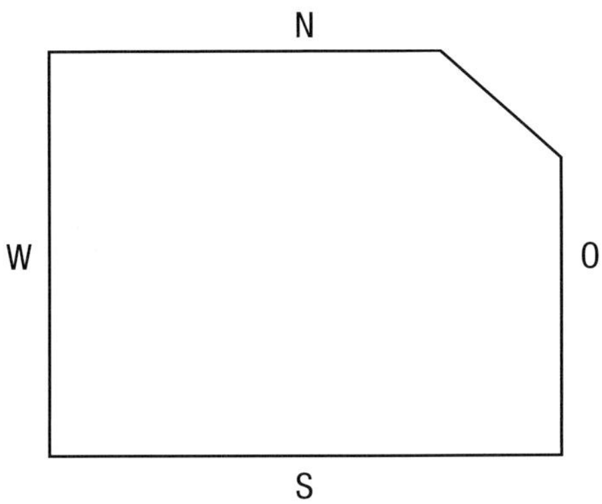

4.8. »Abgeschnittene Ecken«, ob an einem Grundstück oder einem Gebäude, sollten tunlichst vermieden werden.

Die Ecken eines Grundstükkes sollten nicht

»abgeschnitten« sein, das Grundstück also in den Eckbereichen nicht eingezogen sein. Dies bringt, abhängig von der Himmelsrichtung, ungünstige Effekte auf die zukünftigen Bewohner mit sich.

Abgeschnittene Ecken und ihre Wirkungen

im Nordosten:	anhaltende Krankheiten, mentale Probleme, Mißerfolge und hohe finanzielle Verluste
im Nordwesten:	materielle Verluste, Krankheiten und allgemeine Lebensangst
im Südosten:	Krankheit und Armut
im Südwesten:	Unzufriedenheit, mentale Probleme

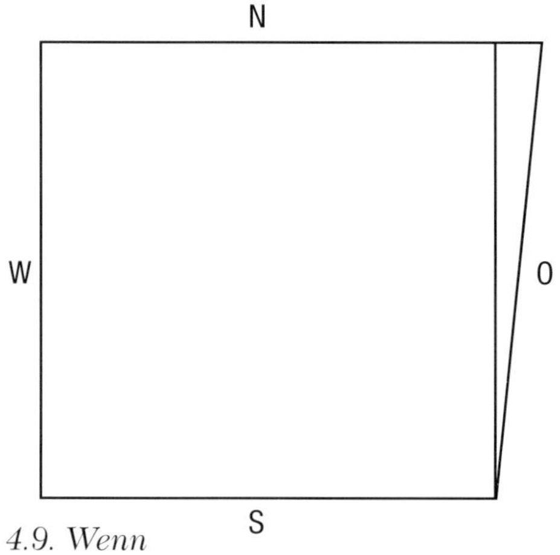

4.9. Wenn erweitern, dann nur nach Nordosten ...

Falls das Grundstück sich trapezförmig verbreitert, dann sollte dies nur in nördlicher, nordöstlicher oder östlicher Richtung der Fall sein. Erweiterungen in andere Himmelsrichungen haben gemäß Vastu negative Auswirkungen. In dem Vastu-Klassiker »Mayamata« steht zudem die Empfehlung zu lesen, keine Grundstücke zu kaufen, die kleiner als 165 Quadratmeter sind. Die minimale Seitenlänge sollte zwölf Meter betragen.

Effekte von Erweiterungen (Auskragungen) von Grundstücken

Die nachfolgend genannten Wirkungen gelten auch für Auskragungen eines Hauses oder einer Wohnung.

nach Nordosten:	Gesundheit, Wohlstand, Glück und Erfolg
nach Nordwesten:	mentale und berufliche Probleme, finanzielle Belastungen
nach Südosten:	materielle Verluste, Probleme mit Behörden, instabile Gesundheit
nach Südwesten:	dahinschwindender Wohlstand, mentale und gesundheitliche Probleme

Neigung

Grundstücke mit einem Gefälle nach Norden oder Osten betrachtet Vastu als ideal. Sie bringen den Besitzern Gesundheit, Wohlstand und Erfolg ein. Die »Manasara«, der »Vorfahr« aller Vastu-Texte, gibt hier noch präziseren Rat: Gelehrte, Wissenschaftler und alle Menschen, die überwiegend geistig tätig sind, sollten Grundstücke bevorzugen, die eine Neigung nach Norden aufweisen. Allen anderen Zeitgenossen empfiehlt Vishwakarma, Verfasser der »Manasara«, Baugrund mit ostwärts gerichtetem Gefälle. Unter Umständen wollte Vishwakarma damit auch ausdrücken, daß Intellektuelle ebensolche Wohnverhältnisse benötigen wie unsterbliche Wesen aus überirdischen Gefilden, denn letztere sollten ebenfalls auf nordwärts geneigtem Terrain leben …

Gefälle Richtung Süden und Westen hingegen haben keinen guten Einfluß, denn dies behindert den Fluß der Energien innerhalb des Grundstückes und auch innerhalb des darauf erbauten Gebäudes (S. 84).

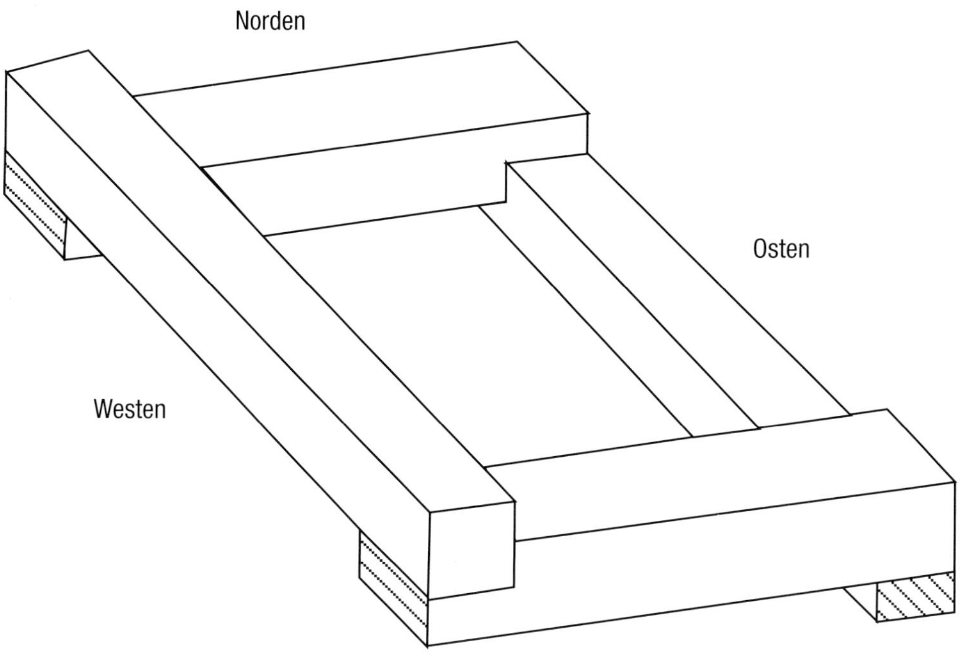

4.10. Das Nonplusultra: ein Baugrund, der sich nach Norden und Osten neigt – anschaulich dargestellt in der alten Vastu-Lehrschrift »Mayamata«.

Neigung eines Baugrundes und seine Wirkungen

Steigung

im Süden:	Gesundheit, Wohlstand und Erfolg
im Norden:	schlechte finanzielle Situation
im Westen:	Ruhm und glückliche Familiensituation
im Osten:	familiäre Probleme
im Südwesten:	rundum Gesundheit und Erfolg
im Südosten:	materieller Wohlstand (falls die Steigung nicht mehr als im Südwesten beträgt)
im Nordwesten:	allgemeines Wohlbefinden und Zufriedenheit (falls die Steigung nicht mehr als im Südwesten und -osten ist)
im Nordosten:	Gesundheit und Vermögen schwinden dahin

Gefälle

im Süden:	beständige gesundheitliche und finanzielle Probleme
im Norden:	allgemein großer Erfolg und gute Gesundheit
im Westen:	häufige Erkrankungen, finanzielle Schwäche, Probleme in Erziehung und Ausbildung
im Osten:	körperliches und geistiges Wohlbefinden, Erfolg
im Südwesten:	körperliche Beschwerden
im Südosten:	extreme Meinungsverschiedenheiten, Gefahr von Hausbränden
im Nordwesten:	gesundheitliche Probleme (falls die Neigung mehr als im Nordosten beträgt)
im Nordosten:	stabile Gesundheit und Erfolg

Der Boden

Die Beschaffenheit und die Tragfähigkeit des Baugrundes ist von ausschlaggebender Wichtigkeit für die Stabilität und die Lebensdauer des darauf zu errichtenden Gebäudes – hierin sind sich die Bauleute in allen Kulturen einig.

Was das Grundstück allgemein angeht, so sollten gemäß Vastu darauf keine Felsblöcke und großen Steine liegen, es sollte keine Erdrisse und

Höhlen haben und frei von Ungeziefer, beispielsweise von Ameisenhaufen und Termitenhügeln sein. Falls ein Grundstück diese negativen »Attribute« aufweist, sollten die Felsblöcke und Steine sorgfältig entfernt und die Unebenheiten mit neuer, guter Erde zugeschüttet werden.

Zur Baugrunduntersuchung nennen die Vastu-Texte eine ganze Reihe von Methoden. Die »Brihat Samhita« (S. 34) beispielsweise sieht vor, ein Loch von der Tiefe eines Meters und der Größe von mindestens einem Quadratmeter im Zentrum des Grundstückes zu graben und dieses mit Wasser aufzufüllen. Dann sollte man einen kleinen Spaziergang von hundert Schritten unternehmen und anschließend den Wasserstand in dem Loch prüfen. Ist dieser auf unter ein Viertel der ursprünglichen Wassermenge abgesunken, sollte man vom Bau auf dem betreffenden Grundstück absehen, denn dieser schnelle Wasserabfluß zeigt, daß der Boden zu porös und sandig und damit nicht tragfähig genug ist. Liegt der Wasserstand jedoch etwas über der Hälfte der ursprünglichen Höhe, handelt es sich um sehr gutes Bauland: der Boden ist durchlässig, aber auch stabil genug, um die Last des Gebäudes zu tragen.

Obwohl heute sehr genaue technische Methoden zur Bodenuntersuchung wie beispielsweise tiefgehende Probebohrungen an mehreren Stellen eines Grundstückes zur Verfügung stehen, können die einfachen Tests, welche die alten Vastu-Schriften vorsehen, auch heute noch nutzbringend angewendet werden.

Für die weiteren Bodenproben sind unter anderem Geschmacksnerven sowie olfaktorischer und optischer Sinn gefragt: die Erde des Grundstückes sollte einen süßen Geruch und Geschmack besitzen sowie von mittelbrauner bis dunkelbrauner Farbe sein. Darüber hinaus sollte sie weich und geschmeidig, nicht bröckelig oder zu steinig sowie fruchtbar sein. Um letzteres zu überprüfen, rät Vastu, verschiedene Samen in die Erde einzubringen. Aus der Dauer, bis diese keimen, lassen sich Rückschlüsse auf die Fruchtbarkeit des zum Kauf anstehenden Baulandes ziehen: Je schneller die Saat aufgeht, desto ertragsfähiger ist der betreffende Boden.

Umgebung

Empfehlenswert sind nach Auffassung von Vastu höhere Gebäude, Hügel oder Berge im Süden und Westen des Baulandes. Befinden sich diese hingegen im Norden und Osten des Baugrundes, hat dies negative Auswirkungen.

Liegenschaften in der Nähe von Tempeln beziehungsweise Kirchen und in der Nähe von Friedhöfen eignen sich nicht als Bauland. Die richti-

4.11. Beim Hatschepsut-Tempel in Der-el-Bahri, Ägypten, ist die Empfehlung, Berge im Süden des Grundstückes zu haben, bestens verwirklicht.

ge Entfernung läßt sich aus dem Schatten, den der Tempel oder die Kirche wirft, entnehmen, dieser nämlich sollte nicht auf das Grundstück fallen. Aus Gründen des Respekts soll die unmittelbare Nähe zum Allerheiligsten wie auch zu den Toten vermieden werden.

Große Wasserflächen, Seen, Flüsse sowie Meeresküsten, üben den besten Einfluß aus, wenn sie im Norden, Nordosten und Osten des Grundstückes liegen. Das gilt auch für Swimmingpools; sowohl für eigene wie auch für jene auf Nachbars Grundstück. Gewässer im Süden, Südwesten und Westen bedeuten hingegen nach Auffassung von Vastu einen nicht behebbaren Mangel.

Liegt ein an dem Baugrund angrenzender Bach oder Fluß im Norden, sollte seine Strömung von Westen nach Osten gehen; liegt er hingegen im Osten, sollte die Fließrichtung von Süden nach Norden sein. Die Strömungsrichtung des Grundwassers in einem Grundstück sollte ebenfalls in Richtung Osten oder Norden gerichtet sein.

Gebäude in unmittelbarer Nähe zum Grundstück, so die alten Schriften, sind ebenfalls mit zu berücksichtigen. So sollte das Regenwasser vom

Dach des Nachbarhauses nicht auf das eigene Grundstück fließen können; insbesondere nicht an der Nord- und Ostseite. Diese Vorgabe freilich ist bei uns heute hinfällig, da unsere Baugesetze eine Entwässerung für jedes Gebäude auf dessen Grundstück vorsehen.

Ebenso sollte man nicht zwischen zwei höheren Gebäuden leben, denn diese Wohnsituation läßt – so Vastu – die Bewohner von Tag zu Tag ärmer werden.

Zufahrtswege

Straßen oder Wege, die Grundstücke erschließen, die nicht von bebauten Flächen umgeben sind, heißen *Veedhi shoola*. Auch hierzu gibt Vastu detaillierte Empfehlungen hinsichtlich der Richtung, aus welcher die Veedhi shoola am besten auf das Grundstück zuführen sollten.

Im Bestfall läuft eine Zufahrtsstraße von Osten auf die Nordostecke oder von Norden auf die Nordostecke zu – damit ist wiederum der Forderung Genüge getan, daß sich ein Grundstück stets in nördliche, östliche oder nordöstliche Richtung hin erweitern sollte (S. 80).

4.12. Veedhi shoola einmal aus der Vogelperspektive gesehen.

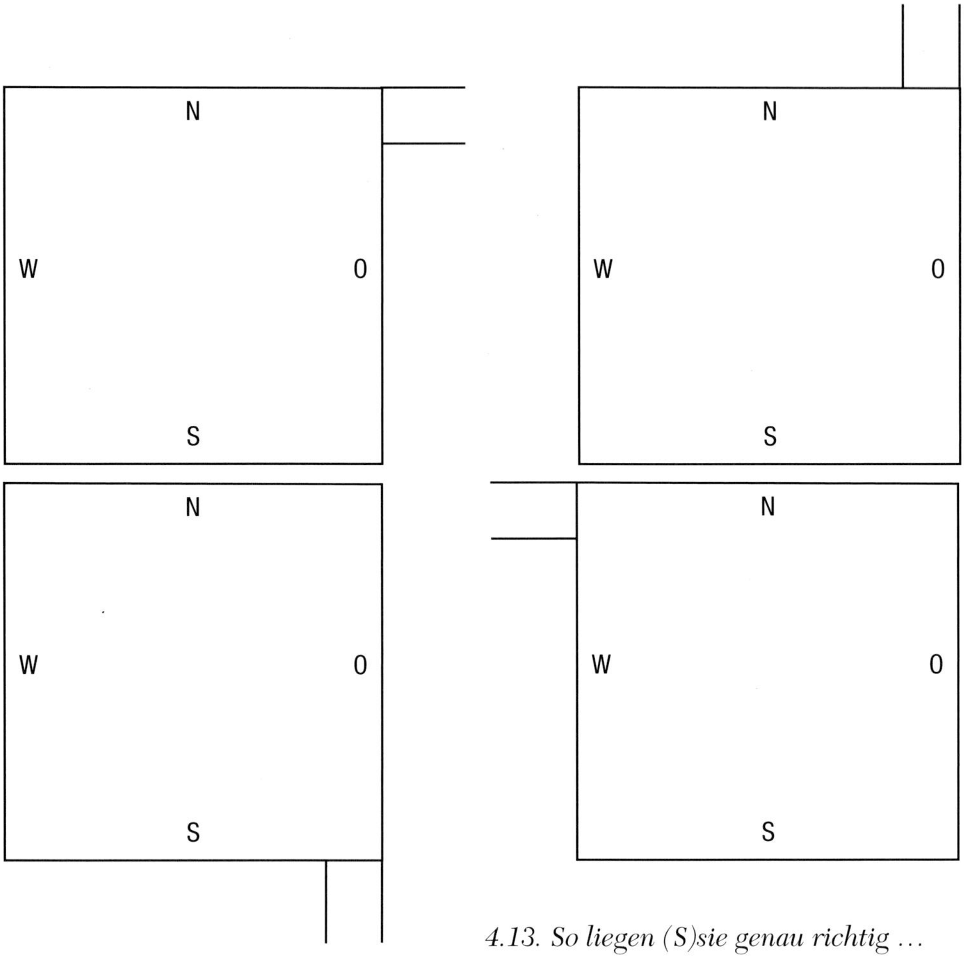

4.13. So liegen (S)sie genau richtig …

Platz zwei auf der Rangliste belegen Zufahrtsstraßen, die von Süden auf die Südostecke oder von Westen auf die Nordwestecke zulaufen.

Zu vermeiden sind folgende Zufahrten: von Süden oder von Westen auf die Südwestecke, von Osten auf die Südostecke sowie von Norden auf die Nordwestecke.

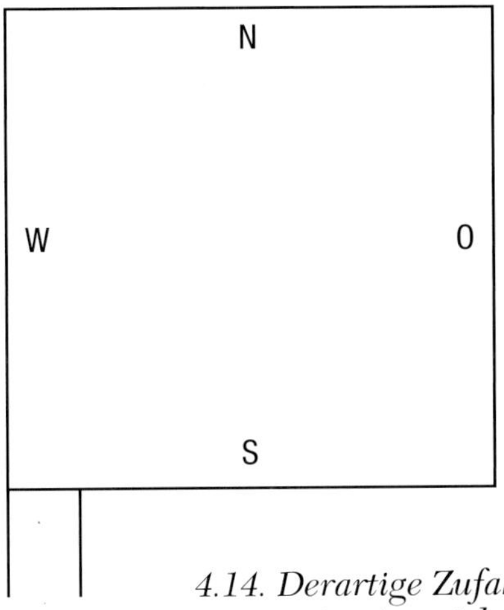

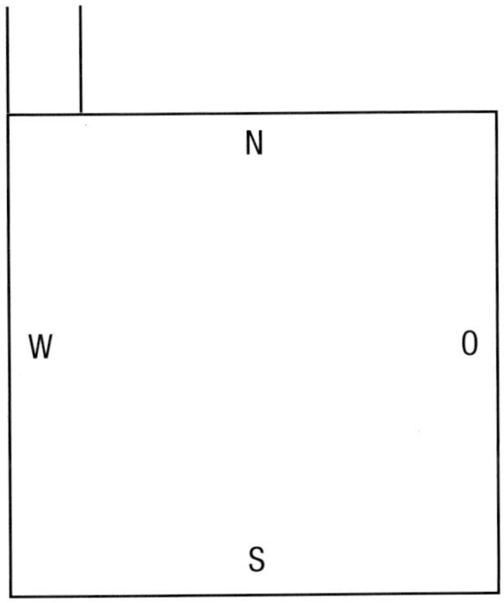

4.14. Derartige Zufahrten haben nach Auffassung von Vastu ungünstige Auswirkungen.

Checkliste für das ideale Grundstück gemäß Vastu

- quadratische oder rechteckige Form
- die Grundstücksseiten verlaufen entlang der vier Haupthimmelsrichtungen
- nach Norden, Nordosten oder Osten ausgerichtet
- nach Osten, Norden oder Nordosten besteht ein leichtes Gefälle
- die Erde des Grundstückes ist nicht porös und sandig sowie nicht steinig, sondern fruchtbar, riecht und schmeckt süß und ist weich
- die Südwestecke des Grundstückes mißt neunzig Grad (rechter Winkel)
- im Süden, Südwesten und Westen befinden sich höhere Gebäude, Hügel oder Berge
- Wasserflächen befinden sich im Norden, Osten oder Nordosten
- um das gesamte Grundstück verläuft eine Grundstücksmauer oder ein -zaun
- zwischen dem Gebäude und der Grundstücksumzäunung besteht Abstand
- Brunnen und Wasserreservoirs befinden sich im Norden, Nordosten oder Osten des Grundstückes
- Zufahrtsstraßen führen von Norden oder Osten auf die Nordostecke zu

Der Entwurf

Ist ein adäquates Bauland gemäß Vastu gefunden, geht es an die Planung des zu errichtenden Gebäudes. Auch hierzu existieren eine Vielzahl an Empfehlungen, die zum Wohl der Bewohner, aber auch im Hinblick auf die Stabilität und Lebensdauer des Hauses berücksichtigt werden sollten.

Die wichtigsten dieser Vorgaben betreffen Form und Ausrichtung des Gebäudes, seine Plazierung im Grundstück sowie die Anordnung von Haupteingang, Türen und Fenstern.

Grundriß und Form des Gebäudes

Ideal sind quadratische Grundrisse. Auch rechteckige Grundrisse sind gut, allerdings nur bis zu einem Seitenverhältnis Länge zu Breite von maximal 2 : 1. Alles, was darüber liegt, ist unbedingt zu vermeiden.

Das Gebäude sollte in Nord-Süd-Richtung länger sein als in Ost-West-Richtung, denn dadurch verbessert sich die Belichtungssituation der Räume: die im Osten und Westen niedriger stehende Sonne leuchtet die Räume tiefer aus.

Runde, elliptische, drei- und mehreckige sowie alle unsymmetrischen Grundrißformen sollten vermieden werden. So prophezeien die alten Vastu-Texte für dreieckige Grundrisse dem Bewohner des Hauses einen frühen Tod. Zudem, so die Vorhersage, würde ein nach einem solchen Grundriß errichtetes Haus lange Zeit keine neuen Eigentümer finden.

Die Südwestecke des Gebäudes muß exakt neunzig Grad betragen. Die anderen Ecken können auch spitzere Winkel haben. Tolerierbar sind Abweichungen von bis zu zwölf Grad. Generell ist nach Vastu, wie auch schon bei der Ausrichtung des Grundstückes selbst, eine Abweichung von der empfohlenen Himmelsrichtung von bis zu zwölf Grad erlaubt.

Empfohlene Winkel

Im Hinblick auf Gesundheit und Wohlstand der Bewohner empfiehlt Vastu folgende Abmessungen für die Gebäudeecken:

im Nordosten:	90 Grad oder bis zu 12 Grad mehr oder weniger
im Nordwesten:	90 Grad oder bis zu 12 Grad mehr oder weniger
im Südwesten:	exakt 90 Grad
im Südosten:	90 Grad oder bis zu 12 Grad mehr oder weniger

Sowohl Außen- wie auch Innenwände des Gebäudes sollten sich im rechten Winkel treffen.

Von den heute weitverbreiteten Splitlevel-Häusern ist in jedem Fall abzusehen, denn sie widersprechen in vieler Hinsicht den Prinzipien von Vastu.

Innenhof

Wenn möglich, sollte das Gebäude einen Innenhof (Atrium) haben; dies trägt der Forderung Rechnung, daß Brahmasthana, das Zentrum, stets frei und unbelastet bleiben sollte (S. 58). In der Regel kann diesem Prinzip von Vastu jedoch nicht oder nur schwer entsprochen werden. Wenn jedoch sorgfältig darauf geachtet wird, daß der zentrale Bereich des Hauses unmöbliert bleibt, sich dort keine Treppen oder andere schwere Lasten befinden, kann dies ausgeglichen werden.

4.16. Volkstümlich bemalter Innenhof eines Bauernhauses in Orissa, Südindien.

4.17. Bei diesem alten Landhaus in Marbella, Südspanien, ist das Prinzip des nach oben offenen Brahmasthana umgesetzt.

Eine Veranda, Loggia oder einen Wintergarten empfiehlt Vastu stets nur im Norden oder Osten des Gebäudes; ein Rat, der in unseren Breitengraden angesichts der hier herrschenden klimatischen Bedingungen sicherlich nicht zu eng gesehen werden darf. Auch das Vorzimmer beziehungsweise die Eingangshalle sollte im Norden oder Osten liegen. Beim Entwurf der Eingangshalle oder des Vorzimmers ist zu beachten, daß beim Eintreten mehr Freiraum zur rechten Seite besteht als zur linken Seite; nicht zuletzt auch, um der Rechtshändigkeit Genüge zu tun. An der Ost- oder Nordwand des Vorzimmers kann ein Spiegel angebracht werden, der den Raum in diesen Richtungen vergrößert.

Die Räume im nördlichen und östlichen Teil des Hauses sollten kleiner sein als im südlichen und westlichen Bereich.

Ausrichtung des Gebäudes

Vastu mißt der Ausrichtung eines Gebäudes maßgebliche Bedeutung bei. Ganz generell ist beim Entwurf des Hauses zu beachten, daß sowohl die Hausmauern wie auch die Grundstücksgrenzen (in Indien meist Mauern) exakt entlang der vier Haupthimmelsrichtungen verlaufen. In früheren Zeiten bediente man sich zur vastu-gerecht genauen Ausrichtung eines *Gnomon* oder *Sankhu*, einem aus Sandelholz oder Elfenbein gefertigten Stab. Dieser wurde im Zentrum des Baugrundes in die Erde gesteckt, und anhand des Schattens, den er im Laufe des Tages auf den Boden warf, wurden die Himmelsrichtungen festgelegt. Heute haben es die Baumeister wesentlich leichter, indem sie Gebäude mit optischen Geräten wie einem Theodoliten exakt einmessen.

Nach Osten ausgerichteten Gebäuden gibt Vastu den Vorzug vor allen anderen. Als nächstbeste Ausrichtung gilt jene nach Nordosten. Der Entwurf südostwärts ausgerichteter Gebäude sollte vermieden werden. Generell lautet die Vorgabe, daß ein Haus so ausgerichtet sein sollte, daß es drei Stunden nach Sonnenaufgang und drei Stunden vor Sonnenuntergang von der Sonne beschienen wird.

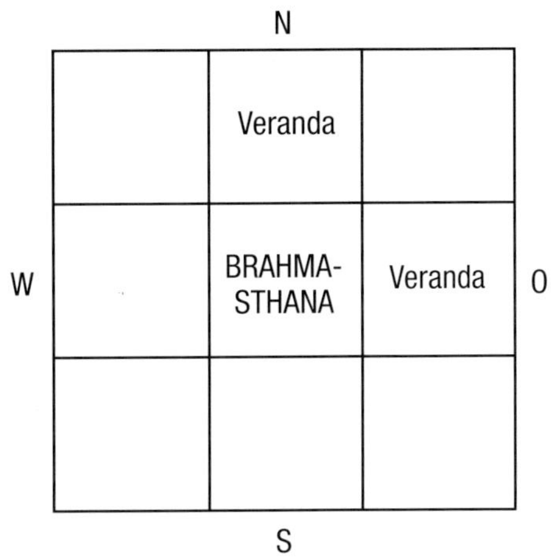

4.18. Die besten Orte für eine Veranda.

4.19. Innenhof eines jahrhundertealten Tempels in Kathmandu, Nepals Hauptstadt.

Plazierung auf dem Grundstück

Grundsätzlich sollten die vier Ecken des Grundstückes frei bleiben. Die Idealsituation gemäß Vastu ist ein freistehendes Gebäude.

Was zugebaute Ecken bewirken …

im Nordosten:	ein Unglück; große Probleme auf allen Ebenen
im Nordwesten:	mentale Probleme, Hindernisse auf beruflicher Ebene, bis hin zum Bankrott
im Südosten:	Wohlstand wird zerstört
im Südwesten:	erlaubt, wenn zwischen Haupt- und Nebengebäude ein Durchgang besteht

Die wichtigsten Himmelsrichtungen sind Norden und Osten (S. 162): deshalb sollte das Gebäude so plaziert werden, daß nach Norden und Osten mehr freie Grundstücksflächen vorhanden sind als nach Süden und Westen.

Darüber hinaus, so rät Vastu, ist das Gebäude so zu planen, daß es überwiegend auf dem südwestlichen Bereich des Grundstückes steht. Der nordöstliche Bereich des Grundstückes sollte in keinem Fall bebaut werden.

Nebengebäude wie beispielsweise Garagen, Geräteschuppen und Ställe sollten nicht in den Ecken des Grundstückes plaziert sein. Die einzige Ausnahme bildet hier die Südwestecke, diese kann bebaut werden. Zwischen Hauptgebäude und Nebengebäude sollte ein Durchgang bestehen, so daß das Haupthaus weiterhin rundum begehbar ist. Der beste Ort für Garagen ist im Nordwesten und alternativ im Südosten. Ideal gemäß Vastu ist es, wenn die Autos darin Richtung Norden oder Osten geparkt sind.

Vastu empfiehlt zudem, zwei Gebäude nicht durch eine gemeinsame Mauer zu trennen. Auf diese Weise ist die Gefahr der Brand- wie auch Schallübertragung von einem Gebäude zum anderen wesentlich reduziert.

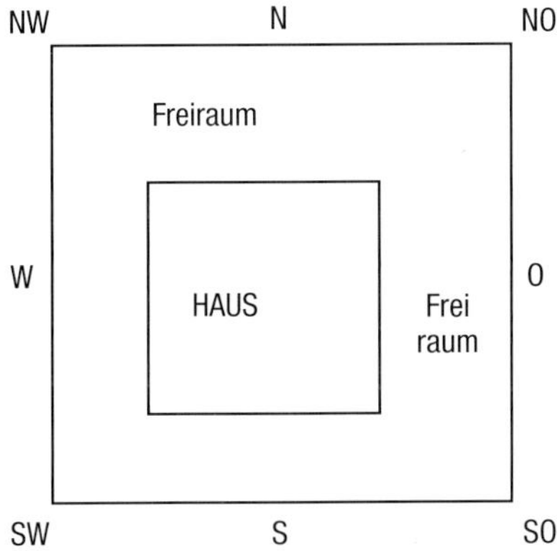

4.20. Nach Norden und Osten sollte stets »Luft« bleiben.

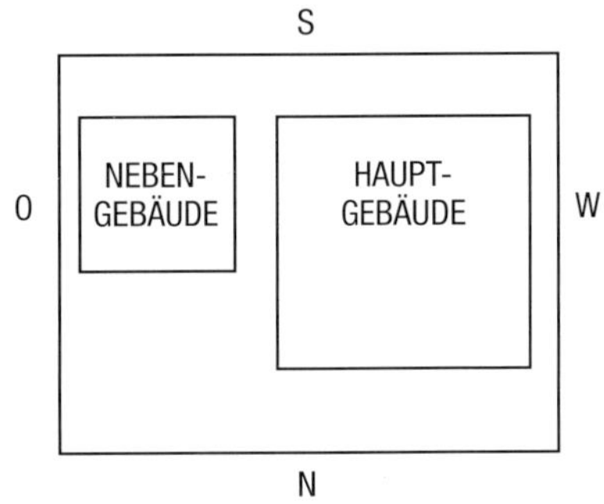

4.21. Bei Nebengebäuden empfiehlt es sich, diese vom Haupthaus abzutrennen.

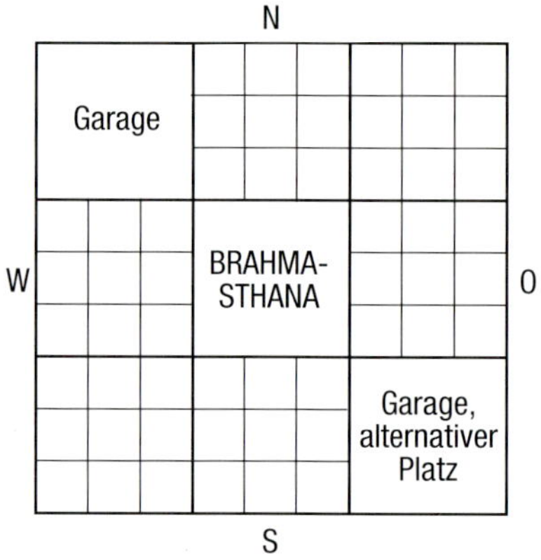

4.22. Auch Parken läßt sich gemäß den Prinzipien von Vastu …

Von guten und schlechten Orten …

Utchasthana bedeutet übersetzt soviel wie richtiger, guter Ort. Und in der Tat befinden sich in diesen Bereichen die kosmischen Strahlungen, das Magnetfeld der Erde und die Erdanziehungskraft in einem ausgewogenen und damit in einem für das Wohl der Bewohner besten Verhältnis. Nicht so jedoch an den sogenannten *Neechasthana*, den gemäß der Vastu-Kriterien falschen, schlechten Orten. In diesen Bereichen ist die Wirkung der energetischen Kräfte und Elemente unausgeglichen und in einem für den menschlichen Körper nicht gut verträglichen Maß, so daß bestimmte Räume oder haustechnische Anlagen nicht an diesen Plätzen sein sollten.

Haupteingang

Die Anordnung der Haupteingangstüre ist ein bestimmender Faktor für die Energieverteilung innerhalb eines Hauses beziehungsweise einer Wohnung. Da der Fluß der energetischen Kräfte von ausschlaggebender Bedeutung für das Wohlbefinden der Bewohner ist, schenkt Vastu der Eingangstüre entsprechend große Aufmerksamkeit.

Der Haupteingang sollte immer im Norden, Osten oder Nordosten, in Ausnahmefällen auch im Westen des Hauses liegen. Hierzu nennt Vastu detaillierte Empfehlungen, die sich auf den Verlauf der an das Grundstück angrenzenden Straßen beziehen, damit also auf die Ausrichtung des Baugrundes:

4.23. Reich verziert und gut bewacht – die Eingangstür des City Palace in Jaipur.

4.24. Die Baumeister von zahlreichen der Villen im Veneto haben den Empfehlungen von Vastu Genüge getan – nicht nur was den Haupteingang betrifft.

Straßen im Norden und Osten:	Haupteingang im Osten
Straßen im Norden und Westen:	Haupteingang im Westen
Straßen im Süden und Osten:	Haupteingang im Osten
Straßen im Süden und Westen:	Haupteingang im Westen
Straßen im Norden und Süden:	Haupteingang im Norden
Straßen im Osten und Westen:	Haupteingang im Osten

Die Haupteingangstüre sollte nach Ansicht von Vastu nicht nur in bestimmten Himmelsrichtungen des Gebäudes, sondern an speziellen Stellen liegen. Diese Plätze werden Utchasthana genannt. Sie ergaben sich unter anderem aus der Aufteilung des Grundrisses nach bekannter Manier in neun mal neun Quadrate (S. 50):

Der Haupteingang sollte ein wenig höher sein als die restlichen Türen des Hauses und sich nur nach innen öffnen lassen. Da das Gebäude stets ein wenig höher liegen sollte als die Zufahrtsstraße, müssen Treppen zum Haupteingang führen. Die Anzahl dieser Treppen sollte gerade sein.

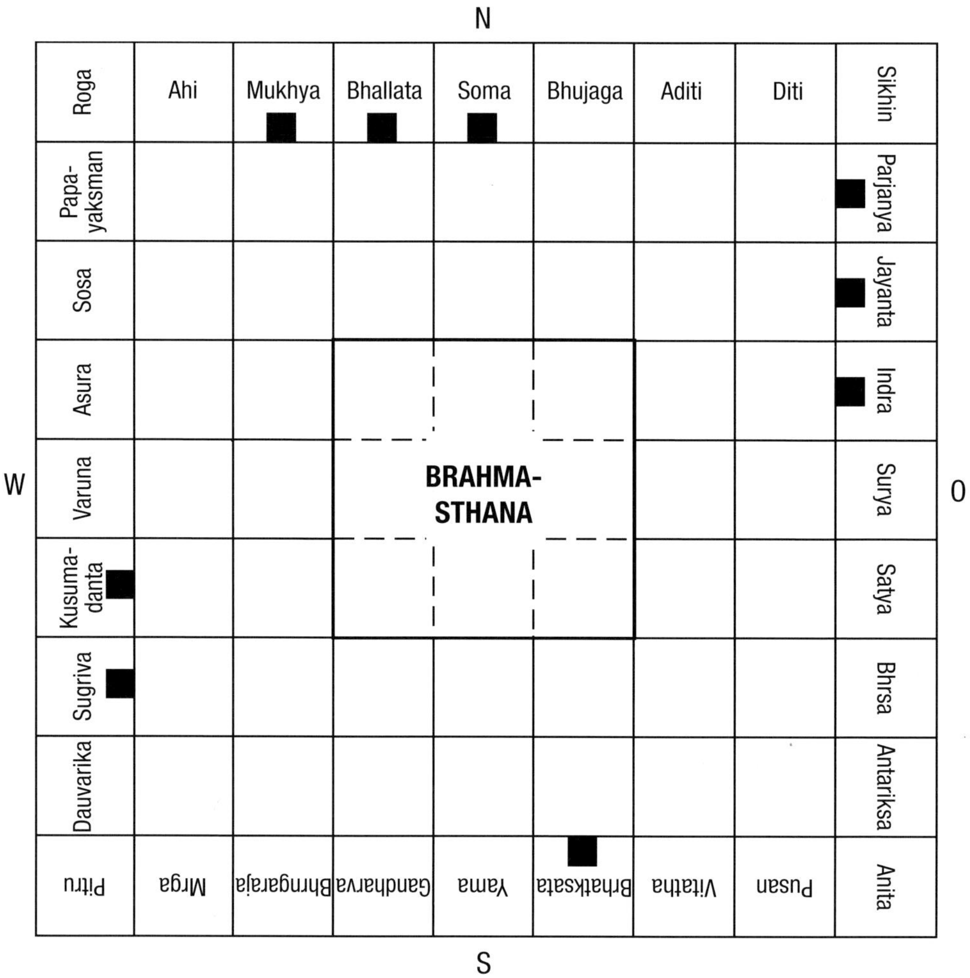

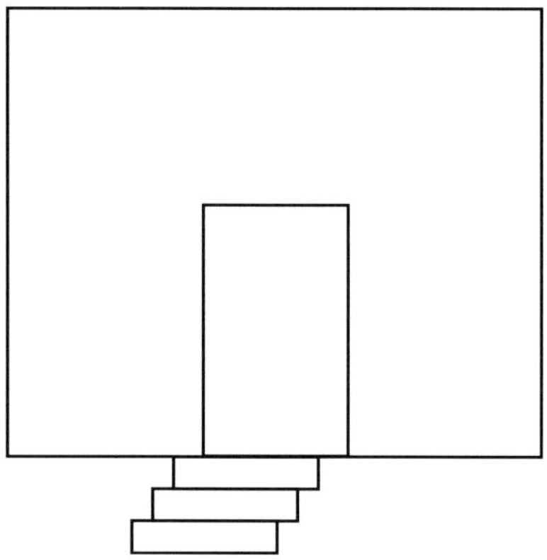

4.25. Anordnung der Haupteingänge an den geeigneten Quadraten.

4.26. Durch einen erhöhten Eingang wird der Eintritt der Energien reguliert.

Zudem empfiehlt es sich, daß jede Türe des Gebäudes, allen voran der Haupteingang, eine ausreichend hohe Schwelle besitzt. Diese hat zum einen die Aufgabe, Insekten und anderes Ungeziefer abzuhalten, zum anderen dient die Schwelle der Regulierung der energetischen Kräfte, die von der Erde auf das Gebäude einwirken.

Säulen oder Pfosten an beiden Seiten des Haupteinganges werden von Vastu befürwortet; allerdings sollte deren Anordnung symmetrisch und deren Anzahl ebenfalls wieder gerade sein.

Das Türblatt wie auch der Stock des Haupteinganges ist ausschließlich aus ein und derselben Holzart zu fertigen. Der Rahmen der Haupteingangstüre sollte gemäß den Empfehlungen von »Muhurta Shastra« am besten an einem Mittwoch oder Freitag gesetzt werden.

Bäume und andere große Pflanzen sind vor dem Haupteingang zu vermeiden. Ebenso sollte sich davor keine Straßenkreuzung befinden.

Wirkungen von Haupteingängen

im Norden der Nordostecke:
finanzielles Wachstum

im Osten der Nordostecke:
Verbesserung der geistigen Fähigkeiten

im Süden der Südostecke:
Erfolg in allen Bereichen, Gesundheit

im Westen der Nordwestecke:
beruflicher Erfolg

im Osten der Südostecke:
häufige Gerichtsfälle und private Meinungsverschiedenheiten, Mißerfolge

im Süden der Südwestecke:
gesundheitliche und finanzielle Probleme

im Westen der Südwestecke:
finanzielle Verluste, Probleme im beruflichen und privaten Bereich

im Norden der Nordwestecke:
mentale Probleme, innere Unruhe

4.27. Ganz im Sinne von Vastu ist diese Holztüre eines Stadtpalastes in Kathmandu, Nepal.

4.28. Auch die Türen sollten einander gegenüberliegen: Andrea Palladio ist das mit dieser Türflucht in der Villa Pojana im Veneto, Oberitalien, perfekt gelungen.

Zimmertüren

Die Zimmertüren innerhalb eines Hauses oder einer Wohnung sollten sich möglichst stets westlich oder südlich der Nordostecke befinden. Auf diese Weise können Möbel auch besser an ihrem gemäß Vastu besten Platz, dem südlichen und westlichen Bereich des Raumes, gestellt werden. Nicht nur auf dem Grundstück selbst, auch innerhalb der Räume eines Hauses sollten schwere Dinge am besten im südwestlichen Teil stehen (S. 145). Alternativ empfiehlt Vastu Türen westlich der Südostecke oder südlich der Nordwestecke. Generell zu vermeiden sind jedoch Türen eines Raumes an der Süd- oder Westwand. Ebenso sollten sich Türen nie in der Mitte einer Wand, jedoch auch nicht direkt an einer Ecke des Raumes befinden.

Die Zimmertüren können im südlichen und westlichen Bereich des Hauses größer sein als im Norden und Osten. Wenn möglich, liegen die Türen den Fenstern eines Raumes gegenüber, so daß dieser gut durchlüftet ist. Die Anzahl aller Türen im Haus oder in der Wohnung sollte gerade sein und darüber hinaus nicht mit einer Null enden.

Die Zimmertüren sollten nie die Größe der Haupteingangstüre übertreffen. Darüber hinaus wird empfohlen, daß alle Türen des Hauses dieselbe Größe haben und aus derselben Holzart bestehen.

4.29. Die orientalische Liebe zum Detail offenbart dieses Fenster mit farbigen Intarsien des im nordindischen Rajasthan gelegenen Amber Fort.

4.30. Beidseitig von Fenstern flankierter Haupteingang eines modernen Vastu-Hauses in Bangalore.

Fenster

Was die Fenster angeht, so sollten diese im Osten und Nordosten größer sein, als im Süden, Westen oder Südwesten. Auf diese Weise ist das Gebäude dem maximalen Einfluß der Sonnenenergie ausgesetzt. Dort, wo sich zwei Wände treffen, also in den Ecken eines Raumes, sollten sich keine Fenster befinden; dies gilt vor allem für die Südwestecke. Die Fenster des Hauses sollten alle in wiederkehrende Formate geteilt sein.

Die Summe der Fenster in einem Haus oder einer Wohnung sollte ebenfalls wieder eine gerade Zahl, mit Ausnahme von Zehnerzahlen, sein. Gut ist es nach Auffassung von Vastu darüber hinaus, wenn sich links und rechts neben der Haupteingangstüre Fenster befinden.

Balkone und Terrassen

Balkone sollten von Nord- oder Ostzimmern abgehen, denn Vastu rät, Erweiterungen (und eine solche stellen Balkone dar) des Hauses nur in diese Himmelsrichtungen vorzunehmen. Im Süden, Westen und vor allem im Südwesten des Hauses oder der Wohnung sollten sich keine Balkone befinden. Dasselbe gilt auch für Erker.

4.31. Eine nach Osten abgestufte Terrasse.

Terrassen empfehlen sich im Osten und Norden des Hauses. Ganz zu vermeiden sind jedoch Terrassen im Südosten oder gar im Nordosten. Dies, so Vastu, kann im Fall des nordöstlichen Bereiches zu gesundheitlichen und finanziellen Problemen führen, im Fall des Südostens starke Spannungen und Meinungsverschiedenheiten zwischen den Bewohnern hervorrufen.

Öffnungen in den Wänden von geschlossenen Räumen, also auch Türen und Fenster, haben nach Ansicht von Vastu einen direkten Einfluß auf deren Bewohner. Wie sich dieser im einzelnen auswirkt, zeigt folgende Übersicht.

Was Türen und Fenster so alles bewirken ...

alle Seiten geschlossen:	Stabilität
Osten offen:	Reichtum und Vermögen
Süden offen:	Unglück
Norden und Osten offen:	Freude
alle Seiten offen:	Sieg
Westen offen:	Naivität
Norden offen:	Erfolg
Süden und Osten offen:	Tränen und Trauer
Süden und Westen offen:	Angst
Osten und Westen offen:	Glück in Partnerschaft und Familie
Norden, Süden und Osten offen:	materieller wie ideeller Reichtum
Norden, Osten und Westen offen:	Euphorie, Glück
Norden und Westen offen:	Zufriedenheit, im Einklang mit sich sein
Norden und Süden offen:	Hinlänglichkeit
Osten, Süden und Westen offen:	Verlust
Süden, Westen und Norden offen:	Gewinn

(Nach Appanna D. Sirdeshpande, Vastu-Architekt, Bangalore)

Wände

Vastu empfiehlt, im nördlichen und östlichen Bereich stets dünnere Wände zu haben, als im südlichen und westlichen Bereich eines Gebäudes. Dies kommt der Forderung entgegen, daß im südwestlichen Teil mehr Gewicht angeordnet sein sollte als im nordöstlichen.

Dasselbe gilt für die Grundstücksmauern: auch sie sollten stets im nordöstlichen Quadranten dünner und leichter sein als im südwestlichen Bereich des Grundstückes.

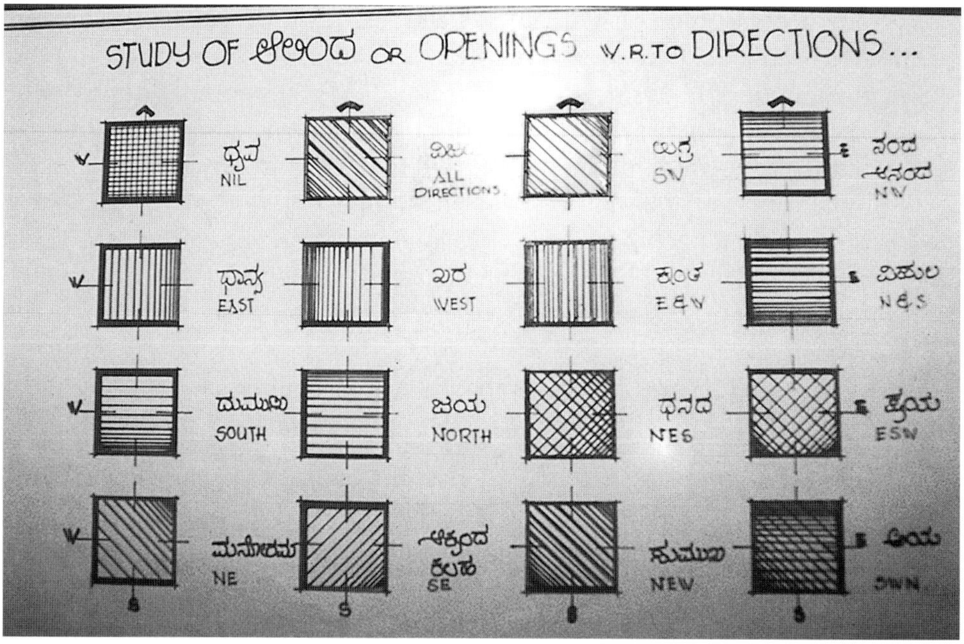

4.32. Studie zur Wirkung von Wandöffnungen des Architekten Appanna D. Sirdeshpande.

Treppen

Treppen können überall im Haus vorkommen, jedoch mit zwei unbedingt zu berücksichtigenden Einschränkungen: nie im Nordosten des Gebäudes, da in diesem Quadranten jegliche Last vermieden werden sollte, sowie nie im Brahmasthana, dem Zentrum des Hauses. Die besten Orte für Treppenhäuser sind der Süden, Südwesten und Westen, denn hier sind schwere Lasten gemäß Vastu erwünscht.

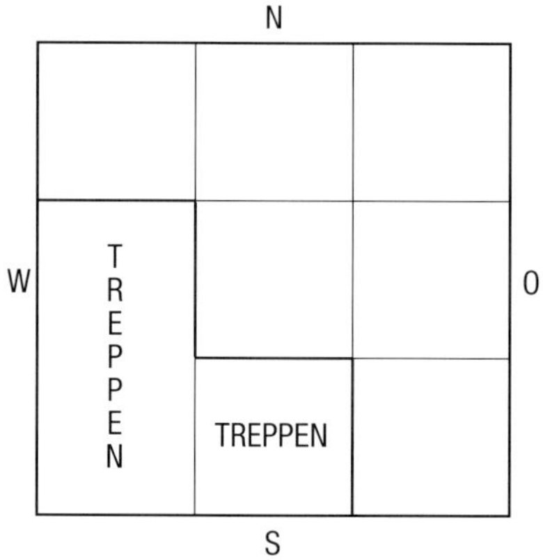

4.33. Beste Plazierungen für Treppen.

Die Treppen sollten immer im Uhrzeigersinn begehbar sein; dies gilt natürlich für einläufige Treppen. Die erste Treppenstufe ist im Idealfall nach Norden oder Osten ausgerichtet, die letzte nach Süden oder Westen.

Treppen direkt gegenüber dem Haupteingang sind zu vermeiden. Falls sich dies nicht einrichten läßt oder bereits so besteht, kann man durch hochgewachsene Zimmerpflanzen oder Stoffvorhänge zwischen Haupteingang und Treppe Abhilfe schaffen. Darüber hinaus wird von über

4.34. Detailzeichnung eines vierstöckigen Tempels aus der Mayamata.

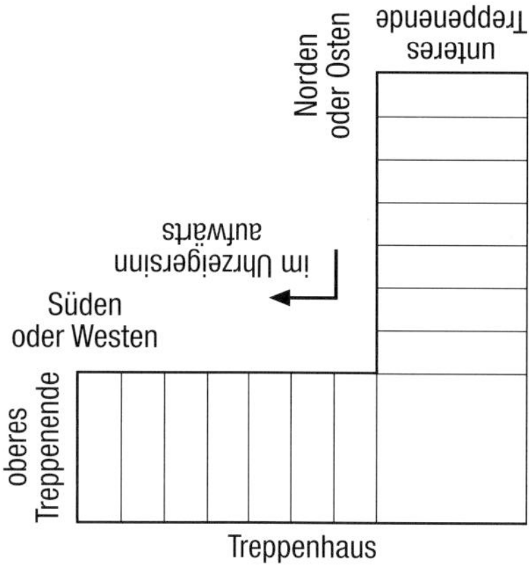

4.35. Treppen steigt man möglichst im Uhrzeigersinn hinauf.

dem Haupteingang oder einer anderen Fassadenöffnung verlaufenden Außentreppen abgeraten.

Unterhalb einer Treppe sollte sich generell kein Wohnraum befinden; diesen Platz empfiehlt Vastu, als Stauraum zu nutzen.

Treppenhäuser und ihre Effekte

im Nordosten:	Verlust von Gesundheit und Wohlstand, massive Verschuldung
im Nordwesten:	akzeptabel, wenn die Treppen nicht die Nordwand berühren
im Südosten:	akzeptabel, jedoch Gefahr erzieherischer Probleme
im Südwesten:	am besten für die Bewohner

Mehrstöckige Gebäude

Ein Gebäude mit mehreren Stockwerken, so Vastu, gleicht einem Saiteninstrument, bei dem die Abstände der einzelnen Metallbünde sich kontinuierlich verringern, um einen melodischen Klang hervorzubringen. Ebenso sollten die einzelnen Geschoßhöhen sich nach oben jeweils etwas reduzieren, damit das betreffende Gebäude ein harmonisches Ganzes ergibt. Dazu empfehlen die alten Vastu-Schriften, wie beispielsweise die »Brihat Samhita«, die Höhe jeweils um ein Zwölftel der Höhe des Erdgeschosses zu reduzieren.

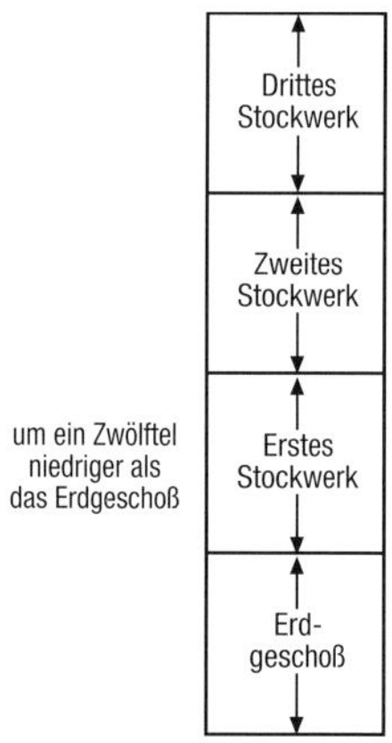

4.36. Die einzelnen Geschoßhöhen sollten sich nach oben hin stets um ein Zwölftel verringern.

»Verkehrsregelung« innerhalb des Hauses

Ein Gebäude sollte so geplant sein, daß die Hauptwege wie etwa Flure und Gänge überwiegend in nördlicher, nordöstlicher sowie östlicher Richtung verlaufen und sich die Bewohner auf diese Weise größtenteils in diesen Himmelsrichtungen bewegen. Dies verbessert die Aufnahme bio- und elektromagnetischer Energie in einem für den menschlichen Organismus förderlichen Ausmaß.

Checkliste für die ideale Planung gemäß Vastu

- das Gebäude ist quadratisch oder rechteckig
- die Ausrichtung des Hauses ist nach Osten, Norden oder Nordosten
- die Südwestecke des Gebäudes mißt exakt neunzig Grad
- das Gebäude besitzt einen Innenhof (Atrium); ansonsten ist das Zentrum (Brahmasthana) frei – keine Lasten, keine Wände, Säulen etc.
- die Hausmauern verlaufen exakt entlang der vier Haupthimmelsrichtungen
- das Gebäude liegt über dem Niveau der Straße
- das Gebäude befindet sich überwiegend im südwestlichen Bereich des Grundstückes; nach Nordosten, Osten und Norden besteht Freiraum
- der Haupteingang liegt im Norden, Osten oder Nordosten
- die Zimmer im Norden und Osten sind kleiner als im Süden und Westen
- das Treppenhaus befindet sich im Süden, Südwesten oder Westen, auf keinen Fall im Nordosten
- die Zimmertüren befinden sich im nördlichen oder östlichen Bereich der Räume
- das Dach des Hauses ist nach Osten oder Norden geneigt
- der südliche und westliche Teil des Gebäudes sollte etwas höher sein als der nördliche und der östliche; der nordöstliche Bereich des Gebäudes liegt am tiefsten
- die Fenster im Norden und Osten sind größer als die im Süden und Westen; die Fenster nach Süden sind größer als die nach Westen

Der Bau beginnt

Bevor der erste Spatenstich getan werden kann, sind noch einige Vorkehrungen zu treffen. Diese beinhalten zum einen, daß den Schutzpatronen vor Baubeginn geopfert werden sollte, um deren wohlwollende Zustimmung für das Vorhaben zu erlangen und das Haus somit mit einem guten Segen zu versehen. Dazu werden von einer Jungfrau und dem Architekten Opfer auf dem Grundstück verteilt: Jeder Patron erhält seine Zuwendung an dem ihm angestammten Platz und wird dabei mit seinem Namen angerufen. Die üblichen Gaben sind Lotusblüten, Sesamsamen, Parfümöle, Milch, Honig, *Ghee* (flüssiges Butterreinfett), gekochter oder gerösteter Reis, Früchte oder frischer Joghurt.

Ist der Ehre des Patrons Genüge getan, sollte der Baugrund gepflügt, gesäubert und wo erforderlich im Niveau ausgeglichen, angehoben oder abgesenkt werden.

Vom geeigneten Zeitpunkt …

Wie an einigen Stellen bereits erwähnt, besitzt *Muhurtha* in Vastu einen hohen Stellenwert. Unter Muhurtha ist die vedische Zeiteinheit zu verstehen; sie mißt etwas weniger als eine Stunde. Mit dem Begriff Muhurtha ist allerdings auch der Zeitpunkt gemeint, an dem bestimmte Dinge verrichtet werden sollten oder wann davon dringend abzusehen ist. Auch im Bezug auf das Errichten eines Hauses existiert eine umfangreiche Palette an Vorgaben bezüglich des geeigneten Muhurtha.

Mit *Muhurtha Shastra*, der Lehre vom richtigen Zeitpunkt, befassen sich die alten Vastu-Schriften sehr eingehend. Das Hauptaugenmerk liegt auf folgenden vier Bauphasen: das Setzen des Fundaments, das Ausheben des Brunnen(schachtes), das Setzen der Haupteingangstür und schließlich die Einweihung des fertigen Gebäudes, das sogenannte *Grihapravesham* (S. 150).

Das Fundament

Das Ausheben der Erde für das Fundament ist nach einer bestimmten Reihenfolge vorzunehmen: Zuerst sollte der nordöstliche Sektor ausgeho-

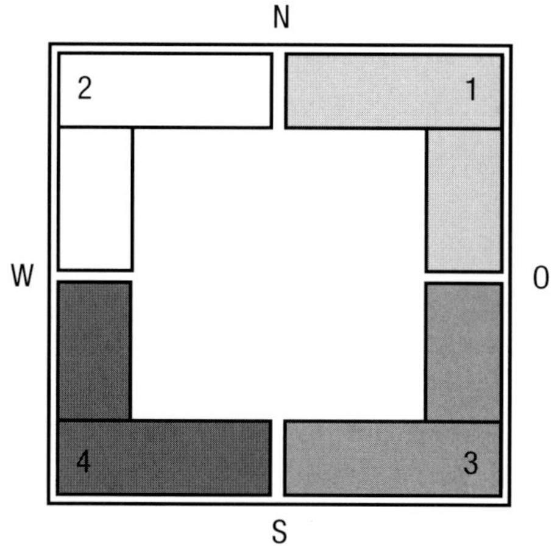

4.37. Das Ausheben des Fundaments sollte bei Sektor 1 beginnen und bei Sektor 4 enden.

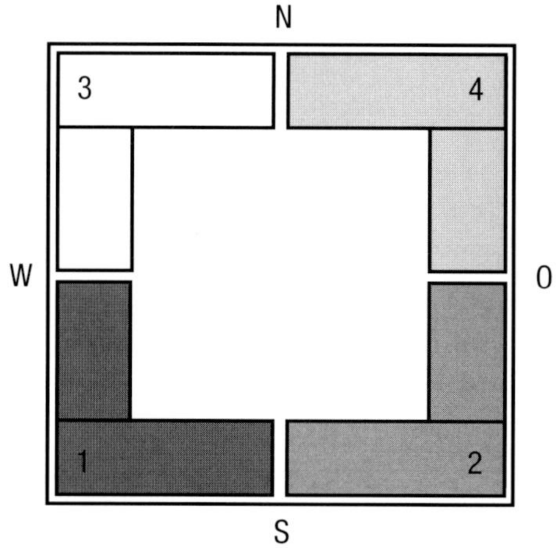

4.38. Das anschließende Setzen des Fundaments geht genau umgekehrt vor sich, wie das Ausheben.

ben werden, dann der nordwestliche, der südöstliche und zuletzt schließlich der südwestliche Sektor.

Das Setzen des Fundamentes selbst erfolgt in genau umgekehrter Weise: zuerst im südwestlichen, dann im südöstlichen, im nordwestlichen und zuletzt im nordöstlichen Sektor.

»Prophetische« Fundstücke

Gegenstände, die während der Grabungen für das Fundament in der Erde gefunden werden, gelten als gute oder böse Omen: Handelt es sich bei dem Fundstück beispielsweise um Gold- oder Silbermünzen, Schmuckstücke oder andere Gerätschaften aus Edelmetall, werden die Bewohner des neuen Hauses ein komfortables Leben führen. Eisen- oder Stahlteile hingegen können einen frühen Tod oder schwere Krankheiten bedeuten. Ziegelsteine, andere kleine Steine und das Gehörn eines Rindes versprechen Wohlstand und Gesundheit, während ein Tier- oder Menschenschädel Rechtsstreitigkeiten prophezeiht.

Für einen guten Start

Der Zeitpunkt, an dem das Fundament eines Hauses gelegt wird, muß nach Ansicht von Vastu sorgfältig gewählt sein, um dem betreffenden Gebäude Stabilität und Langlebigkeit und seinen zukünftigen Bewohnern allgemeines Wohlbefinden zu sichern. Ganz generell rät Vastu, den Baubeginn zu verschieben, wenn ein Mitglied der Familie sich in Trauer befindet, erst kürzlich ein Kind geboren wurde oder eine zukünftige Bewohnerin des Hauses schwanger ist.

Neben diesen Vorgaben bestimmt in der Regel ein erfahrener Astrologe darüber, wann der beste Tag für den Beginn der Fundamentarbeiten ist. Dazu berücksichtigt er die Stellungen verschiedener Planeten, denn sind diese nicht günstig, könnte sich der Bauherr mit einigen Widrigkeiten konfrontiert sehen. Befindet sich etwa der Mond in einer ungünstigen Position, geht oftmals der Bau nur zäh und langsam voran; steht der Mars nicht gut, könnten Probleme mit den Baubehörden auftreten; ist Merkur ungünstig, können sich in späteren Bauphasen eklatante Mängel im Entwurf herausstellen; bei Jupiter wiederum besteht die Gefahr, daß es Probleme mit den Bauarbeitern gibt. So hat die Stellung jedes der neun Planeten der vedischen Astrologie ihren Einfluß auf das Bauvorhaben.

Wenn Vastu purusha träumt …

Abgesehen von der Stellung der Planeten ist gemäß »Muhurta Shastra« ein Baubeginn in den Monaten Februar, Mai, Juni, August, September, November und Dezember zu vermeiden. Denn in diesen Monaten, so heißt es, schläft Vastu Purusha und sollte nicht aus seinen Träumen gerissen werden. Zum Baubeginn rät Vastu vielmehr in den Monaten Januar, März, April, Juli und Oktober – den Monaten, in denen der Vastu-Mann wach ist … Bei diesen Empfehlungen muß natürlich immer mit berücksichtigt werden, daß sie auf ein anderes Klima ausgerichtet sind; auch im kühlen Kaschmir beginnt man nicht im Oktober mit den Bauarbeiten.

Von allen ungeraden Tagen der Mondphase eignen sich bis auf den neunten Tag alle zum Start der Bautätigkeiten. Von den geraden Mondphasentagen empfiehlt Vastu, den zweiten, sechsten und zehnten Tag auszuwählen. Unter den Wochentagen sind Mittwoch, Donnerstag und Freitag die Favoriten für den Baubeginn.

Jungfrauen und eine Schale Reis

Darüber hinaus existieren noch eine Reihe von guten und schlechten Omen, die darüber bestimmen, wann genau der Startschuß für den Bau fällt. Als gute Vorboten gelten beispielsweise Jungfrauen und schöne Damen mit ihren Ehegatten, die an dem Grundstück entlanggehen. Auch eine vorbeiziehende Schar von Tempelkurtisanen prophezeit dem Bauvorhaben und den zukünftigen Bewohnern Glück und Wohlergehen. Dasselbe gilt für eine Schale gekochten Reis oder einen Krug mit Milch, der auf oder in unmittelbarer Nähe des Grundstückes gesehen wird.

Brunnen

Hauseigene Wasserreservoire sind heute der Wasserleitung gewichen; dennoch sollten die Empfehlungen, die Vastu zu Plazierung und Instandsetzung von Brunnen gibt, genannt werden.

Gleich, nachdem das Fundament gelegt ist, sollte der Brunnen(schacht) gegraben werden. Der ideale Standort für einen Brunnen ist im Norden, Osten oder Nordosten eines Grundstückes; alle anderen Richtungen zeitigen negative Auswirkungen auf die Bewohner des Hauses. Befindet sich ein Brunnen oder Wasserreservoir in anderen Bereichen, sollte er zugeschüttet und ein neuer in den favorisierten Himmelsrichtungen gegraben werden. Wichtig ist, daß der Brunnen nicht von den Energielinien, der

Verbindung zwischen Nordostecke des Gebäudes und Nordostecke des Grundstückes sowie der Nordost-Südwest-Diagonale, durchkreuzt wird (s. Abb.).

Der Brunnenschacht sollte zudem stets ausreichend tief und kreisförmig sein.

Über der Erde liegende Wassertanks sollten sich nie im Norden, Nordosten oder Osten befinden, da sie sehr schwer sind. Ihr idealer Standort ist westlich der Südwestecke.

Bei Wassertanks und -reservoiren ist zu beachten, daß deren Ost- und Westseiten länger sind als deren Nord- und Südseiten, denn die Sonnenstrahlen, die morgens aus östlicher Richtung eintreffen, sind ausgesprochen reich an positiven Energien; sind die Ostseiten eines Wassertanks länger, kann das Wasser diese Strahlen aufgrund der größeren Fläche auch in größerem Umfang aufnehmen.

Der Abfluß von Abwasser auf dem Grundstück sollte stets in nördliche, östliche oder nordöstliche Richtung gehen. Dasselbe gilt für den Abfluß von Regenwasser.

Der beste Zeitpunkt, um einen Brunnen auszuheben oder ein unterirdisches Wasserreservoir zu setzen, ist nach Vastu Montag, Mittwoch, Donnerstag und Freitag. Sehr gut wäre es außerdem, wenn es sich bei dem an dem betreffenden Tag regierenden Sternzeichen um Fisch, Krebs oder Steinbock handelt.

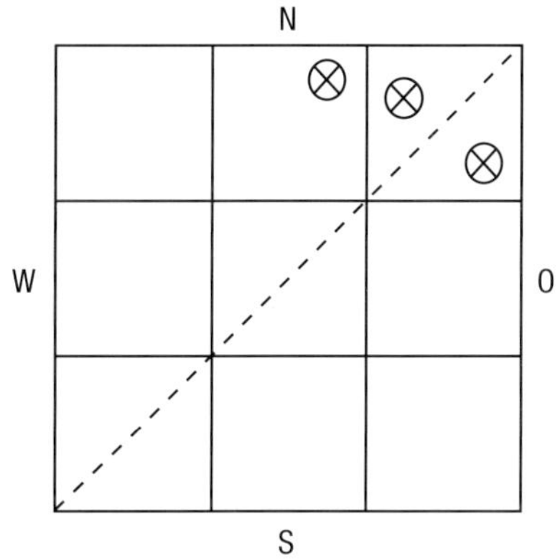

4.39. Die wenigen, die noch einen eigenen Brunnen besitzen …

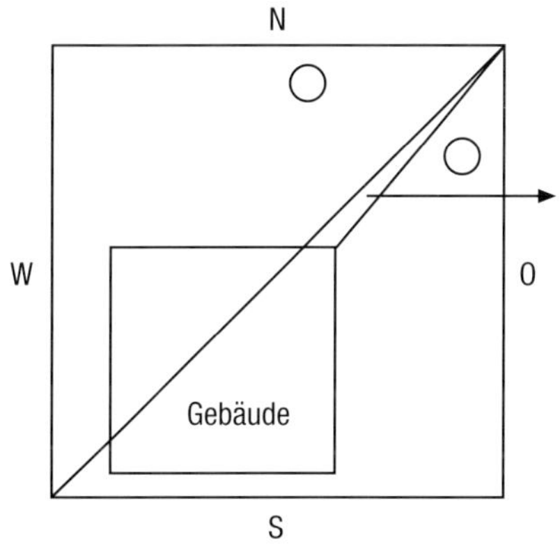

4.40. … sollten diesen Bereich ganz besonders meiden.

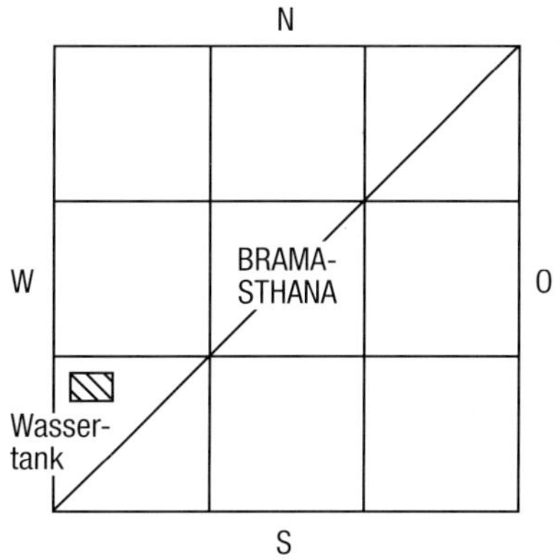

4.41. Oberirdische Wassertanks finden sich hierzulande kaum, sollten wenn, dann jedoch im Süden oder Westen liegen.

Plazierung des Brunnens

im Süden:	Unfälle im Zusammenhang mit Wasser
im Norden:	bringt Reichtum und Wohlstand
im Osten:	Glück und Wohlstand
im Westen:	materielle Verluste
im Nordosten:	in jeder Hinsicht Erfolg, beständige Gesundheit und Vermögen
im Nordwesten:	finanzielle Verluste, mentale Probleme
im Südosten:	Ansehen der Bewohner leidet, männliche Nachkommen sind gefährdet
im Südwesten:	häufige, auch sehr schwere, Erkrankungen
im Zentrum (Brahmasthana):	fatal in jeder Hinsicht

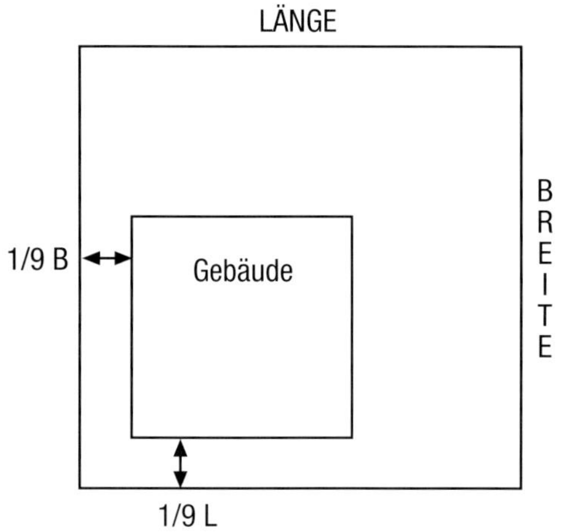

4.42. Ein Neuntel der Länge und Breite des Grundstückes sorgt für gebührenden Abstand zur Unterwelt.

Grundstücksmauern und -zäune

Jedes Grundstück sollte in allen vier Himmelsrichtungen von einem Zaun oder einer Mauer umschlossen sein. Diese Mauern oder Zäune sollten exakt nach den vier Haupthimmelsrichtungen ausgerichtet sein – um sicherzugehen, empfiehlt sich dazu die Benutzung eines Kompasses.

Mit dem Aufbau der Grundstücksummauerung beginnt man in der Nordostecke und endet in der Südwestecke. Die Grundstücksmauern oder -zäune sollten im Norden und Osten stets niedriger und leichter sein als im Süden und Westen. Dieser Empfehlung läßt sich einfach entsprechen, indem man im Süden, Südwesten und Westen Stein- oder Ziegelmauern und im Norden, Nordosten und Osten Holzzäune errichtet.

Der Abstand zwischen Gebäude und Mauer oder Zaun sollte mindestens ein Neuntel der Länge und Breite des Grundstückes betragen. Bei diesem Prinzip kommt wieder die Tamasika-Zone der Dämonen der Unterwelt ins Spiel, die im äußeren Neuntel eines jeden Grundstückes und Gebäudes verläuft und nach Auffassung von Vastu stets frei bleiben sollte (S. 59).

4.43. Sämtliche Tür- und Fensterstöcke dieses Palastes in Kathmandu, Nepal, sind aus ein und derselben Holzart gefertigt.

Die Tore der Grundstücksmauern oder -zäune sollten folgendermaßen angelegt sein:

bei ostwärts ausgerichteten Grundstücken südlich der Nordostecke
bei nordwärts ausgerichteten Grundstücken westlich der Nordostecke
bei westwärts ausgerichteten Grundstücken südlich der Nordwestecke
bei südwärts ausgerichteten Grundstücken westlich der Südostecke

Baumaterialien

»Ein Gebäude, das nur aus einem Material erbaut wurde,
ist pur und rein.«

(Aus: »Mayamata«, Kap. 6, Vers 79 – 80)

Generell wird nur neues Baumaterial empfohlen; gebrauchtes Material sollte in keinem Fall zum Neubau benutzt werden. Für neue Gebäude sollte nur neues Holz und für alte Gebäude altes Holz zur Renovierung verwendet werden. Holz von auf Friedhöfen und anderen Bestattungsplätzen gewachsenen Bäumen ist nicht geeignet. Ebenso sollte kein Holz von durch natürliche Gewalten (Blitz, Sturm) zerstörten Bäumen verwendet werden. Soweit möglich, ist auch nur eine Holzart für den gesamten Bau zu verwenden.

Vastu gibt Holz vom Teak-, Mango- oder Neembaum den Vorzug, denn diese Hölzer sind sehr hart und widerstandsfähig. Palmholz beispielsweise sollte nie verwendet werden, da es sehr weich ist.

Ziegelsteine sollten regelmäßig und absolut rechteckig geformt, alle die gleiche Dimensionierung haben und nicht porös sein. Für Fliesen und Bodenplatten empfehlen sich Granit, Marmor oder Keramik.

Pflanzen und Gärten

»Nach dem Ernten sollten die Heilkräuter in geeignete Behälter gefüllt und
in nördlich oder östlich gelegenen Räumen gelagert werden.«

(Aus »Caraka Samhita Kalpasthana«, Kapitel 1, Vers 11)

Dem Anlegen von Gärten kommt eine wichtige Bedeutung zu, denn Gartenbau ist nach Auffassung von Vastu ebenso wie das Ausheben des Fundamentes ein fester Bestandteil im Kanon der Bautätigkeiten. Entsprechend nennt Vastu eine ganze Reihe an Empfehlungen, die beim Pflanzen und Anlegen eines Gartens Beachtung finden sollten. Dies gilt nicht nur

4.44. Die Gartenanlage des Amber Fort in Rajasthan mit der von Vastu empfohlenen symmetrisch-axialen Anordnung und rechteckigen Rasenflächen.

für den privaten, sondern auch für den öffentlichen Bereich – auch in den Traktakten zum Städtebau beschäftigen sich die Vastu-Schriften eingehend mit Grünanlagen und Blumenrabatten. So sollten diese beispielsweise generell an den Ufern von Flüssen und Seen angelegt werden.

Pflanzen

Das Grundstück sollte vor Baubeginn von Pflanzen befreit werden – natürlich nur dort, wo später das Gebäude errichtet werden soll und nicht auf der gesamten Fläche. Bäume und große Sträucher mit weitverzweigtem und tief in der Erde verankertem Wurzelwerk sind bereits sechs Monate vor Baubeginn zu entfernen. Dabei ist genau darauf zu achten, daß der gesamte Wurzelballen ausgegraben wird. Bei Pflanzen mit weniger tiefsitzenden Wurzeln genügt es, diese drei Monate vor dem Start der Bautätigkeiten auszugraben.

Gärten

Gärten, so steht es in den alten Vastu-Texten zu lesen, geben den Bewohnern eines Hauses Freude und fördern deren mentales wie gesundheitliches Wohlbefinden. Als bester Platz für diesen »Freudenquell« gilt der Nordwesten des Grundstückes. Bei der Auswahl der Pflanzen ist darauf zu achten, daß in jedem Fall Obstbäume und blühende Vertreter aus dem Pflanzenreich darunter sind, denn mit ihrer Hilfe, so Vastu, kommen die Besitzer des betreffenden Gartens in den Genuß »der Früchte der Tugend«. Damit diese auch reichlich wachsen und gut gedeihen, sollen die grünen und blühenden Pflanzen regelmäßig mit Kuh-, Büffel- oder Schafdung verwöhnt werden. Ebenfalls gut zum Düngen eignen sich Honig, Milch, Gerste, Reis sowie Sesamsamen. Falls sich jedoch trotz aller gärtnerischer Sorgfalt Pflanzenkrankheiten einstellen, hält die »Brihat Samhita«, ein bedeutender Vastu-Klassiker (S. 34), folgende Rezepturen bereit: Bei Geschwüren und Wucherungen sollen diese zunächst mit einem scharfen Messer gründlich aus dem Stamm entfernt werden. Dann sind

4.45. Auch im weitläufigen Park rund um das Regierungsgebäude von Bangalore wurde den Empfehlungen von Vastu Genüge getan.

die betreffenden Stellen mit einer Mixtur aus Ghee (Butterreinfett) und Schlamm zu bestreichen und zum Abschluß mit Milch und Wasser, zu gleichen Teilen gemischt, anzuspritzen. Trägt ein Obstbaum wenig oder gar keine Früchte, oder aber, wenn die Früchte vor der Reife von Würmern befallen und faulig sind, soll der Baum regelmäßig mit Milch gegossen werden, die zuvor mit Gerste, Sesamsamen und Pferdedung zu gleichen Teilen gemischt, aufgekocht wurde. Diese Arznei, so die »Brihat Samhita«, läßt den Baum in Kürze gesunden und wieder reichlich gesunde Früchte tragen.

Selbstverständlich muß die Pflanzenzier nicht auf den Garten im Nordwesten beschränkt bleiben. Auch in den anderen Teilen des Grundstückes empfehlen sich Bäume, Sträucher und Blumen; allerdings unter Beachtung folgender Empfehlungen:

Begrünen gemäß Vastu

- Blumentöpfe sollten nicht vor oder auf die Grundstücksmauer im Norden, Osten oder Nordosten des Areals gestellt werden.
- Direkt vor dem Haupteingang sollten niemals Bäume gepflanzt werden.
- Große, weitausladende und schwere Laubbäume (mit einem dicken Stamm) sind ideal im Süden, Westen und Südwesten des Baugrundes. In diesen Bereichen dürfen die Bäume auch höher sein als das Haus selbst. Im Sommer schirmen diese Bäume das Haus vor Hitze ab, und halten die Schlafräume, die sich gemäß Vastu im südwestlichen, südlichen und westlichen Bereich befinden sollten, kühl. Im Winter dagegen agieren diese Bäume wie ein Filter, durch den die kalte Luft erwärmt wird und das Haus somit nicht zu stark auskühlt. Darüber hinaus kann während der Wintermonate, wenn der Baum kein Laub trägt, die Sonne besser ins Haus strahlen.
- Im Norden und Osten ist darauf zu achten, daß hier nur kleinwüchsige Pflanzen gedeihen; auf keinen Fall dürfen diese das Haus überragen.
- Blühende Pflanzen, Blumenrabatten und Küchenkräuter empfehlen sich für den Norden und Osten eines Grundstückes. Rosen bilden eine Ausnahme: Vastu rät, die Königin der Blumen im Südosten gedeihen zu lassen.
- Heilkräuter haben ihren besten Platz im Nordosten.

Effekte verschiedener nicht vastu-gemäßer Situationen

- Nordosten erhöht
  Beständiger Geldverlust, Probleme mit der Erziehung, gesundheitliche Beschwerden, vor allem im Herz-Kreislauf-System.
- Konkave Nordostecke
  Familiärer Zusammenhalt wird zerschlagen, Beziehungsprobleme bis hin zu Trennungen.
- Kein Freiraum im Nordosten
  Finanzielle Situation verschlechtert sich stetig, nichts mag gelingen.
- Nordosten ist schwer belastet
  Häufige Unfälle und vor allem Verletzungen im Kopfbereich, schwere mentale Probleme.
- Dach Richtung Nordosten erhöht
  Männliche Nachkommen haben Probleme in Schule und Ausbildung, sind gefährdet durch Drogen und Abrutschen in asoziale Verhältnisse.
- Garage im Nordosten
  Schwerste Gesundheitsprobleme, Ausbildung der Kinder stagniert.
- Mehr offene Bereiche in südwestlichen Richtungen
  Tendenz zu Beschwerden im Magen-Darm-Trakt, Leben gerät in verschiedenen Bereichen außer Kontrolle.
- Wasserreservoir, Brunnen im Südwesten
  Probleme in Beruf und Ausbildung, Karriere wird beeinträchtigt.

(Nach K.V. Raja Rao, Architekt und Vastu-Berater Bangalore)

Kapitel 5
Das Innenleben

»Ein qualifizierter Architekt soll ein stabiles Gebäude auf eine Art und Weise errichten, das der Wind nur durch eine vorgegebene Passage strömen kann. Genügend Raum sollte für die Bewegungen innerhalb des Hauses bestehen. Es sollte nicht in einer gebirgigen Gegend oder in der Nähe eines größeren Gebäudes stehen. Das Gebäude soll die Bewohner vor Rauch, Sonne, Wasser, Staub, unerwünschten Gerüchen, Aussichten und Kontakten schützen.«

(Aus »Caraka Samhita«, Sutra Sthana, Kapitel 15, Vers 16)

Nachdem die Prinzipien zur Auswahl eines Baugrundes, zu seiner Gestaltung und zum Entwurf eines Gebäudes dargestellt wurden, befaßt sich dieses Kapitel mit den Empfehlungen, die Vastu hinsichtlich der Innenräume eines Hauses oder einer Wohnung vorsieht. Im Vordergrund stehen dabei die Raumverteilung sowie die Plazierung der Möbelstücke und anderer Einrichtungsgegenstände innerhalb der einzelnen Räume. Anliegen dabei ist es, die Räume so zu gestalten, daß sie den Funktionen, die sie zu erfüllen haben, vollauf gerecht werden können. Ist ein Raum nach Vastu angeordnet, wird die Quintessenz seiner Qualitäten deutlich – das Schlafzimmer strahlt Ruhe und Geborgenheit aus, die Küche stimuliert den Appetit, das Wohnzimmer vermittelt Geselligkeit und Gemütlichkeit.

So mancher wird sich fragen, wie die Prinzipien von Vastu in fertigen Mietwohnungen praktisch umgesetzt werden können. Dies ist zweifelsohne in den eigenen vier Wänden einfacher, wo räumliche Veränderungen relativ problemlos durchgeführt werden können, ohne vorher eine Genehmigung seitens des Vermieters zu erwirken. Doch auch Mietwohnungen sind einfach nach Vastu zu gestalten, denn bei der Umsetzung der Vastu-Prinzipien stehen nicht radikale Umbaumaßnahmen, beispielsweise das Setzen einer neuen Türe oder einer Trennwand, im Vordergrund. Vielmehr geht es dabei um eine Auseinandersetzung mit den zugrundeliegenden Konzepten und vor allem auch darum, sein eigenes Raumempfinden zu schulen und wieder ein eigenes Gespür für stimmige oder aber unangenehme Wohn- und Arbeitssituationen zu entwickeln.

Wer sich mit den Konzepten von Vastu beschäftigt und sich dabei die Gesetzmäßigkeiten, auf denen sie beruhen, vor Augen führt, wird erfahren, daß die Anwendung der Vastu-Prinzipien oftmals nur logischer

Schlußfolgerungen bedarf. In den meisten Fällen lassen sich bereits durch kleine Umgestaltungen die angestrebten Lösungen erzielen.

Der Vastu-Experte B. Niranjan Babu aus Bangalore bringt dies so zum Ausdruck: »In einer Wohnung zu leben, ist Schicksal. Diese richtig zu gestalten, ist freier Wille.« Wer diesen Willen hat, sollte zur Anwendung der Vastu-Prinzipien folgende grundlegende Kriterien – aufgezählt in der Reihenfolge ihrer Wichtigkeit – beachten: Schlafzimmer im Südwesten, Küche im Südosten oder Nordwesten, Eingang südlich oder westlich von der Nordostecke sowie mehr Freiraum und viele Öffnungen (Türen und Fenster) im Norden und Osten. Die Prinzipien von Vastu können weiterhin verwirklicht werden, indem man mit dem Kopf nach Süden schläft, das Bett nicht die Wände des Schlafzimmers berührt, die Möbel so gestellt werden, daß der Norden und Osten sowie das Zentrum (Brahmasthana) der jeweiligen Räume frei bleiben und indem Bilder und Darstellungen zur Dekoration vermieden werden, die negative Aspekte des Lebens darstellen.

Bereits durch die Berücksichtigung dieser wenigen Punkte kann Vastu ein Stück weit in der eigenen Wohnumgebung realisiert werden – nicht in seinem vollem Ausmaß, doch schon zumindest so weit, daß sich die positiven Effekte der genannten Maßnahmen bereits deutlich spürbar auf das Befinden der Bewohner auswirken.

Wie Vastu im einzelnen, Raum für Raum, praktisch umgesetzt werden kann, erläutern die nun folgenden Seiten.

Raumverteilung

Daß die Anordnung der einzelnen Funktionsbereiche und Räume innerhalb eines Hauses oder einer Wohnung nicht dem Zufall oder individuellen Vorlieben überlassen werden sollte, versteht sich angesichts der Konzepte, die Vastu zugrunde liegen, von selbst: Die Raumaufteilung basiert zum einen auf den Eigenschaften der einzelnen Himmelsrichtungen und den ihnen zugeordneten Elementen. Diese entscheiden darüber, welcher Bereich am besten für eine bestimmte Funktion und damit einen bestimmten Raum geeignet ist. Zum anderen folgt die Verteilung der Räume den natürlichen Gesetzmäßigkeiten und Kräften, die ein Gebäude und seine Umgebung beeinflussen. Auf diese Weise kann der Bewohner den größtmöglichen Nutzen aus diesen Effekten ziehen.

Die Verteilung der Räume nach diesen Kriterien birgt jedoch so manchen Stolperstein – sowohl nach architektonischem und bautechnischem Dafürhalten wie auch angesichts der hierzulande herrschenden klimatischen Bedingungen. So wird mancher Architekt die Stirn runzeln bei der Vorgabe, das Treppenhaus nicht in einem zentralen Bereich des Hauses zu plazieren. Ebenso mag es unlogisch erscheinen, in unserer Klimaregion beispielsweise Wohnzimmer nach Norden auszurichten, wo doch jeder Sonnenstrahl zur Verbesserung der Raumatmosphäre ausgenutzt werden sollte und daher der südliche Bereich wesentlich geeigneter wäre.

An dieser Stelle soll jedoch noch einmal daran erinnert werden, daß Vastu keine unumstößlichen Dogmen aufstellt, die unter allen Umständen und an allen Orten dieses Planeten Anwendung finden müssen und können (S. 12). Bei den nachfolgend dargestellten Empfehlungen handelt es sich stets um Möglichkeiten, die Vastu als besten Ort für einen bestimmten Raum für geeignet hält und vorschlägt. Entsprechend wird oftmals alternativ noch ein anderer Ort genannt.

Nordwesten Küche Gästezimmer Lagerraum (f. leichte Waren) Toilette Garage	**Norden** Wohnzimmer Keller Wertsachen/Tresor Balkon/Terasse	**Nordosten** Wohnzimmer Eingangsbereich Brunnen/Wasserreservoir Gebets- oder Meditationsraum Bibliothek/Studierzimmer Keller Balkon/Terasse
Westen Eßzimmer Kinderzimmer	**Zentrum (Brahmasthana)** Gebets- oder Meditationsraum Innenhof (Atrium)	**Osten** Wohnzimmer Eßzimmer Kinderzimmer Balkon/Terasse Bad Keller
Südwesten Privatbüro Elternschlafzimmer Treppenhaus	**Süden** Schlafzimmer (Wohnzimmer) Treppenhaus Lagerraum (f. schwere Waren)	**Südosten** Küche Toilette Heizung Sauna Garage

5.1. Die Anordnung der einzelnen Wohnbereiche.

Gemäß dem bereits dargelegten »Credo« der vedischen Wissenschaften (S. 76) muß also stets geprüft werden, ob eine Lösung unter den gerade gegebenen Umständen auch tatsächlich die momentanen Bedürfnisse befriedigt oder ob eine andere nicht wesentlich besser wäre. Wer beispielsweise in einer Talsenke wohnt und ohnehin sehr wenig Sonne im Haus hat, verringert seine Wohnqualität gewaltig, wenn er sein Wohnzimmer nicht der Sonne, und damit dem Süden zuwendet.

Zudem werden so scheinbare Ungereimtheiten wie etwa die eben erwähnte Treppenhausproblematik besser verständlich, wenn der naturwissenschaftliche Hintergrund der Vastu-Empfehlungen bekannt ist, der im folgenden Kapitel dargelegt wird.

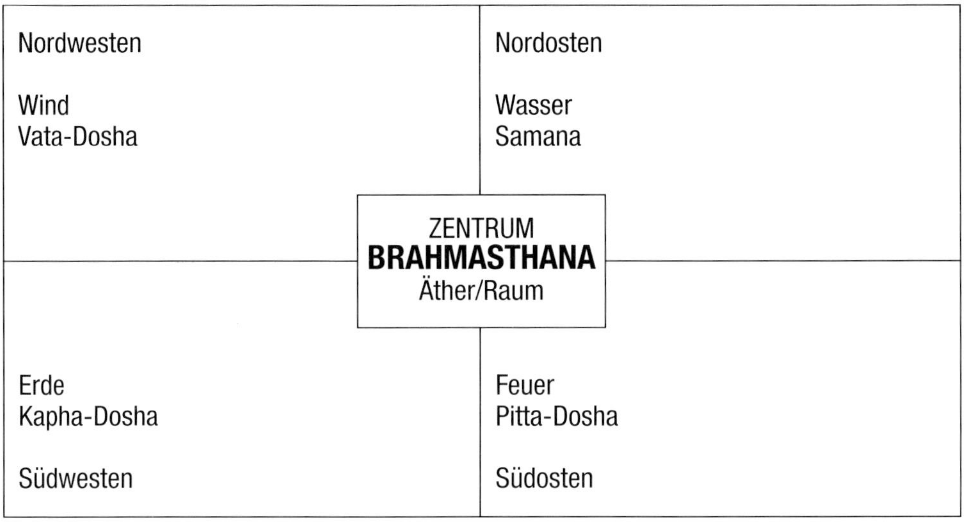

5.2. Die Quadranten und die ihnen zugeordneten Elemente und Dosha.

Raumverteilung à la Vastu

Küche im Südosten oder Nordwesten
Speisezimmer im Osten oder Westen
Elternschlafzimmer im Südwesten
weitere Schlafzimmer im Westen oder Süden
Wohnzimmer im Norden, Nordosten oder Osten
Kinderzimmer im Osten oder Westen
Arbeitszimmer im Südwesten
Bad im Osten
Toilette im Nordwesten oder Südosten
Gästezimmer im Nordwesten
Gebetsraum beziehungsweise Hauskapelle im Nordosten
Lagerräume für leichtes Material im Nordwesten; für schweres im Süden
Veranda im Nordosten
Garage im Südosten oder Nordwesten
Tresore und Wertsachen im Norden

Küche

Gemeinsam mit den Schlafzimmern stellt die Küche sicherlich einen der wichtigsten Räume dar. Sammelt man im Schlafzimmer über Nacht wieder neue Kräfte, versorgt die Küche in Gestalt der hier zubereiteten Speisen die Bewohner tagtäglich mit nährender und – so sollte es zumindest im Zuge einer ausgewogenen Ernährung sein – gesunderhaltender Energie. Entsprechend groß ist der Stellenwert dieses Raumes; nicht nur innerhalb Vastu …

Die Plazierung

Die Küche sollte stets im Südosten eines Hauses oder einer Wohnung untergebracht sein, denn wie der Name der Südostecke, *Agneya*, schon andeutet, stand hier *Agni*, Patron des Feuers, Pate. Und in der Tat ist dies der Sitz von Agni, Herrscher über die Flammen im doppelten Sinn. Das körperliche »Feuer«, die Verdauung und damit die Stoffwechselaktivitäten werden ebenfalls Agni genannt. Und so findet sich Agni nach Auffassung von Ayurveda, der traditionellen indischen Medizin, auch im menschlichen Körper, und zwar im Magen und ebenfalls in dessen südöstlichem Bereich.

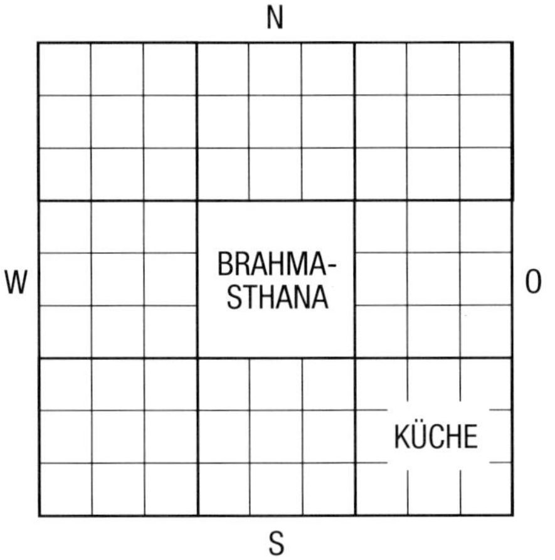

5.3. Nicht nur wegen Agni, sondern auch aufgrund der vorwiegend aus dieser Himmelsrichtung eintreffenden Infrarotstrahlen, kocht es sich im Südosten am besten.

Da nun im südöstlichen Quadranten der Patron des Feuers regiert, ist gut nachvollziehbar, daß Vastu diesen Bereich als den besten Platz zum Einsatz von Feuer und von Hitze, und damit auch zum Kochen, ausweist. Nicht nur die Regentschaft von Agni prädestiniert diesen Quadranten, sondern im Südosten sind Hitze- beziehungsweise Temperaturimpulse generell höher als in anderen Bereichen (S. 178). Dies erleichtert das perfekte Kochen der Speisen, macht diese besser verdaulich und gesünder. Zudem, so wußten die alten Vastu-Pioniere und die moderne Wissenschaft bestätigt heute ihre Kenntnisse, besitzt die UV-Strahlung der morgendlichen Sonne antibakterielle, also keimhemmende Wirkung (S. 175).

Ein weiterer Grund für die Präferenz des Südostens als Kochplatz ist, daß durch die Eigenschaften des Elementes Feuer in diesem Bereich die Wachsamkeit und Konzentration gefördert werden. Die Gefahr von Verletzungen beim Zubereiten der Speisen sowie beim Einsatz vom Feuer selbst wird dadurch vermindert.

Falls die Küche partout nicht im Südosten unterzubringen ist, kann man sie auch im Nordwesten des Gebäudes beziehungsweise der Wohnung einrichten.

Küche

im Süden:	fördert mentale Spannungen und innere Unruhe
im Norden:	besser zu vermeiden
im Osten:	schwächt die Gesundheit der weiblichen Bewohner
im Westen:	stört die Harmonie der Bewohner untereinander
im Südosten:	ideal, bringt Gesundheit und Erfolg in allen Bereichen
im Südwesten:	fördert gesundheitliche und mentale Probleme
im Nordosten:	führt zu häufigen gesundheitlichen Beschwerden und finanziellen Verlusten
im Nordwesten:	zweitbeste Plazierung

Die Einrichtung

Nicht nur der Küche selbst schenkt Vastu große Aufmerksamkeit, sondern auch dem eigentlichen Herstellungsort energieliefernder und gesunderhaltender Nahrung: dem Herd. Dieser sollte, so steht es in den alten Texten an vielen Stellen zu lesen, immer in der Südostecke der Küche stehen. Darüber hinaus, so rät uns Vastu, sollte der Herd nicht an die Ost- oder Südwand anstoßen, sondern stets im Abstand zu diesen stehen. Nachdem im Zuge der zunehmenden Technisierung auch Mikrowellen Einzug in die Kochkunst gehalten haben, gilt dasselbe wie für den Herd natürlich auch für Gerätschaften, die solche neuen Energieformen nutzen. Es sollte allerdings nicht unerwähnt bleiben, daß Vastu von derlei Dingen nicht viel hält – womit es nicht allein steht. Schließlich sind die Speisen durch Mikrowellen energetischen Kräften ausgesetzt, die nicht zur Qualitätsverbesserung beitragen.

Während seines Schaffens sollte der Koch stets nach Osten blicken. Dies kommt nicht nur der kulinarischen Qualität seiner Werke zugute, sondern neben anderen positiven gesundheitlichen Effekten auch der Leistungskraft seiner Augen – Sonnenstrahlen, und ganz besonders morgendliche, gelten im Ayurveda als probates Mittel zur Stärkung und Erhaltung der Sehkraft. Um dieser Empfehlung Folge leisten zu können, sollte auch die Arbeitsplatte zum Vorbereiten der Speisen so angebracht sein, daß sie den Blick nach Osten ermöglicht.

Spüle beziehungsweise Waschbecken können dort, wo das Element Wasser regiert, untergebracht werden: im Nordosten der Küche. Hier ist auch der geeignete Platz für eine Spül- und/oder Waschmaschine. Der Kühlschrank hingegen hat seinen idealen Platz im Südosten. Auch andere elektrische Geräte wie etwa ein Mixer oder ein Toaster sind hier am besten verstaut. Regale sowie Ober- und Unterschränke für Geschirr und Kochgerätschaften sieht Vastu für die Süd- oder Westseiten der Küche vor. Generell sollten im Südwesten der Küche schwere Dinge, wie beispielsweise gußeiserne Pfannen, große Töpfe, die Silberbestecksammlung oder etwa das sechzehnteilige Festtagsgeschirr, gelagert werden. Auch die Speisekammer mit den meist gewichtigen Nahrungsvorräten hat hier gemäß Vastu ihren besten Platz. Der Mineralwasserkasten und andere Getränke wie etwa Wein oder Bier sollten hingegen im Nordosten (Element Wasser) der Küche stehen.

Im Osten des Raumes sollten große Fenster den morgendlichen Sonnenstrahlen viel Raum zum Eintritt bieten, im Süden hingegen können kleinere Fenster für Helligkeit und Sonneneinstrahlung sorgen. Wer einen

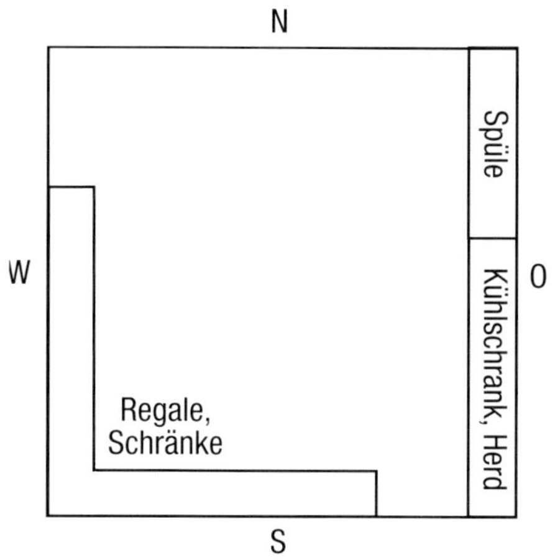

5.4. Bei der Einrichtung der Küche kommt der Stellung des Herdes die größte Bedeutung zu.

Dunstabzug hat oder möchte, sollte diesen an der Ostwand anbringen. Die Küchentür ist am besten westlich der Nordostecke oder südlich der Nordwestecke zu plazieren.

Da gutes Essen gemäß Vastu ein Indikator für die finanzielle Situation ist, kann ein an der Ostwand der Küche angebrachter Spiegel die Finanzlage bessern helfen.

Zur farblichen Gestaltung der Küche empfehlen sich zarte Pink- oder Orangetöne, um Agni und damit den Appetit zu stimulieren.

Eßzimmer

Vom modernen Wohnungsbau meist stiefmütterlich vernachlässigt, doch angesichts des immer knapper werdenden Wohnraums verständlich, sind Eßzimmer heute rar geworden. Zu früheren Zeiten war es in bestimmten sozialen Schichten selbstverständlich, daß nicht dort gegessen wurde, wo unter Umständen noch die Kochgerüche in der Luft hängen. Doch damals wohnte man auch im großzügig bemessenen eigenen Haus oder in einer sieben oder mehr Zimmer umfassenden Wohnung. Wer immer heute noch die räumlichen Möglichkeiten dazu hat, sollte sich den Luxus eines gesonderten Eßplatzes gönnen; es muß bei weitem kein großer Raum sein, eine abgeteilte Eßecke im Bereich der Küche tut es auch.

Die Plazierung

Eßzimmer empfiehlt Vastu für den östlichen und westlichen Teil des Zuhauses. Liegt die Küche, wie es am besten ist, im Südosten, können die fertigen Speisen rasch in dem im Osten der Küche gelegenen Eßzimmer serviert werden und müssen nicht erst durch mehrere dazwischenliegende Räume gereicht werden, wo sie rasch kalt werden. Ist die Küche jedoch an ihrem Alternativplatz im Nordwesten, kann sich das Speisezimmer auch im Süden davon befinden. Im Sinne der Praktikabilität und der Gaumenfreuden sollten Küche und Eßzimmer in jedem Fall auf demselben Stockwerk liegen.

Falls das Speisezimmer von der Küche in Form einer Eßecke abgeteilt ist, sollte es ebenso im Osten (bei einer Küche im Südosten) beziehungsweise im Süden (bei einer Küche im Nordwesten) liegen. Die Einrichtung empfiehlt sich in derselben Weise, wie bei einem abgeschlossenen Eßzimmer.

Die Einrichtung

Der möglichst rechteckig, anstatt rund, oval oder anderweitig geformte Eßtisch, sollte nicht an einer oder mehreren Wänden anstehen. Diese Empfehlung berücksichtigt die Eigenschaften der Tamasika-Zone der Unterwelt (S. 59). Der beste Platz zum Speisen ist gemäß Vastu im südwestlichen Bereich des Eßzimmers.

Ansonsten sollte die Einrichtung sowie die Dekoration so gewählt sein, daß sie eine heitere und angenehme Atmosphäre schafft. Der Speiseraum sollte Appetit und Hunger stimulieren sowie Agni, das Verdaungsfeuer aktivieren. Hierzu dienlich ist auch das Kolorieren der Wände in zartem Pink, sanften Orangeschattierungen sowie in Cremefarben.

Doch beim Essen sollten nicht nur Verdauungsorgane und Geschmacksnerven, sondern auch Herz und Seele angeregt werden. Denn, wie recht blumig in einer alten Vastu-Schrift zu lesen steht: »Laßt das Eßzimmer den Himmel für die Familie sein.«

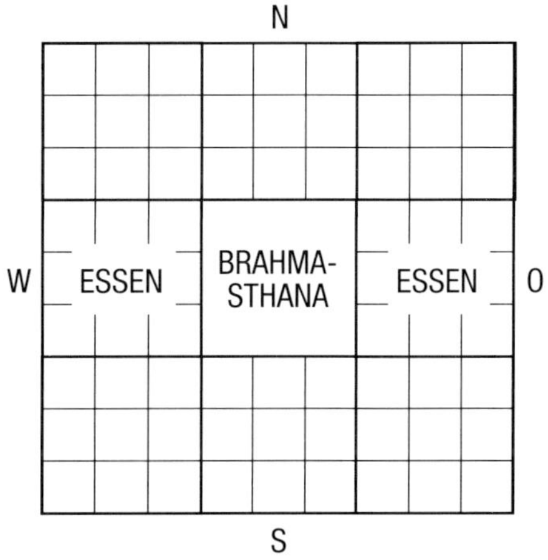

5.5. Je nachdem, wo die Küche liegt, sollte sich das Eßzimmer anschließen. Befindet es sich im Osten, bringt dies den Vorteil mit sich, daß hier die Wirkung der keimhemmenden UV-Strahlen am höchsten ist.

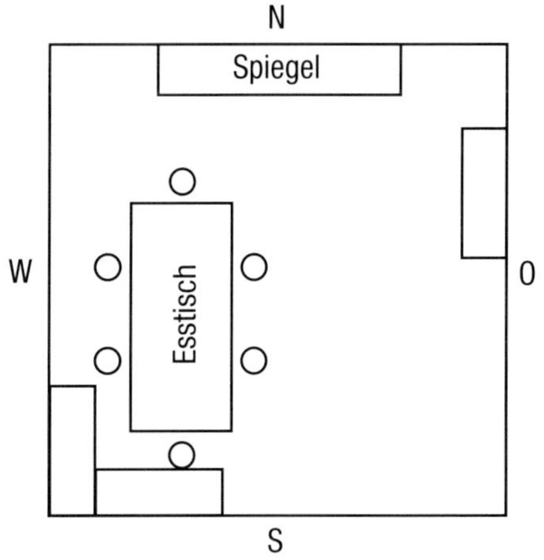

5.6. Ideal im Sinne von Vastu ist es, wenn der Eßtisch im südwestlichen Bereich steht.

Schlafzimmer

Etwa ein Drittel seines Lebens verbringt ein Mensch im Bett – das ist Untersuchungen zum Schlafverhalten zufolge heute so und wird wohl auch zu früheren Zeiten nicht sehr viel anders gewesen sein. Vielleicht mögen sich die Hauptschlafenszeiten ein wenig verschoben haben, denn bedingt durch elektrisches Licht und umfangreiches Nachtleben geht man heutzutage später zu Bett und steht dafür auch später wieder auf, als zu den Gründerzeiten von Vastu. Doch im großen und ganzen ist das Bett und damit auch das Schlafzimmer ein fundamentaler Bestandteil des täglichen, oder besser gesagt nächtlichen Lebens. Hier sollen sich Körper, Geist und Seele von den Anforderungen des vergangenen Tages regenerieren und neue Energie auftanken, um solchermaßen gut gerüstet in den kommenden Tag zu starten. Damit dies möglich ist – der Schlaf erholsam sein und dem Aufladen der inneren Batterien dienen kann –, gibt Vastu eine Reihe an Empfehlungen mit auf den Weg ins Reich der Träume.

Die Plazierung

Das Oberhaupt der Familie sollte seinen Schlafraum im Südwestquadranten des Hauses oder der Wohnung haben. Andere Familienmitglieder können im westlichen oder südlichen Bereich schlafen. Mit Oberhaupt ist jenes Mitglied der Familie gemeint, das überwiegend für den Lebensunterhalt sorgt.

Im Südosten sollte generell nicht geschlafen werden, denn dieser Bereich eignet sich dazu am wenigsten von allen im Haus. So kann nach Ansicht von Vastu ein Schlafzimmer im Südosten Anlaß zu beständigen hitzigen (im Südosten sitzt Agni, das Feuer) Querelen und Streitigkeiten zwischen einem Paar geben und im Zusammenhang damit auch zu beachtlichen Kosten führen.

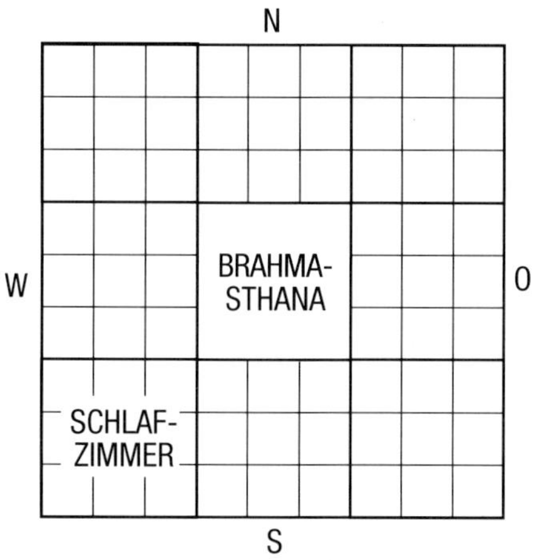

5.7. Das »Familienoberhaupt« sollte sich nach Auffassung von Vastu im Südwesten oder Süden betten.

Auch ältere Personen sollten davon absehen, sich im südöstlichen Teil ihres Heimes zu betten – die »feurigen« Energien von Agni sind zu stark, um wirklich zur Ruhe finden zu können, und belasten den Organismus nur unnötig.

Ganz besonders empfehlenswert im Sinne von Vastu wäre es, vor dem Fenster des Schlafzimmers der »Familienchefs« einen Steingarten anzulegen, sofern sich das Schlafzimmer im Erdgeschoß des Hauses befindet. Liegt es in einem oberen Geschoß oder handelt es sich um eine Wohnung, kann man den Steingarten – dann in etwas kleinerer Ausführung – auch im Balkonkasten auf dem Fensterbrett anlegen. Wer Pflanzen vor dem Fenster nicht so gerne hat, kann auch einfach nur einige Steine vor das Schlafzimmerfenster legen. Bei diesem Anraten geht es Vastu weniger um die gute Aussicht, sondern vielmehr darum, der Südwestecke durch die Steine noch etwas mehr Gewicht zu verleihen. Ein schwerer und belasteter Südwestquadrant stellt, wie bereits an einigen Stellen erwähnt, eines der wichtigsten Prinzipien von Vastu dar (S. 166).

Schlafzimmer

im Süden:	sehr empfehlenswert in jeder Hinsicht
im Norden:	verursacht innere Unruhe, Nervosität und finanzielle Verluste
im Osten:	gesundheitliche Probleme
im Westen:	zu empfehlen, vor allem für Kinder und Jugendliche
im Südosten:	fördert »hitzige« Streitigkeiten und partnerschaftliche Konflikte sowie Schlafstörungen
im Südwesten:	sehr empfehlenswert, besonders für die Eltern (»Familienoberhaupt«)
im Nordosten:	zu vermeiden, bringt emotionale und gesundheitliche Probleme
im Nordwesten:	führt zu häufigen Auseinandersetzungen unter den Bewohnern

Wie man sich bettet ...

In keinem Fall sollten Betten im Brahmasthana, also mitten im Zimmer stehen. Der beste Platz für das Bett ist die Südwestecke des Schlafzimmers. Dabei sollte das Bett möglichst nicht ganz an der Zimmerwand anstehen, damit man nicht in der Tamasika-Zone, dem Bereich der Dämonen, schläft (S. 59). Ideal sind etwa zwanzig Zentimeter Abstand. Wohlgemerkt dreht es sich bei diesem Abstand um jenen vom Kopf und nicht vom Bettgestell zur Wand. Viele Betten haben ohnehin an ihrem Kopfende einen Kasten oder eine nach hinten ausladende Lehne als Kopfteil, so daß der geforderte Abstand sowieso gegeben ist. Weiterhin empfiehlt Vastu, das Bett in der Südwestecke wenn möglich so zu stellen, daß Richtung Osten mehr Freiraum besteht als Richtung Norden (s. Abb.).

Das Kopfende des Bettes sollte stets nach Süden zeigen, denn die magnetische Energie im Körper fließt von Norden nach Süden. Da der Kopf den magnetischen Norden im Körper darstellt, fließt die Energie vom Kopf zu den Füßen. Aber auch das Blut fließt »gen Süden«, zu den Füßen hinunter und von dort wieder hinauf Richtung Norden zum Kopf. Würde man nun mit dem Kopf, dem Nordpol des Körpers, nach Norden schlafen, käme es zu einer gegenseitigen Abstoßung. Dies hat weitreichende gesundheitliche Beeinträchtigungen zur Folge. Liegt der Kopf dagegen Richtung Süden, wird der Nordpol des Körpers angezogen, und die magnetische Energie kann ungehindert durch den Körper fließen. Dieses Phänomen wird auf S. 169 ausführlich erläutert.

Wer diese Empfehlungen zur Stellung des Bettes berücksichtigt, kann sicher sein, daß sein Körper während des Schlafens perfekt auf den Fluß der energetischen Kräfte innerhalb des Schlafraumes ausgerichtet ist und so maximal von deren Wirkungen profitieren kann – die besten Voraussetzungen für einen tiefen, erholsamen Schlaf, der den Organismus wieder optimal für den kommenden Tag vorbereitet.

Kinder und Studierende sowie alle Menschen, die geistig stark gefordert sind, können statt nach Süden auch mit dem Kopf nach Osten schlafen (S. 170).

Falls die Plazierung des Kopfendes nach Süden und Osten nicht möglich ist, kann man alternativ nach Westen schlafen. Gänzlich zu vermeiden ist es jedoch, mit dem Kopf nach Norden zu schlafen.

Darüber hinaus, so rät Vastu, sollte das Bett auf keinen Fall so stehen, daß sich über dem Schlafenden ein Balken oder Dachsparren befindet. Ganz besonders negativ wirken sich diese aus, wenn sie aus Stahl gefertigt sind. Vor allem in unseren modernen Stahlträgerkonstruktionen muß also sorgfältig auf den Verlauf von solchen Balken geachtet werden (S. 170).

Hier sei noch erwähnt, daß sich neben oder über dem Bett keine Steckdosen oder elektrischen Geräte wie etwa ein Fernseher oder Radio befinden sollten – diese Empfehlung kennt man auch hierzulande.

Abschließend noch ein Wort zur Proportionierung des Bettes: Dieses sollte gemäß Vastu so dimensioniert sein, daß das Verhältnis zwischen seiner Länge und seiner Breite fünf zu drei beträgt. Angenommen, die Breite des Bettes beläuft sich auf 120 Zentimeter, dann sollte seine Länge 192 Zentimeter sein. Nebenbei bemerkt ist diese empfohlene Dimension wiederum nichts anderes als der Goldene Schnitt, denn fünf geteilt durch drei ergibt 1,666.

... so schläft man

Kopf im Norden:	führt zu häufigen Alpträumen, uneffektivem, weil nicht erholsamem Schlaf, Schlafstörungen, erhöhter Anfälligkeit für Krankheiten (geschwächtes Immunsystem)
Kopf im Süden:	stärkt Gesundheit und Wohlbefinden sowie auch die Finanzkraft, bringt guten und tiefen Schlaf, Glück und Zufriedenheit
Kopf im Osten:	fördert Intelligenz sowie geistige Fähigkeiten
Kopf im Westen:	nicht so empfehlenswert, bringt mittelmäßigen Schlaf

Die Einrichtung

Der Kleiderschrank oder auch Regale können im nordwestlichen Bereich des Schlafzimmers gestellt werden. Schminktischchen, Frisierkommoden oder Kleiderständer – falls vorhanden – empfiehlt Vastu für den nördlichen oder östlichen Teil des Zimmers. Wer eine an das Schlafzimmer anschließende Toilette möchte, sollte diese in der Südost- oder Nordwestecke des Raumes unterbringen. Möbelstücke, in denen Wertsachen wie Schmuck und wichtige Dokumente untergebracht sind, oder aber Tresore sollten in der Südwestecke des Schlafzimmers stehen; entweder neben dem Bett oder auch direkt dahinter an der Wand (s. Abb.). Die Türen dieser Möbelstücke oder des Tresors öffnen sich auf diese Weise nach Norden, was gemäß Vastu zu empfehlen ist. Die Tür zum Schlafzimmer empfiehlt sich im Norden oder Osten des Raumes.

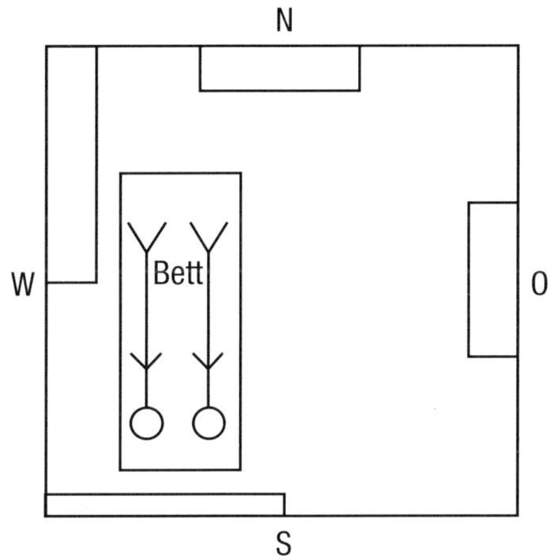

5.8. Am erholsamsten und tiefsten ist der Schlaf, wenn das Kopfende des Bettes in südliche Richtung zeigt.

Das Schlafzimmer sollte Ruhe und Geborgenheit ausstrahlen sowie die sexuellen Energien anregen (auch im Sinne einer guten Nachkommenschaft). Auch durch die Wahl der Möblierung und Dekoration läßt sich dazu einiges beitragen – je nach Geschmack kann man mit Kunstgegenständen, Bildern, Zimmerpflanzen, Lampen und Kerzen eine entspannende und sinnliche Atmosphäre erzeugen. Zur farblichen Gestaltung empfiehlt Vastu helle Grün- oder Blautöne, die beruhigen und entspannen.

Wohnzimmer

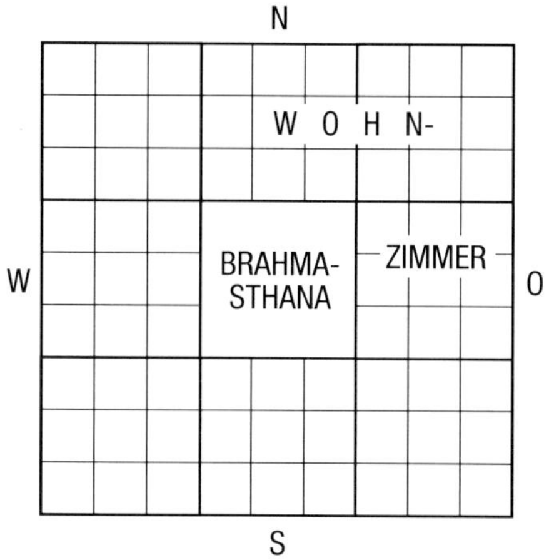

5.9. In unseren Breiten kann das Wohnzimmer auch im Süden angeordnet werden – das ist zwar entgegen der Empfehlung, sorgt jedoch angesichts der klimatischen Verhältnisse für eine bessere Wohnatmosphäre. Und dies wiederum ist ganz im Sinn von Vastu.

Obwohl der Trend heute von der Großfamilie mehr und mehr zum Drei- und Zweipersonen- sowie zum Singlehaushalt tendiert, haben sich die Funktionen eines Wohnzimmers nicht recht viel geändert: es dient als gemeinsamer Treffpunkt, sei es mit der Familie, dem Partner oder mit Freunden und Gästen und soll soziale Kontakte fördern. Entsprechend sollte das Wohnzimmer Behaglichkeit und Entspannung ausstrahlen und so ein geselliges Miteinander ermöglichen.

Die Plazierung

Das »gute Zimmer«, wie man früher sagte, kann sich im Norden, Nordosten oder Osten des Heimes befinden. Falls das Wohnzimmer der erste Raum ist, den man betritt, sollte es so konzipiert sein, daß beim Eintreten nach rechts mehr Freiraum besteht als nach links. Das ist insofern wichtig, als damit der erste Eindruck Großzügigkeit und Platz vermittelt.

Die Einrichtung

Der nördliche und östliche Teil des Wohnzimmers sollte soweit wie möglich nur mit leichten Stücken möbliert werden. Schwere Möbelstücke wie beispielsweise Sofas, Schränke und Sessel sollten dagegen überwiegend im südwestlichen Bereich des Wohnzimmers, beziehungsweise vor der Süd- und/oder der Westwand des Raumes gestellt werden. Das Zentrum des Wohnzimmers, Brahmasthana, muß frei von schweren Gegenständen bleiben.

Dekorationsgegenstände wie beispielsweise Bilder und Spiegel sollten vorwiegend an der Nord- oder Ostwand des Wohnzimmers angebracht sein. Topfpflanzen, vor allem wenn diese schwer und groß sind, haben ihren besten Platz im südwestlichen Teil des Raumes. Wer Farbe ins Wohnzimmer bringen möchte, sollte sich dazu gemäß Vastu heller Grüntöne sowie Beige oder Karamell bedienen.

Hierzulande kann das Wohnzimmer auch im Süden oder Südwesten liegen: angesichts der in unseren Breiten herrschenden klimatischen Bedingungen eignen sich diese Bereiche oftmals besser für Wohnräume als der eigentlich empfohlene Norden.

Die Tür zum Wohnzimmer empfiehlt Vastu möglichst südlich oder westlich der Nordostecke.

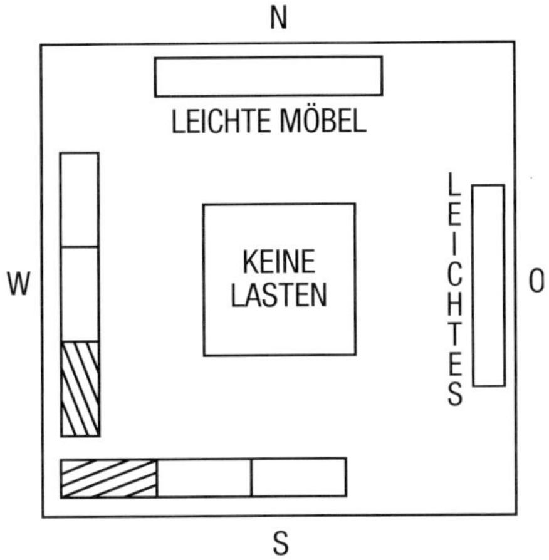

5.10. Sitzmöbel, Regale und Schränke sind am besten im südwestlichen Bereich des Wohnzimmers untergebracht.

Kinderzimmer

Die ersten Lebensjahre stellen die Weichen für das spätere Verhalten und Selbstgefühl eines Menschen. Nicht zuletzt angesichts dessen sollten Kinderzimmer ihren kleinen Bewohnern ein Gefühl der Sicherheit und Geborgenheit vermitteln. Die Räume für die Sprößlinge sollten aber auch, insbesondere wenn diese bereits im schulpflichtigen Alter sind, deren geistige Fähigkeiten fördern und ihnen die besten Voraussetzungen zum Lernen und zur Konzentration bieten.

Die Plazierung

Kinderzimmer haben gemäß Vastu ihren besten Platz im Osten oder Westen des Hauses. Falls dies nicht möglich ist, kann das Zimmer der Kinder auch im Nordosten liegen; in diesem Bereich werden Gedächtnis und Konzentrationsfähigkeit der Sprößlinge zusätzlich gefördert.

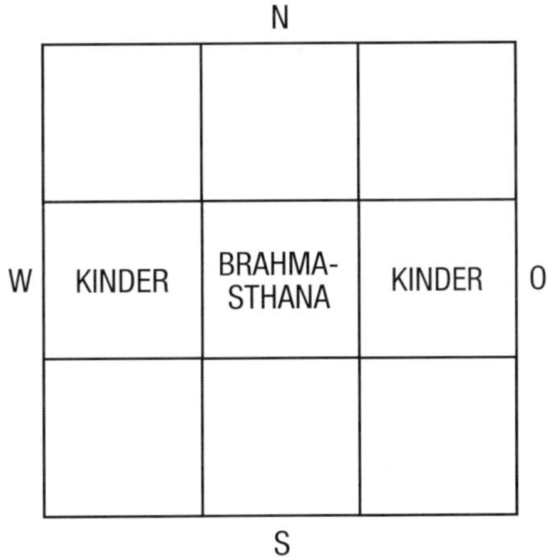

5.11. Bei Kinderzimmern ist es besonders wichtig, daß sie den Bedürfnissen ihrer Bewohner gerecht werden. Vastu empfiehlt sie im Osten oder Westen anzuordnen.

Die Einrichtung

Das Kinderbett sollte im Südwestteil des Raumes stehen, mit dem Kopfende nach Süden. Auf diese Weise blicken die Kinder frühmorgens beim Aufwachen und Aufstehen immer gleich nach Osten und Norden, was sich nach Vastu sehr positiv auswirkt, denn dies sind die Himmelsrichtungen der Intelligenz und Gesundheit. Wie auch bei den Eltern, sollte das Bett nie ganz an der Wand anstehen, sondern ebenso im ausreichenden Abstand von etwa zwanzig Zentimetern.

Der Tisch, an dem die Hausarbeiten verrichtet werden oder an dem die Kinder lernen, malen und sich anderweitig beschäftigen, sollte im Norden oder Osten des Zimmers stehen und zwar so, daß die Kinder dabei nach Osten oder Norden sehen können. Ein Schrank und Regale für Spielsachen und Bücher empfehlen sich an der West- und/oder Südwand des Kinderzimmers. Der Nordwesten des Raumes sollte in jedem Fall frei bleiben. Um die »Wissensecke« zu aktivieren, kann man im Nordosten des Kinderzimmers Spiegel anbringen und den Raum so nach Norden und Osten optisch erweitern. Die besten Farben zur Gestaltung dieses Raumes sind zarte Grüntöne, um Intelligenz und Konzentration zu fördern.

Die Türen des Kinderzimmers sollten gemäß Vastu im Norden oder Osten des Raumes liegen; die Fenster möglichst im Osten.

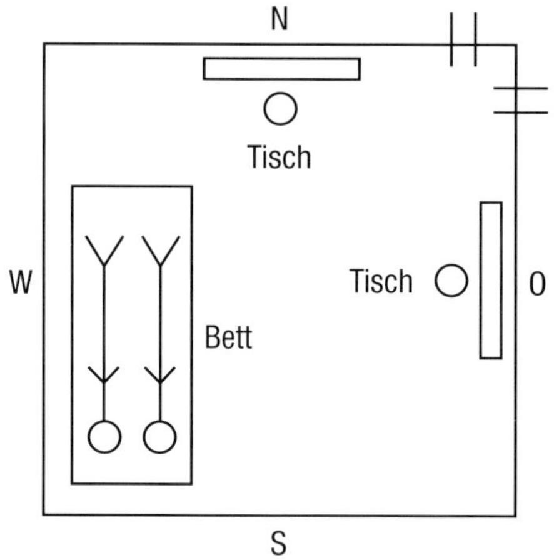

5.12. Dem Osten, Norden und Nordosten kommt im Kinderzimmer eine noch größere Bedeutung zu, denn diese Himmelsrichtungen sind mit Wissen, Intelligenz und nicht zuletzt mit Gesundheit assoziiert.

Arbeitszimmer

Nicht nur Freiberufler und Studenten, auch so manche Angestellte oder Führungskräfte möchten ihren Arbeitsplatz in den eigenen vier Wänden nicht mehr missen, um so mehr, wenn sie sich den Luxus eines eigenen Zimmers dafür gönnen können und nicht am beigestellten Schreibtisch im Wohnzimmer oder in der Küche arbeiten müssen.

Die Plazierung

Arbeiten sollte man gemäß Vastu im südwestlichen Bereich eines Hauses oder einer Wohnung.

Die Einrichtung

Der Schreibtisch sollte stets so stehen, daß man dabei nach Norden, Nordosten oder Osten blickt. Dies fördert die Intelligenz sowie das Entscheidungs- und Durchsetzungsvermögen. Regale für Bücher und Ordner, Aktenschränke und anderes Mobiliar haben ihren vastu-gerecht besten Platz im westlichen und südlichen Bereich des Arbeitszimmers. Spiegel an der Nord- oder Ostwand erweitern den Raum optisch in diesen Richtungen und erhöhen damit deren fördernden Einfluß auf Konzentrations- und Geisteskraft. Vor allem in diesem Zimmer sollte man darauf also nicht verzichten und durch leichte Grünschattierungen weiterhin für die gute Konzentrationsfähigkeit sorgen.

Im Osten sollte ein großes Fenster den morgendlichen Sonnenstrahlen maximalen Eintritt ermöglichen; die Zimmertür sollte im Norden oder Osten liegen.

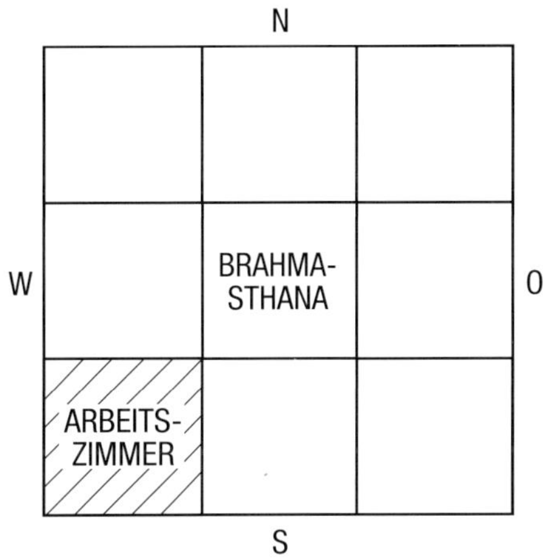

5.13. Nicht nur im privaten Wohnbereich, sondern auch in Industriegebäuden sollten die Büroräume im Südwesten liegen.

Gebets- oder Meditationsraum

In Indien gibt es kein Haus, keine noch so kleine Wohnung ohne einen Gebetsraum, den sogenannten Puja room. Sollen die Bewohner sich in dem betreffenden Gebäude wohl fühlen und ein glückliches Leben führen, darf dieser Ort nicht fehlen. Wer in unseren Breiten dafür nicht soviel Platz aufbringen kann, sollte zumindest ein paar religiöse Attribute in der Nordostecke seines Hauses oder seiner Wohnung aufstellen. Soweit die Auffassung von Vastu. Und in der Tat: in Indien verzichtet kaum jemand, ungeachtet seiner finanziellen Möglichkeiten und seines gesellschaftlichen Standes in seinen vier Wänden auf einen Puja room, und sei er noch so winzig.

Bei uns findet man Äquivalente zum Puja room in Gestalt von Hergottswinkel oder gar Hauskapelle mit Altar. Alternativ zum Gebetsraum kann auch ein Ort zum Meditieren eingerichtet werden.

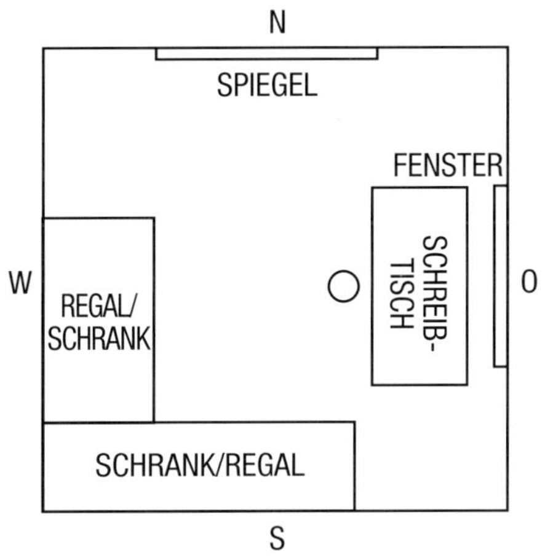

5.14. Das Arbeitszimmer sollte Konzentrationsfähigkeit und Denkvermögen fördern – steht der Schreibtisch so, daß er den Blick nach Osten, Norden oder Nordosten ermöglicht, ist bereits eine der wichtigsten Voraussetzungen dafür erfüllt.

Die Plazierung

Der beste Platz für diesen hochenergetischen Raum ist gemäß Vastu im Nordosten des Hauses oder der Wohnung. Dies fördert die Gesundheit und das Wohlbefinden der Bewohner und bringt Ausgeglichenheit und Zufriedenheit in allen Bereichen. Bei sehr großen Häusern empfiehlt es sich auch, den Gebets- oder Meditationsraum direkt im Brahmasthana, dem »Energiezentrum« (S. 56), einzurichten. Alternativ, wenn auch nicht ganz so gut, eignen sich dafür auch der Norden und Osten.

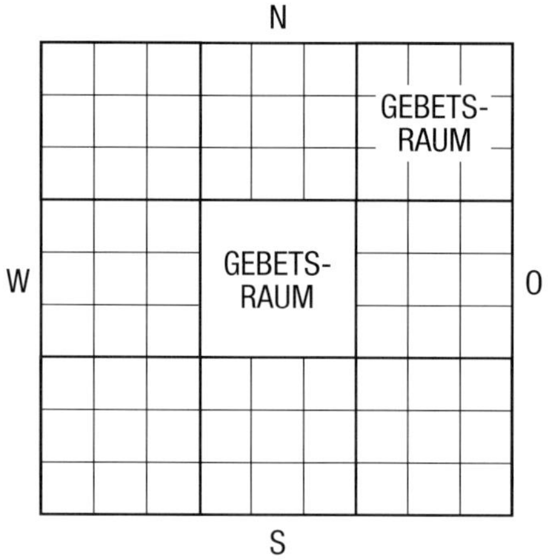

5.15. Der sogenannte Gebetsraum kann auch zur Meditation oder als Ort dienen, an den man sich zurückzieht, um seine Gedanken zu sammeln und neue Energien zu tanken.

Andere Quellen empfehlen, falls der Nordosten nicht in Frage kommen kann, den Gebets- oder Meditationsraum an einer beliebigen Stelle auf jener wichtigen Diagonale zwischen Nordost- und Südwestecke zu plazieren (s.Abb.).

Wer partout keinen eigenen Raum dafür »opfern« kann und auch im Brahmasthana dafür keinen Platz findet, sollte den Ort zur Besinnung in der Küche des Heimes unterbringen, und zwar in der Nordostecke. Damit kann man beim Gebet oder beim Meditieren nach Osten sehen.

Von allen anderen Bereichen, wie Süden, Südwesten, Südosten, Nordwesten und Westen rät Vastu dringend ab, wollen die Bewohner sich nicht anhaltend mit Problemen und Hindernissen in vielen Bereichen konfrontiert sehen.

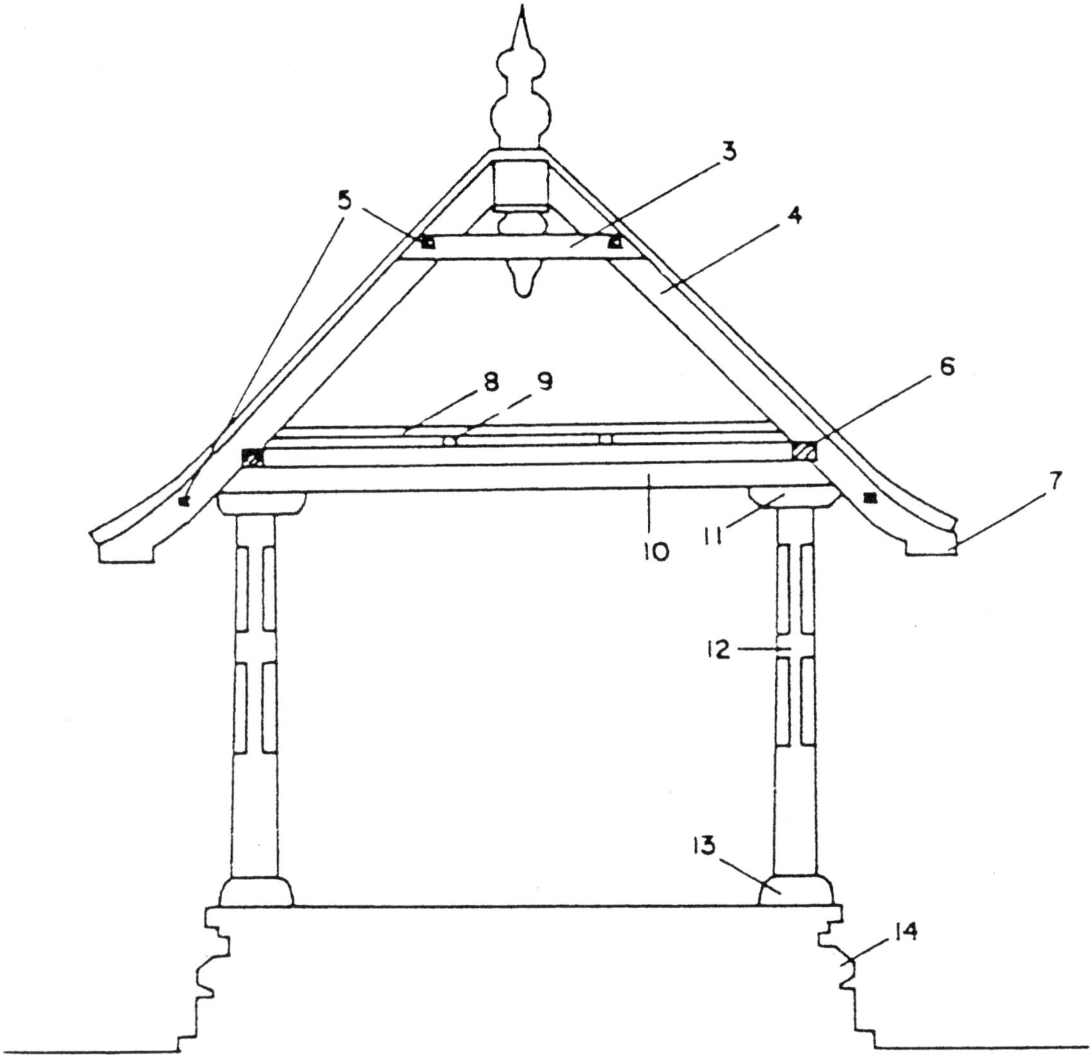

5.16. Entwurfsplan für einen Gebetsraum mit pyramidalem Dach aus der alten Vastu-Schrift »Mayamata«, der für ein privates Wohnhaus in Kerala, Südindien, errichtet wurde.

»Aufladen« in der Pyramide

Auch die alten Ägypter wußten darum: innerhalb einer Pyramide herrschen hochenergetische Kräfte. Entsprechend empfiehlt Vastu, falls irgend möglich den Gebets- oder Meditationsraum mit einem pyramidalen Dach zu versehen. Von der Spitze der Pyramide strömt enorme Energie in den Raum, die sofort beim Betreten spürbar wird. Darüber hinaus schreibt Vastu dem Aufenthalt in einer Pyramide große gesundheitsfördernde Effekte zu: kranke Personen sollten täglich dreißig Minuten in einem solchen Raum mit Pyramidendach oder einer Pyramide sitzen und dabei nach Osten oder Norden sehen. Die Heilungserfolge sollen sich sehr bald einstellen; nicht umsonst bedient sich Vastu zur Korrektur fehlgeleiteter Energien und zum Ausgleich nicht vastugemäßer Situationen ebenfalls der positiven Kräfte von Pyramiden (S. 229).

Die Einrichtung

Religiöse Gegenstände sollten stets an der Ostwand des Gebetsraumes stehen; auf diese Weise sieht man nach Osten. Darüber empfiehlt Vastu ein großes Fenster im Osten, durch das die morgendlichen Sonnenstrahlen in den Gebets- oder Meditationsraum scheinen können. Regale und Schränkchen können an der Süd- und Westwand des Gebetsraumes angebracht werden. Niemals jedoch, so raten die Vastu-Texte, sollten im Gebetsraum Portraits von Vorfahren, die nicht mehr leben, hängen. Ebenso sollte man es vermeiden, Gegenstände aus alten Tempeln bezie-

5.17. Innenhof eines Tempels in Kathmandu, Nepal: der Gebetsplatz mit seinem pyramidalen Dach liegt genau in dessen zentralem Mittelpunkt, dem Brahmasthana.

hungsweise Gotteshäusern in diesem Raum aufzustellen oder zu hängen.

Ist der Gebets- oder Meditationsraum im Zentrum des Hauses oder der Wohnung untergebracht, sollte man sich beim Beten und Meditieren so setzen, daß man dabei Richtung Osten blickt.

Zur farblichen Gestaltung empfehlen sich Weiß sowie sanfte Blautöne.

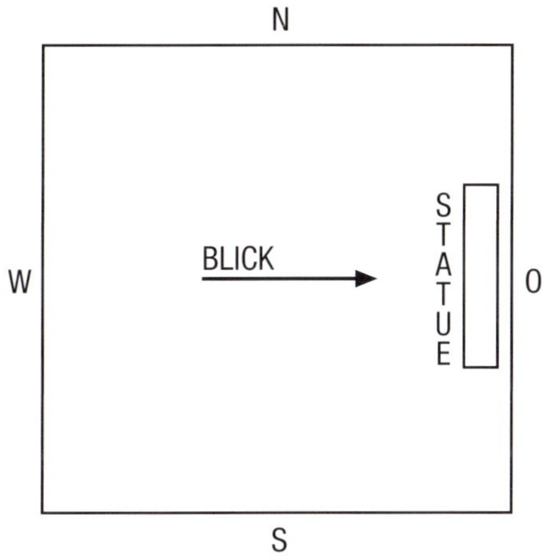

5.18. Der Osten spielt eine zentrale Rolle bei der Einrichtung des Gebetsraumes.

Gästezimmer

Gäste bringen neue Energien ins Haus und setzen mit ihrem Besuch so manche Akzente, die das Leben ihrer Gastgeber bereichern und mitunter auch in andere Bahnen leiten, zumindest im Idealfall ... Allen Gästen gemeinsam ist jedoch, daß sie nicht auf Dauer verweilen, sondern sich nur für eine gewisse Zeit in einem Raum des Hauses oder der Wohnung aufhalten. Entsprechend sollte ein Gästezimmer einladend und ansprechend sein, um seine temporären Bewohner während ihres Aufenthaltes zu erfreuen, sie jedoch nicht an ihrer Bewegungsfreiheit, also an ihrer Weiterreise zu hindern.

Die Plazierung

Gemäß seinen Eigenschaften sollte sich das Gästezimmer idealerweise im Nordwestquadranten des Hauses oder der Wohnung befinden. Denn in Vayu-

5.18.a. Die Tradition des eigenen Gebetsraumes ist in Indien ungebrochen. Hier der Puja-room eines erst kürzlich nach Vastu-Kriterien erbauten Hauses in Bangalore, Südindien.

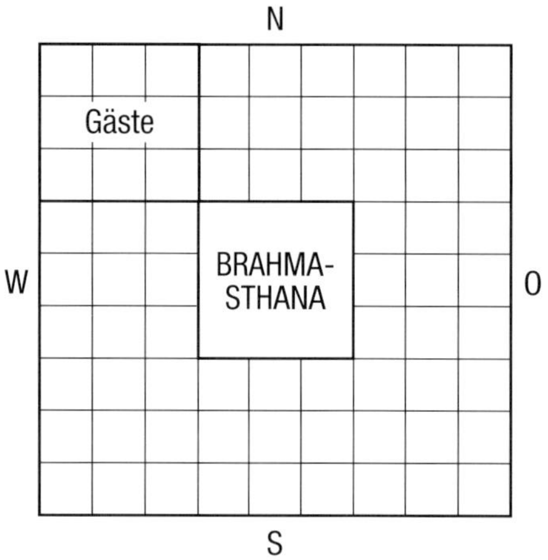

5.19. Wind, Luft und Vata-Dosha – diese Attribute prädestinieren den Nordwesten für Gästeräume.

vya, der Nordwestecke, regiert Vayu, der Patron des Windes, und hält entsprechend den Wesenszügen des Windes alles in ständiger Bewegung. Neben dem Element Wind befindet sich hier auch Vata-Dosha, das Bewegung, Instabilität und Leichtigkeit repräsentiert. Der Nordwestquadrant steht demzufolge immer unter dem Motto Durchreise, Weiterfahrt; in dem Sinn, daß alles, was sich hier befindet, sich von selbst fortbewegen wird. Und so sollte hier alles plaziert werden, was das Gebäude oder die Wohnung wieder verlassen soll. Das können Gäste sein, aber auch Waren in einem Laden.

Nicht daß Vastu etwa Besucher vergraulen möchte, weit gefehlt. Doch die Eigenschaften des nordwestlichen Bereiches sind nur bestens dazu angetan, um zeitweisen Bewohnern eines Hauses Raum zu geben.

Kinder, vor allem in den ersten Lebensjahren, sollten auf dringende Empfehlung von Vastu nicht in einem Zimmer im Nordwesten schlafen. Die genannten Eigenschaften dieses Bereiches wirken sich nicht gut auf die noch in der Prägung befindliche Psyche der Kleinen aus. Falls die Gäste mit Kindern anreisen, sollte man die jungen Besucher besser im Kinderzimmer der Gastgeber oder im Wohnzimmer schlafen lassen.

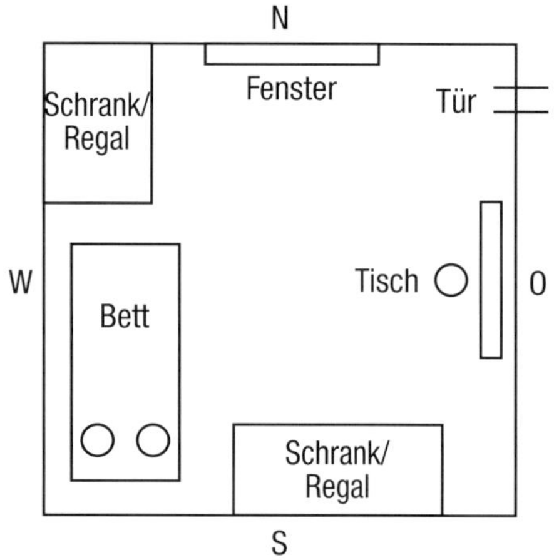

5.20. Bei der Einrichtung des Gästezimmers gelten die gleichen Kriterien wie bei den übrigen Schlafräumen.

Die Einrichtung

Das Gästebett oder die Betten sollten im Südweststeil des Zimmers stehen. Auch hier ist zu vermeiden, daß die Betten mit dem Kopfende direkt an der Wand anstoßen, sondern einen ausreichend großen Abstand zu dieser haben. Denn auch die Gäste sollen schließlich nicht »bei den Dämonen« schlafen …

Das Kopfende des Gästebettes zeigt im Idealfall nach Süden. Einen Tisch und ein paar Stühle empfiehlt Vastu vor der Ostwand des Gästezimmers zu stellen, einen Kleiderschrank und Regale hingegen vor der Süd- oder Westwand.

Die Tür des Gästezimmers sollte im Nordosten des Raumes liegen, die Fenster im Norden oder Osten; an Wandfarben eignen sich Beige, Creme und Weiß am besten.

Bad

Die Naßräume eines Gebäudes sind immer etwas heikel – nicht nur aus bautechnischer, sondern auch aus energetischer Sicht. Hier kommt das hochaktive Element Wasser ins Spiel, das eine starke Verwandlung erfährt: es verläßt das Haus anders, als es in dieses eingetreten ist, nämlich verschmutzt.

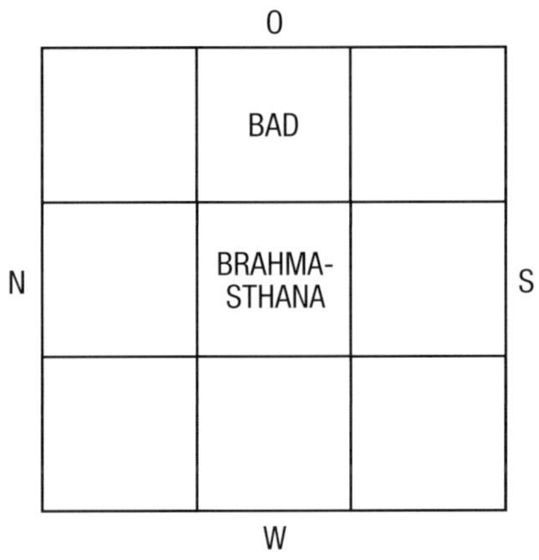

5.21. Sauber und hygienisch soll es sein, einen guten Start in den Tag ermöglichen und deshalb am besten im Osten liegen – das Badezimmer.

Die Plazierung

Vastu sieht den exakten Osten des Hauses oder der Wohnung für das Bad vor. Auf diese Weise kommt man jeden Tag bei der morgendlichen Toilette in den Genuß der frühen Sonnenstrahlen, deren Wirkungen Vastu eine enorme Bedeutung für Gesundheit und Wohlbefinden beimißt. Darüber hinaus tragen die morgendlichen Sonnenstrahlen sehr dazu bei, das Bad hygienisch und sauber zu halten (S. 177).

Falls das Bad unter keinen Umständen im östlichen Bereich des Hauses oder der Wohnung liegen kann, eignen sich alternativ der Westen oder Süden. Im Norden und Nordosten ist das Badezimmer jedoch in jedem Fall zu vermeiden, denn dies, so Vastu, kann häufige Auseinandersetzungen zwischen den Bewohnern provozieren und zudem deren berufliche Entwicklung behindern.

Die Einrichtung

Obengesagtes impliziert bereits: Die Fenster des Badezimmers sollten in jedem Fall an der Ostwand des Raumes liegen. Waschbecken und Dusche sind am besten im nördlichen Bereich des Bades unterzubringen, der Wasserabfluß der Dusche dagegen in deren nordöstlichem Teil. Die Badewanne kann sich im Westen des Raumes befinden, das Kopfende sollte nach Süden weisen. Der Hauptwasserabfluß aus dem Bad sollte sich im Nordosten des Raumes befinden; daß heißt, die Abflußrohre aus Badewanne, Waschbecken und Dusche sollten sich in der Nordostecke treffen und hier in den Hauptabfluß münden. Befindet sich im Bad eine Toilette,

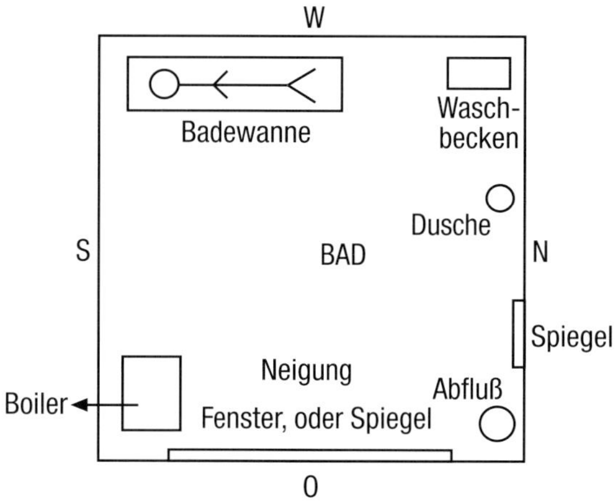

5.22. Falls das Bad kein Fenster – und wenn, dann nicht im Osten – hat, kann an der Ost- oder Nordwand ein Spiegel angebracht werden, um diese Himmelsrichtungen optisch zu erweitern.

so sollte diese an der südlichen oder an der westlichen Wand angebracht sein. Auf diese Weise kann man während ihrer Benützung nach Norden oder aber nach Osten blicken, was nach Auffassung von Vastu für eine gesunde Entleerung des Darms und der Blase von Bedeutung ist.

Falls vorhanden, sollte der Boiler oder die Heizung des Bades im Südosten des Raumes plaziert werden. Waschmaschine oder Wäschetrockner sind ebenfalls hier am besten untergebracht.

Die Türe zum Badezimmer sollte nicht in der Südwestecke des Raumes liegen, sondern im Norden oder Osten.

Darüber hinaus empfiehlt Vastu aus Gründen der Rutschfestigkeit und Sicherheit, den Fußboden des Badezimmers am besten mit rauhen Steinplatten auszulegen. Marmor sowie glasierte Kacheln sollten vermieden werden.

Zarte Pastelltöne sind am besten zur farblichen Gestaltung geeignet.

Toilette

In vergangenen Tagen fand sich das »stille Örtchen« oftmals außerhalb der Wohngebäude. Dies war auf dem indischen Subkontinent ebenso üblich wie in unseren Breiten. Noch heute gibt es einige Altbauwohnungen, beispielsweise in Wiens Altstadt, bei denen man zum Toilettengang noch zum Schlüssel greifen und sich auf den Treppenflur hinaus begeben muß. Auch in ländlichen Regionen, vornehmlich in höheren Berglagen, erwartet einen noch manchmal das meist recht zugige »Klohäusel«. Die alte Sitte der Freilufttoilette war zwar, vor allem hierzulande, in der kalten Jahreszeit recht unkomfortabel. Sie brachte aber den Vorteil mit sich, daß die ganze Angelegenheit – weil komplett von den Wohnräumen getrennt – hygienischer und sauberer abzuwickeln war. Kanalisationssystem und ausgefeilte Haustechnik haben Nachttopf und externes Klohäuschen überflüssig gemacht, und die Toilette ist heute fester Bestandteil eines jeden Zuhauses – ob in Indien oder bei uns.

Die Plazierung

Gemäß seinen Eigenschaften ist der Nordwestquadrant auch der von Vastu bevorzugte Ort für die Toilette. Schließlich ist dieser Bereich der Ort der Bewegung, und alles, was sich hier befindet, verläßt das Haus oder die Wohnung wieder. Und dies wiederum ist genau das, was bei einer Toilette erwünscht ist …

Wenn im Nordwesten dafür kein »stilles Örtchen« zu finden ist, darf es auch die Südostecke des Gebäudes oder der Wohnung sein. In jedem Fall zu vermeiden sind Toiletten im Nordosten sowie im Südwesten. Wird der außerordentlich energetische Nordosten durch eine Toilette beeinträchtigt, so können dadurch gemäß Vastu die Finanzen des Bewohners und sein Wohlstand allgemein ganz enorm geschwächt werden. Zudem ist nach Auffassung von Vastu die Nähe der Toilette zum Eingang, der bestenfalls im Nordosten, Osten oder Norden liegen sollte, zu vermeiden. Denn andernfalls kann es sein, das die Finanzkraft über die Toilette förmlich hinweggespült wird. Liegt das WC im Südwesten, kann sich dies dagegen auf die Entschlußkraft und das gesundheitliche Befinden der Bewohner negativ auswirken. Toiletten im Zentrum der Wohnung oder des Hauses, Brahmasthana, sind ein absolutes »Vastu-Tabu«.

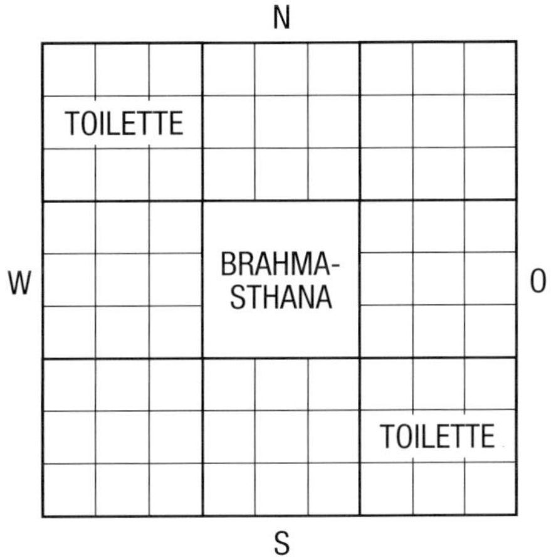

5.23. Toiletten im Nordosten sowie im Zentrum haben nach Ansicht von Vastu einen außerordentlich ungünstigen Einfluß auf die Bewohner. Am besten sind sie im Nordwesten oder alternativ im Südosten untergebracht.

Die Einrichtung

Von einer solchen kann eigentlich genaugenommen kaum die Rede sein, es sei denn, man zählt zu jenen Zeitgenossen, die ihre Toilettenaufenthalte sehr ausgedehnt gestalten und hierfür ausreichend Lesestoff und demzufolge unter Umständen ein Bücherregal oder einen Zeitungsständer benötigen.

Der eigentliche Ort des Geschehens, die Toilettenschüssel, sollte stets an der Süd- oder Westwand angebracht sein; auf diese Weise ergibt sich der Blick nach Norden oder Osten, was gemäß Vastu zu empfehlen ist. Für Tageslicht sollte idealerweise durch ein großes Fenster im Norden gesorgt werden. Die Toilettentür ist am besten an der Ost- oder Nordwand.

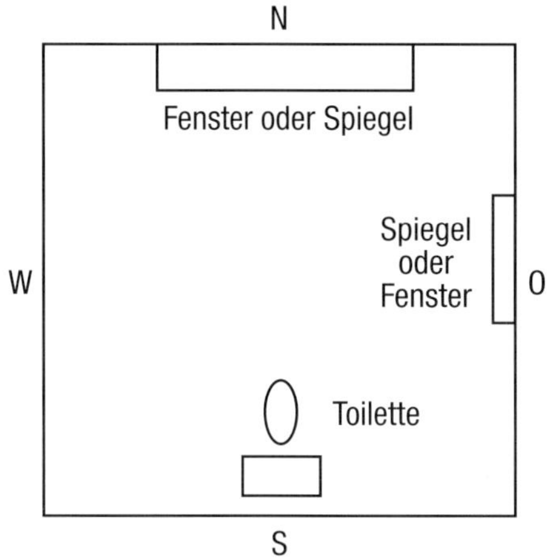

5.24. Nicht nur beim Arbeiten und Kochen, auch auf der Toilette sollte im Dienste des allgemeinen Wohlbefindens der Blick nach Norden oder Osten gerichtet sein.

Spiegel empfehlen sich ebenfalls für die Nord- oder Ostwand, um diese Himmelsrichtungen optisch zu erweitern.

Ebenso wie beim Bad sind helle, zarte Töne für die farbliche Gestaltung der Toilette am günstigsten.

Lagerräume

Auch die gute alte Speisekammer oder andere Lagerräumlichkeiten sind im Zuge des modernen Wohnungsbaus größtenteils von der Bildfläche verschwunden. Auch in neuerbauten Einfamilienhäusern und Villen wird darauf häufig verzichtet. Zu Unrecht, denn außer Nahrungs- und Getränkevorräten kühle und trockene Lagerung zu ermöglichen, dienen solche »Kammerl« auch als idealer Aufbewahrungsort für alles, was man nicht gerne in den Wohnräumen stehen hat. Angefangen vom Putzeimer über den Staubsauger bis hin zum Katzenklo läßt sich hier alles einfach unterbringen – zumal dann, wenn überraschend Besuch kommt …

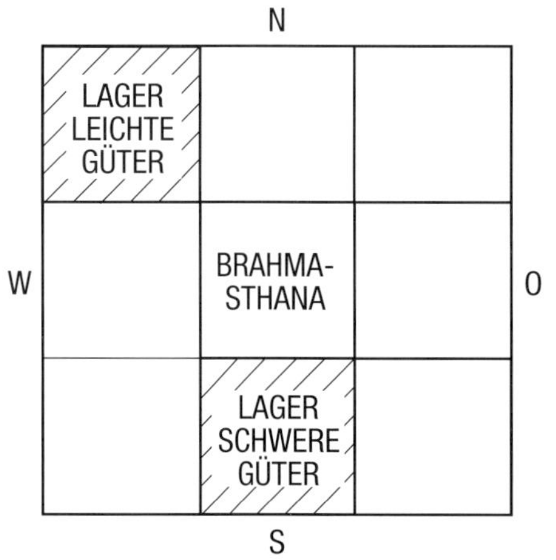

5.25. Der beste Aufbewahrungsort für alles, was nicht ständig in Benützung ist: der Nordwesten und alternativ der Süden.

Die Plazierung

Speisekammern und andere Lagerräume sollten im Nordwesten oder alternativ im Süden untergebracht werden. Im Nordwesten ist die Luft in Bewegung, die Temperatur ist ausgeglichen, so daß hier auch sehr gut verderbliche Waren, Nahrungsmittel, Heilkräuter und Arzneien gelagert werden können. Darüber hinaus, so Vastu, sorgt ein Lagerraum im Nordwesten dafür, daß die Bewohner des betreffenden Hauses stets reichlich mit Vorräten versorgt sein werden. Im Nordwesten sollten leichtere Waren gelagert werden. Im Süden hingegen kann man schwere Güter ohne nachteilige Effekte lagern.

Die Einrichtung

Die Lagerregale und Schränke sollten an der Süd- und an der Westwand stehen. Dagegen empfiehlt es sich, Öl, Butter, Milch und andere schnell verderbliche Speisen im Südosten des Raumes, Getreideprodukte wie Reis oder Nudeln hingegen im Nordwesten zu lagern.

Falls der Lagerraum Fenster hat, sollten diese im Norden oder Osten liegen.

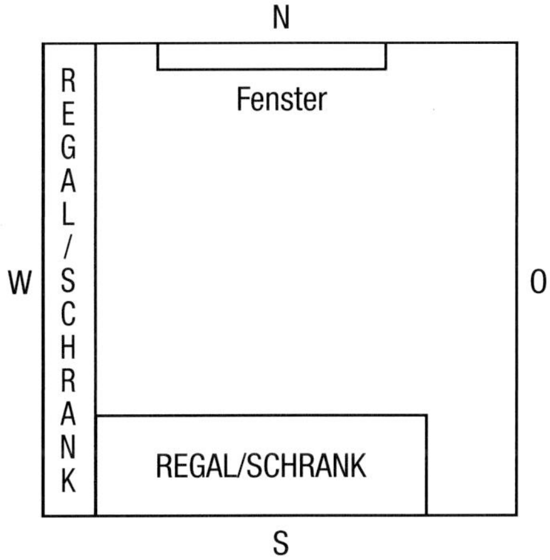

5.26. Alles Schwere sollte im südwestlichen Bereich des Lagerraumes verstaut sein.

Weiteres zum Interieur

Soviel zur Anordnung der Räume und zu deren Einrichtung gemäß den Prinzipien von Vastu. Nachfolgend noch einiges dazu, was darüber hinaus im Hinblick auf das Interieur eines Hauses oder einer Wohnung zu berücksichtigen ist.

Vastu-gemäßes Einrichten

Was das Arrangement der Einrichtungsgegenstände angeht, empfiehlt Vastu generell, das Zentrum des Raumes, Brahmasthana, frei und unmöbliert zu lassen. Schwere Möbel wie Schränke, Regale und besonders Sofas und andere Sitzgelegenheiten sind möglichst immer im südlichen und westlichen Bereich der Räume, also vor der südlichen und westlichen Wand, zu stellen. Der nördliche und östliche Teil wird so nicht mit Möbeln »belastet«, sondern kann weitgehend frei bleiben, was eine wichtige Bedingung von Vastu darstellt. Betten sollten ebenfalls stets im südwestlichen Bereich des Raumes stehen.

Wertgegenstände, sofern sie nicht schwer sind, beispielsweise wichtige Dokumente oder Geldscheine, können im Norden eines Raumes aufbewahrt werden. Schwergewichtiges wie Schmuck oder Goldstücke hingegen gehört nach Auffassung von Vastu in den Südwesten.

Feurige Ecken

»Man sollte nicht mit dem Feuer spielen«, empfiehlt auch Vastu – im übertragenen Sinn. Gemeint ist damit, daß im Umgang mit der Südostecke eines Hauses oder einer Wohnung, aber auch jeden Raumes erhöhte Aufmerksamkeit gefordert ist. Denn hier ist der Sitz von Agni, des hitzigen Patrons des Feuers, und dieser erwartet, daß man ihm gebührenden Respekt zollt. Mit anderen Worten: An den betreffenden Ecken empfiehlt Vastu, bestimmte Vorkehrungen zu treffen, um Agni bei Laune zu halten. Andernfalls könnten die Bewohner des betreffenden Hauses von häufigen Erkrankungen, finanziellen Problemen, wiederkehrenden Streitigkeiten und partnerschaftlichen Dissonanzen geplagt werden. Um das feurige Mütchen zu kühlen, sollten in den Südostecken elektrische Geräte wie beispielsweise Fernseher, Kühlschrank, Waschmaschine, Radio oder Stereoanlage gestellt werden. Andere Möglichkeiten sind Spiegel nördlich der Südostecke, ein kleiner Spotstrahler, oder wer es lieber romantischer möchte, eine Kerze.

Elektronische Geräte

Wie eben bereits angeklungen: jedwede elektronischen Geräte – angefangen von Air-Condition bis Zentralheizung – haben ihren besten Platz im südöstlichen Bereich des Raumes.

Heizungen

Heizkörper, Gasöfen und andere Heizgeräte sollten demnach ebenso stets im Südosten des Raumes untergebracht sein.

Dekoration

Was Bilder und Kunstobjekte angeht, so rät Vastu generell von Darstellungen negativer Themen ab, die Streß und Anspannung erzeugen; so beispielsweise von Malereien, die Krieg und Gewalt, Naturkatastrophen und Unfälle, Armut, Krankheit, Tod und Trauer zum Thema haben. Die Motive sollten den Betrachter vielmehr sowohl optisch wie inhaltlich erfreuen und anregen.

Naturmotive empfehlen sich für Nord- und Ostwände; Portraits verstorbener Verwandter und Freunde sollten dagegen die Südwände zieren. Für Süd- beziehungsweise auch Westwände eignen sich darüber hinaus

Darstellungen von schweren Dingen wie etwa felsigem Gebirge oder Wasserfällen.

An Gebinden bunter Blüten und Vasen mit üppigen Sträußen sollte es nach Auffassung von Vastu nie fehlen, denn frische Blumen bringen Leben und Heiterkeit ins Haus.

Spiegel

Spiegel haben bei Vastu wichtige Funktionen, können sie doch bestimmte Bereiche eines Raumes optisch vergrößern und so die Eigenschaften der betreffenden Himmelsrichtung verstärken. Gemäß der wichtigen Rolle, die dem Osten, Nordosten und Norden zukommt, sollten Spiegel nur an Wänden in diesen Richtungen gehängt werden.

Mittels Spiegeln lassen sich auch ungünstig proportionierte Räume korrigieren. Ist das Verhältnis zwischen Breite und Länge etwa eins zu drei oder eins zu vier, sollten an den Breitseiten Spiegel angebracht werden, um diese optisch zu vergrößern. Auch bei dunklen, langen Gängen im Haus oder in der Wohnung kann diese optische Täuschung (bestenfalls noch verstärkt mit Lampen, die in die Spiegel strahlen) angewandt und der betreffende Raum so verbreitert werden.

Farbgestaltung gemäß Vastu

Farben gelten nicht nur auf dem indischen Subkontinent, sondern auch in unseren Breiten als psychische Stimulanzien. Doch Farben haben, wie inzwischen zahlreiche wissenschaftliche Studien ergaben, nicht nur einen direkten Einfluß auf Geist und Seele eines Menschen, sondern auch auf sein körperliches Befinden. Dieser Umstand hat auch abendländische Geistesgrößen wie etwa Johann Wolfgang von Goethe fasziniert – er ließ sich davon zu seinem umfassenden Werk »Zur Farbenlehre« (1808–1810) inspirieren.

Die Urväter von Vastu müssen um die erstaunlichen Effekte von Farben bereits vor einigen tausend Jahren gewußt haben. In den alten Vastu-Klassikern finden sich umfangreiche Empfehlungen hinsichtlich der farblichen Gestaltung von Räumen. Interessanterweise decken sich die Angaben der Vastu-Veteranen, welcher Farbton sich für bestimmte Räume am besten eignet, im großen und ganzen mit dem heutigen Wissen um die Wirkung von Farben.

5.27. Elefantenparade und reiche Blumenzier: mit dieser Farbenpracht über ihren Häuptern regierten einst die Maharadschas im City Palace von Udaipur in Rajasthan, Nordindien.

Die Wirkungen von Farben

Righttöne gelten als hervorragendes Stimulans der Verdauungssäfte – sie regen Appetit und Hunger an und unterstützen die Stoffwechselvorgänge. Demgemäß empfiehlt Vastu Rot in sanften Schattierungen von Pink bis hin zu Orangetönen für die Küche und das Eßzimmer.

Blau hingegen hat sedative Wirkungen: es beruhigt, fördert den Schlaf und erleichtert nervös bedingte Spannungskopfschmerzen sowie andere streßinduzierte Beschwerden. Es ist also ideal zur farblichen Gestaltung von Schlafräumen.

Grüntöne werden von Vastu ebenfalls als beruhigend betrachtet, gelten jedoch darüber hinaus als unterstützend im psychischen Bereich. Sie fördern die Konzentration, erhöhen die Gedächtnisleistungen und wirken in geistiger Hinsicht stimulierend. Auch die Sehkraft profitiert vom Blick ins Grüne … Entsprechend empfiehlt Vastu das Spektrum an Grüntönen zur Gestaltung von Arbeitsräumen, Kinderzimmern sowie von Wohnzimmern und im Eingangsbereich.

Helle Töne, von Beige über Creme bis hin zu Weiß, schaffen eine heitere und anregende Atmosphäre. Sie stimmen das Gemüt gelassen und fröhlich, und fördern gute Gedanken. Vastu sieht diese Töne vor allem für Wohn- und Gästezimmer, Naßräume und Eingangsbereich vor.

Vastu-gemäße Farbgestaltung

Schlafzimmer:	helle Grün- oder Blautöne, die beruhigend und sanft wirken
Küche:	zartes Pink oder Orangetöne, um den Appetit zu stimulieren
Eßzimmer:	zartes Pink, sanfte Orangeschattierungen oder cremefarben, um Hunger und Appetit anzuregen, jedoch das Gemüt zu besänftigen
Kinderzimmer:	zartes Grün, um die Intelligenz und Konzentration anzuregen
Wohnzimmer:	helle Grüntöne oder Weiß, Beige und cremefarben
Arbeits- oder Studierzimmer:	zarte Grünschattierungen, helles Pistaziengrün, cremefarben, um die Konzentration zu fördern und nicht abzulenken
Gebetszimmer, Hauskapelle:	Weiß oder sanfte Blauschattierungen
Gästezimmer:	Beigeschattierungen, cremefarben und Weiß
Bad:	zarte und helle Töne, die freundlich, frisch wirken
Toilette:	wie im Bad zarte Pastellschattierungen
Eingangsbereich, Vorhalle:	Grüntöne, Weiß oder cremefarben, um eine angenehme und heitere Atmosphäre zu schaffen

Zimmerpflanzen

Leichte Zimmerpflanzen wie beispielsweise Farne, kleine Palmen und blühende Topfpflanzen können den Norden, Osten und Nordosten des Raumes zieren. Botanische »Schwergewichtler« wie etwa Gummibäume, große Fici benjamin und andere sollten dagegen im Süden, Westen und Südwesten des Zimmers gedeihen. Die stacheligen Vertreter aus dem

Pflanzenreich sind nach Auffassung von Vastu für den Innenraum nicht gut geeignet. Vor allem im Nordosten sollten keine Kakteen und andere »kratzbürstigen« Pflanzen stehen.

Lüften – aber richtig

Bei der Belüftung eines Hauses oder einer Wohnung sollten bestimmte Prinzipien berücksichtigt werden, so beispielsweise, daß die Zimmer möglichst immer über Fenster in den Himmelsrichtungen von Gesundheit und Wohlbefinden, also Osten und Norden, mit Frischluft versorgt werden. In heißen Regionen, wie in Indien, können diese Fenster den ganzen Tag über geöffnet bleiben. In unseren Breiten hingegen kann man die Ost- und Nordfenster immer wieder zwischendurch für eine, abhängig von der Außentemperatur, mehr oder weniger lange Zeitspanne öffnen. Süd- und Westfenster hingegen sollten so wenig wie möglich zur Belüftung dienen.

Hauseinweihung

»Anerkenne uns, o Wächter dieser Heimstätte. Bring uns keine
Krankheiten und gib uns einen glücklichen Eintritt.
Was immer wir erbitten, sei so gnädig und erfülle es uns.
Schützer dieses Hauses, sei unser Befürworter; vermehre unseren Reichtum,
o Indra. Mögen wir immer aufs neue deine Freunde sein;
erfreue dich an uns wie ein Vater an seinen Söhnen.
Durch deine teure Kameradschaft haben wir Wohlergehen,
Hüter des Hauses. Schütze unser Glück in Ruhe und in Mühsal.
Bewahre uns auf immer mit deinem Segen.«

(Hymne 54, 7. *Mantra* des Rig Veda)

Soweit ein häufig während der Hauseinweihungsriten rezitiertes Mantra. Ohne diese höchsten Weihen sollte gemäß Vastu kein Fuß in ein neues Haus sowie auch nicht in eine neue Wohnung gesetzt werden – die Hauseinweihungszeremonien sind im Dienste der Wohlfahrt von Haus und Bewohnern unverzichtbar. Vastu nennt je nach Anlaß drei verschiedene Arten von »Grihapravesham«, wie die Hauseinweihung genannt wird: eine zum Eintritt in ein neuerstelltes Gebäude, eine zum Wiedereintritt nach einer langen Abwesenheit, beispielsweise einer Reise oder einem langen Krankenhausaufenthalt, und schließlich das »Grihapravesam« für ein renoviertes Haus oder eine Wohnung. Bei jedem dieser drei Typen von Zeremonien werden unterschiedliche Gaben geopfert sowie verschiedene Hymnen und Mantras aufgesagt. Allen gemeinsam ist jedoch, daß sie nur zu ganz bestimmten Zeiten vorgenommen werden sollten. So steht in der »Mayamata« zu lesen: *»Das Haus sollte zu einem erfolgversprechenden Zeitpunkt betreten werden, der mit dem Horoskop des Besitzers im Einklang steht. Zuvor sollten die erforderlichen Rituale durchgeführt worden sein.«*

Demgemäß empfiehlt es sich, die Einweihung des neuerstellten Hauses möglichst dann vorzunehmen, wenn die Sonne sich nördlich des Äquators befindet – das ist in den Monaten Januar bis einschließlich Juni der Fall. Besonders ideal nach Ansicht von Vastu sind dabei die Monate Januar, Februar, April und Mai. Falls die Hauseinweihung sich unter keinen Umständen in diesen Zeitraum legen läßt, kann dazu auch auf die Monate Oktober und November ausgewichen werden. Die besten Wochentage zur Einweihung des Hauses sind Montag, Mittwoch, Donnerstag und Freitag. Falls sich die Dame des Hauses in den letzten zwei Monaten einer Schwangerschaft befindet, sollte die Hauseinweihung wenn möglich erst nach der Entbindung stattfinden.

Zum Grihapravesam für ein neuerstelltes Haus oder eine neue Wohnung werden Brahmanen gebeten, die eine Reihe ritueller Handlungen nach uralter vedischer Tradition vollziehen. Sie bringen beispielsweise Opferungen auf dem hauseigenen Altar dar und bereiten die erste Mahlzeit in der noch jungfräulichen Küche. Damit soll sichergestellt werden, daß alle ab nun hier bereiteten Speisen dem körperlichen und geistigen Wohlergehen der Bewohner dienlich sind. Ein weiterer fester Bestandteil der Hauseinweihung ist das Anbringen von heilkräftigen Kräutern, wohlduftenden Blumengebinden und von Mandalas, graphischer Symbole mit großer spiritueller Bedeutung, um das Haus vor negativen Einflüssen zu bewahren. Diese Schutzschilde werden meist an der Haupteingangstüre sowie an anderen »strategisch« wichtigen Orten wie im Brahmasthana oder in der Nordostecke angebracht.

Manchen mögen diese Riten und Zeremonien bekannt anmuten – mit Recht, denn auch hierzulande sind Hauseinweihungsfeiern, um Schutz und Segen für die Bewohner zu erlangen, ein weitverbreiteter Brauch. Das Richtfest beispielsweise hat seinen festen Platz im hiesigen Bauwesen, und auch hier dürfen Pfarrer oder Priester, Weihwasser und andere religiöse Attribute nicht fehlen. Und wer sich über die schutzkräftigen Dekorationen wundert, denke nur an den Segen der Heiligen Drei Könige CMB (Christus mansionem benedicat), der in unseren Breiten über die Türen geschrieben und Jahr für Jahr erneuert wird – das Pendant zu Kräutern, Blüten und Mandalas des »Grihapravesham«.

Kapitel 6
Im Licht der Naturwissenschaft

»Was die akademische Welt von uns hier in Indien fordert, ist, daß wir uns unserer wissenschaftlichen Daten vollkommen gewiß sind, daß wir diese enormen Leistungen so vor sie bringen, wie sie tatsächlich sind, und daß wir sie korrekt und Wort für Wort auslegen und erklären.«

(aus: »Indian Architecture«, Prof. Sri Prasanna Kumar Acharya)

In den vorangegangenen Kapiteln ist es schon mehrfach angeklungen: Die Mehrheit der Empfehlungen von Vastu besitzt eine naturwissenschaftliche Basis. Sie wurzeln nicht in Magie und Okkultismus, sondern schlichtweg in der exakten Analyse natürlicher Phänomene und ihrer Wirkungen auf den Menschen. Die Annäherung an die naturwissenschaftliche Komponente von Vastu, das sei hier aus eigener Erfahrung erwähnt, bedarf einiger Geduld. So manches Mal erscheinen die Antworten der Vastu-Experten auf die Frage nach der wissenschaftlichen Begründung eines Prinzips – vermeintlich – unlogisch, so manches Mal fällt es schwer, Erklärungen aus Bereichen zu akzeptieren, die nach unserem Dafürhalten nichts bei den Naturwissenschaften zu suchen haben. Erschwerend hinzu kommt eine vollkommen andere Philosophie und Weltsicht sowie eine verwirrende Vielfalt an Sanskrit-Begriffen, die äußerst gewöhnungsbedürftig sind. Die nähere Beschäftigung entschädigt jedoch bald für die anfängliche Frustration. Ein Aha-Erlebnis löst das andere ab, allmählich fällt der Groschen, und die Lehre von Vastu erweist sich als eine faszinierende Symbiose von modernen wissenschaftlichen Erkenntnissen und jahrtausendealtem Wissen. Ihre Konzepte und Empfehlungen zeugen von einer unfaßbar umfassenden Kenntnis von den Gesetzen und Kräften der Natur und ihrer Effekte auf den Menschen. Das Bemühen, diese Wirkungen zum Wohle der Bewohner eines Hauses zu nutzen, findet in Vastu seinen praktischen Ausdruck.

Frühe Universalgelehrte

Die Vastu-Pioniere des antiken Indiens hatten erstaunlich gute Kenntnisse von den Kräften, die um und auf der Erde wirken. Ihr Hauptaugenmerk richtete sich dabei auf die vielfältigen Kräfte der kosmischen Strahlen, die von der Sonne und anderen Gestirnen auf der Erde eintreffen, auf die

6.1. Eindrucksvolle Zeugnisse der enormen Kenntnisse der altägyptischen Baumeister: die Sphinx und die Chefren-Pyramide.

Schwerkraft sowie auf das magnetische und elektrische Feld, das unseren Planeten umgibt. All deren Wirkungen wurden von ihnen bei der Formulierung der Prinzipien von Vastu berücksichtigt: Durch eine geeignete Plazierung von Mauern, Türen und Fenstern, von Wasserspeichern und Feuerstellen, von Freiräumen in und um das Gebäude sollen die positiven Effekte der herrschenden Naturkräfte auf den Menschen in vollem Umfang zur Förderung seines Wohlbefindens genutzt werden.

Wie jedoch war man im alten Indien zu diesem fundierten und wie sich heute, Jahrtausende später, zeigt, zutreffenden Wissen um die Gesetze der Natur gelangt? Wohlgemerkt zu einer Zeit, in der dem naturwissenschaftlich Interessierten an Meßwerkzeug und Untersuchungsgerät nicht recht viel mehr zur Verfügung stand als seine eigenen Sinnesorgane.

Gleichermaßen beachtliche intellektuelle Leistungen erbrachten die alten Griechen, wie etwa der Astronom Aristarchos von Samos (310–230 v. Chr.), der bereits um 260 v. Chr. richtig erkannt hatte, daß die Erde, wie auch die übrigen Planeten unseres Sonnensystems, um die Sonne kreist und sich dabei auch noch einmal täglich um ihre eigene Achse dreht. Dieses Weltmodell wurde freilich von der katholischen Kirche bis in die Neuzeit hinein mit Abscheu vom Tisch gewischt: so mußte Galileo Galilei (1564–1642) am 22. Juni 1633 vor dem Inquisitionstribunal in Rom mit eigener Hand seinem »Irrtum« abschwören, daß »die Sonne der Mittelpunkt der Welt und unbeweglich sei und die Erde sich um sie drehe«. Interessant ist hier nun weniger das gestörte Verhältnis der katholischen Kirche zu den Naturwissenschaften, als wiederum vielmehr die Frage, wie Aristarchos herausgefunden hatte, daß sich unser Planet nicht nur um sich selbst, sondern zudem auch noch um die Sonne dreht.

Darüber, woraus das umfassende Wissen der antiken Gelehrten des Okzidents wie des Orients gespeist wurde, lassen sich nur Vermutungen aufstellen. Sicher jedoch existierte zu diesen frühen Zeiten eine stark ausgeprägte Fähigkeit zur Beobachtung natürlicher Phänomene. Denn die Menschen lebten in engem Einklang mit der Natur – ihre Abhängigkeit und auch ihr Wissen von den Naturgewalten war deutlich größer als heute. Entsprechend besaß man in der Antike, sei es in Indien, Griechenland oder in anderen kulturellen Zentren der Welt, empfindsame Sensoren, welche die Menschen erheblich sensibler für die Wirkungen der sie umgebenden Kräfte machten.

Dieses feine Gespür für den Einfluß natürlicher Phänomene gewährte ihnen tiefe Einblicke in die Gesetzmäßigkeiten des Kosmos. Man denke an die Pyramiden der alten Ägypter, deren außergewöhnliche bautechnische Präzision der wissenschaftlichen Welt bis heute Rätsel aufgibt, zumal diese Leistung selbst mit den heute zur Verfügung stehenden technischen Möglichkeiten nicht zu übertreffen wäre.

Außer ihren erstaunlichen »detektivischen« Fähigkeiten, mit denen sie ihre Umwelt analysierten, neben Experimenten und ihrer Gabe zur intensiven Naturbeobachtung, stand den antiken Wissenschaftlern noch ein weiteres Werkzeug zur Verfügung, um der Natur ihre Geheimnisse zu entlocken: ihre Intuition.

Moderne wissenschaftliche Methoden bestätigen heute das bereits vor Jahrtausenden existierende Wissensgut und machen mehr und mehr deutlich, welchen großen Respekt die enormen Leistungen dieser Zeit verdienen.

Alte Lehre versus moderner Wissenschaft

Vastu ist eine Symbiose uralter spiritueller sowie religiös inspirierter Inhalte und naturwissenschaftlicher Tatsachen – überlieferte Weisheiten und moderne Erkenntnisse, mystisches Wissen und harte Fakten gehen hier eine außergewöhnliche Verbindung ein.

Wo die Knotenpunkte zwischen dem Wissen um die Kräfte unseres Planeten und den Konzepten von Vastu liegen, soll folgende Gegenüberstellung aufzeigen, indem sie anhand belegter Daten die Hintergründe der einzelnen Empfehlungen von Vastu darstellt.

Einen vollständigen Beleg für die wissenschaftliche Basis von Vastu zu erbringen ist jedoch nicht möglich. Zum einen sind hierzu noch eine ganze Reihe an Studien über bislang noch nicht genügend erforschte Phänomene der Natur erforderlich. So liegt bis dato beispielsweise über die Wirkungen elektrischer Erdstrahlungen auf den Menschen nur wenig anerkanntes Datenmaterial vor. Gleiches gilt beispielsweise für die Effekte unterirdischer Wasseradern.

Zum anderen basieren die Prinzipien von Vastu auch auf existenten Phänomenen der Natur, die von der modernen Wissenschaft noch keine Beachtung gefunden haben und erst wieder entdeckt werden müssen.

Entsprechend lassen sich nicht ausnahmslos alle Empfehlungen von Vastu in das für manche Zusammenhänge limitierte Raster abendländischen Wissenschaftsdenkens einpassen. Was jedoch nicht dazu führen sollte, diese Aspekte von Vastu unberücksichtigt zu lassen, denn die Auseinandersetzung mit Sachverhalten, die unserem Weltbild nicht geläufig sind, ermöglicht einen tiefen Einblick in die Gesetzmäßigkeiten der Natur, der manche neue Horizonte aufzeigen und unser Naturverständnis erheblich bereichern kann.

Ebenfalls muß berücksichtigt werden, daß der Ansatz von Vastu, wie auch jener von Ayurveda, ein durch und durch ganzheitlicher ist. Wie die traditionelle indische Medizin in ihre Diagnose und Therapie alle Einflüsse einbezieht, die auf einen Menschen einwirken können, berücksichtigt auch Vastu alle auf und um unseren Planeten sowie im Kosmos wirkenden Kräfte. In der gleichen umfassenden Weise befaßt sich Vastu, wie die beiden vorhergehenden Kapitel gezeigt haben, mit allen Details des Bauens und Wohnens. Entsprechend schwierig ist es aufgrund dieses ganzheitlichen Konzepts auch, einzelnen Phänomenen wie etwa Erdmagnetismus oder Neigung der Erdachse jeweils gesondert die auf ihnen basierenden Empfehlungen zuzuordnen. Alles hängt mit allem zusammen, kein Sachverhalt kann isoliert für sich allein betrachtet werden, sondern stets im Zusammenwirken mit anderen. Aus diesem Grund finden sich im folgenden auch so manche Überschneidungen.

Einleitend zunächst einige für das Verständnis wichtige Daten über unseren Planeten Erde, die den Boden bereiten sollen für den Brückenschlag zwischen Naturwissenschaft und Vastu. Die meisten dieser Zusammenhänge und Effekte waren den Begründern von Vastu bereits bekannt.

6.2. Noch viel weiter über den Wolken findet ein permanenter Ladungsaustausch statt: in der Atmosphäre entsteht eine Spannung, die mit zunehmender Entfernung von der Erdoberfläche ansteigt.

Die Erde – Daten und Fakten

Die Erde ist der fünftgrößte Planet unseres Sonnensystems. Radiometrische Untersuchungen bescheinigen ihr das stolze Alter von etwa 4,65 Milliarden Jahren. Die mittlere Entfernung der Erde von der Sonne beträgt etwa 149503000 Kilometer. Die Erde ist keine vollkommene Kugel, sondern hat mehr die Form eines Ellipsoids. Dieses ist in drei große Bereiche unterteilt: Zum einen in die Atmosphäre, die als gasförmige Hülle unseren Planeten umgibt. Der zweite Bereich, die Hydrosphäre, umfaßt neben den Ozeanen alle Binnenmeere, Seen und Flüsse sowie das Grundwasser und bedeckt ungefähr 70,8 Prozent der Erdoberfläche. Die Lithosphäre schließlich, der größtenteils feste Erdmantel und Erdkern, ist der dritte Bereich. Sie reicht bis in eine Tiefe von 100 Kilometern und bildet das schwerere Erdinnere, das den größten Teil der Erdmasse ausmacht. Vom Erdkern wird ständig Wärme Richtung Erdoberfläche abgestrahlt. Als »Heizkraftwerk« im Erdinneren wird Energie vermutet, die beim Zerfall von Uran oder anderen radioaktiven Elementen frei wird.

Wir rasen durchs All …

Mit dem gesamten Sonnensystem rast die Erde mit einer Geschwindigkeit von 29,8 Kilometern pro Sekunde durch den Raum. Erde und Mond ziehen auf einer elliptischen Bahn um die Sonne; der Umfang der Erdbahn beträgt knapp 940 Millionen Kilometer. Auf dieser Umlaufbahn um die Sonne kreist die Erde wiederum mit einem beachtlichen Tempo von rund 108 000 Stundenkilometern.

Darüber hinaus dreht sich unser Planet alle 23 Stunden, 56 Minuten und 4,1 Sekunden einmal um seine eigene Achse. Diese Rotation erfolgt von West nach Ost, also im gleichen Drehsinn, in dem sich die Erde auf ihrer Bahn um die Sonne bewegt. Ein Punkt auf dem Äquator bewegt sich mit einer Stundengeschwindigkeit von etwas mehr als 1600 Kilometern: jemand, der irgendwo in Äquatornähe vermeintlich gemütlich auf dem Sofa sitzt, bewegt sich in Wirklichkeit mit einer rasanten Geschwindigkeit, die jene eines Düsenjets übertrifft. Neben diesen sogenannten Primärbewegungen gibt es noch weitere Komponenten, die die Erde »auf Trab« halten: die Tagundnachtgleichen (Ekliptik) und die Nutation (eine periodische Änderung der Neigung der Erdachse (S. 161), die durch die Anziehungskräfte von Sonne und Mond bewirkt wird).

Das Potential unseres Planeten

So weit, einige grundlegenden Daten über die Erde. Damit gleich weiter zu den Kräften und Energien, die auf unserem Planeten herrschen und alle darauf existierende belebte und unbelebte Materie beeinflussen. Sie wurden von den Begründern von Vastu dank ihrer profunden Kenntnisse auf geniale Weise in der Formulierung der Vastu-Prinzipien berücksichtigt.

Was den Apfel vom Baum holt

Was einen reifen Apfel fallen läßt und uns während der Sause mit dem Erdkarussell durch das All auf dem Boden hält, nennt man Gravitation – die Schwerkraft oder Erdanziehung. Diese Naturkraft sorgt jedoch nicht nur auf der Erde zum einen für freien Fall und zum anderen für festen Halt, sondern sie durchdringt das gesamte Weltall: was uns schwer macht, steuert auch den Kosmos. Der erste (von dem es uns zumindest bekannt ist …), der dem Wirken der Schwerkraft nachspürte, war der eingangs erwähnte Galileo Galilei. Ausgiebig untersuchte er den freien Fall – der Legende nach vor allem, indem er Steine vom Schiefen Turm in Pisa warf – und postulierte schließlich, daß alle Körper mit der gleichen Geschwindigkeit fallen. Daß eine Feder dazu länger benötigt als ein Stein, liege nur am höheren Luftwiderstand. Ohne diese Bremse würden Stein und Feder gleichzeitig aufschlagen. Der englische Mathematiker, Physiker und Astronom Isaac Newton (1643–1727) war es dann, der Galileis Theorie aufgriff, sie mit der Bewegung der Himmelskörper in Beziehung brachte und auf die Idee kam, daß jene Kraft, die den Mond auf seiner Umlaufbahn um die Erde hält, auch den Stein zu Boden fallen läßt. 1687 veröffentlichte Newton schließlich seine Erkenntnisse in dem Gesetz der Gravitation, das besagt, daß alle Körper eine anziehende Kraft aufeinander ausüben, und daß diese Kraft zwischen zwei Körpern mit dem Quadrat ihres Abstandes voneinander ab- und mit dem Produkt ihrer Masse zunimmt. Mit diesen Zeilen brach eine Lawine der Entdeckungen los, denn Newtons Gesetz hatte nicht nur Apfel und Mond auf einen gemeinsamen Nenner gebracht, es warf auch ein neues Licht auf andere Naturphänomene. So ließen sich fortan die von Mond und Sonne verursachten Gezeiten der Ozeane untersuchen, Sonnen- und Mondfinsternisse mittels simpler Rechenexempel vorhersagen und vor allem die noch gar nicht so lange akzeptierte Erkenntnis, daß die Erde rund ist, erklären: weil die Gravitation alles zum Schwerpunkt zieht. Auch dafür, warum unser Planet nicht völlig rund ist, fand sich eine Lösung: weil die Erde sich dreht und deshalb am Äquator ein wenig ausgewölbt wird.

Spannungsreicher Planet

Eine weitere wichtige Grundlage der Prinzipien von Vastu ist die Erdelektriziät. Insgesamt unterscheidet man drei elektrische Systeme, die durch natürliche geophysikalische Vorgänge in der Erde und in der Atmosphäre zustande kommen. Eines, die sogenannte Ionosphäre, befindet sich in der Atmosphäre; ein weiteres System, die Erdströme aus dem Erdinneren, verläuft parallel zu ihrer Oberfläche; und schließlich das dritte System, das vertikal zur Erdoberfläche verläuft und beständig elektrische Ladung zwischen der Atmosphäre und der Erde transportiert.

Ionosphäre

Die elektrische Leitfähigkeit der Atmosphäre in ihrem oberen Bereich entsteht durch die Ionisation der atmosphärischen Gase – entsprechend nennt man diesen Teil der Atmosphäre auch Ionosphäre. Im Zuge der Ionisation werden einem neutralen Atom oder Molekül ein oder mehrere Elektronen abgezwackt oder hinzugefügt – im ersten Fall entsteht ein positiv geladenes Ion, im zweiten ein negativ geladenes. Jedes Atom oder Molekül hat jedoch das Bestreben, seine Ladung wieder auszugleichen, demzufolge wandern die positiv geladenen Ionen zum Minuspol (Anode), die negativ geladenen zum Pluspol (Kathode) eines elektrischen Feldes: In der Atmosphäre entsteht eine Spannung und sie wird elektrisch leitfähig. Die Ionisierung und damit die Elektrizität der Atmosphäre ist in der Nähe der Erdoberfläche gering, nimmt aber mit größerer Höhe schnell zu. Zwischen 40 und 400 Kilometern über der Erde bildet die Ionosphäre eine fast perfekt leitende kugelförmige Hülle. Die Ionisierung der Atmosphäre ist jedoch nicht nur abhängig von der Höhe, sondern auch von der Tageszeit und dem jeweiligen Breitengrad.

Antike Blitzableiter

Welches profunde Wissen man bereits im Indien der Antike um die nützlichen wie zerstörerischen Kräfte der Elektriziät hatte, zeigt sich beispielsweise auch daran, daß in die Dächer der alten Tempel Stäbe aus Eisen oder Kupfer eingesetzt sind. Diese hatten und haben keine andere Funktion zu erfüllen als unsere heutigen Blitzableiter – das Haus vor der schädlichen Energie von Blitzen zu bewahren.

Erdströme

Sie bilden ein weltweites System von acht Stromkreisen, die gleichmäßig auf beiden Seiten des Äquators verteilt sind. Zudem existiert eine Reihe kleinerer Stromkreise in der Nähe der Pole. Obwohl man bisher angenommen hat, daß dieses System durch tägliche Veränderungen in der atmosphärischen Elektrizität entsteht, sind seine Ursprünge komplexer: Der Erdkern, der aus geschmolzenem Eisen und Nickel besteht, leitet Elektrizität. Man vermutet, daß thermische Ströme im Erdkern das geschmolzene Metall in kreisförmigen Bahnen zum Magnetfeld der Erde bewegen und dadurch das System der Stromkreise erzeugen.

6.3. Die Begründer von Vastu hatten erstaunlich gute Kenntnisse von den Kräften, die von der Erde auf alles, was auf unserem Planeten existiert, einwirken.

Ladungsausgleich an der Erdoberfläche

Die Oberfläche der Erde trägt eine negative elektrische Ladung. Messungen bei schönem Wetter haben ergeben, daß positiv geladene Ströme aus der Atmosphäre zur Erde fließen. Der Grund dafür ist die negative Ladung der Erde, die positive Ionen aus der Atmosphäre anzieht. Bei schlechtem Wetter fließen dagegen negativ geladene Teilchen zur Erde. Man konnte nachweisen, daß aus Gewitterwolken eine negative Ladung zur Erde fließt und daß die Menge an elektrischer Energie, die bei Stürmen erzeugt wird, ausreicht, um die negative Ladung der Erdoberfläche beständig zu ergänzen.

Stabile Seitenlage

Unser Planet kreist gewissermaßen in »Schieflage« um die Sonne, denn die Erdachse verläuft nicht exakt vom Nord- zum Südpol, sondern ist um durchschnittlich 23,3 Grad nach Osten geneigt (s. Abb.). Diese Präzession genannte Schräglage der Erdachse scheint recht stabil zu sein – astronomische Untersuchungen ergaben, daß es in den Jahrmillionen der Erdgeschichte kaum jemals größere Abweichungen als 1,3 Grad gegeben hat.

Der Grund für diese stabile Seitenlage der Erde ist der Mond, denn durch seine verhältnismäßig große Masse stabilisiert er bei seinem Umlauf um die Erde deren Rotationsachse. Ohne unseren Trabanten allerdings könnte auch die Erdachse um bis zu 80 Grad schwanken, wie beispielsweise bei Merkur und Venus, die sich in der Vergangenheit möglicherweise vollständig »auf die Seite« gelegt haben. Wissenschaftler nehmen an, daß sich allein die Erde in der Vergangenheit ohne große Störungen gedreht zu haben scheint. Verursacht wird die Neigung der Erdachse wahrwarscheinlich durch die Anziehungskräfte, die von Sonne und Mond auf unseren Planeten einwirken.

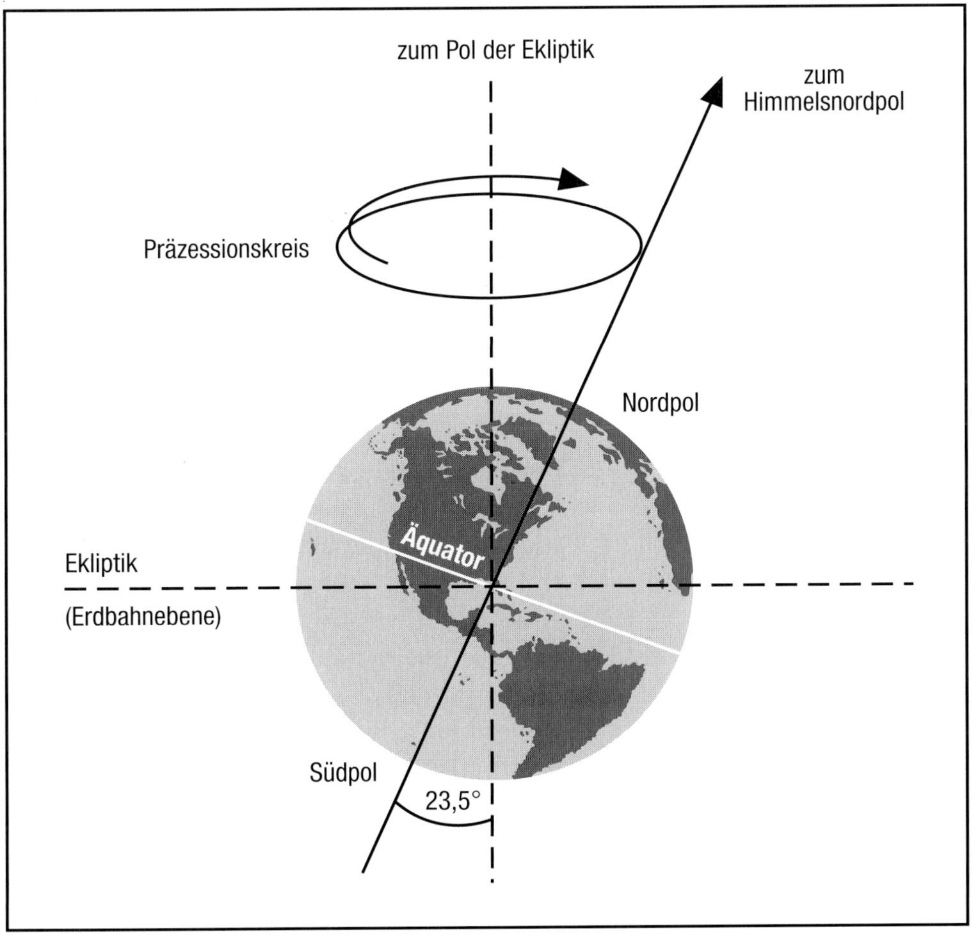

6.4. Schematische Darstellung der nach Nordosten geneigten Erdachse.

Mit Teilchen werden kleinste Körper, beispielsweise Staub- oder Schwebeteilchen in Gasen und Flüssigkeiten, sowie auch die kleinsten Einheiten von chemischen Verbindungen und Elementen, wie Moleküle, Ionen und Atome bezeichnet. Die Bestandteile eines Atoms, der Atomkern und die Elektronen sowie jene des Atomkerns selbst, die Protonen und Neutronen, gehören nicht zu den Teilchen im klassischen Sinn, sondern zu den atomaren und subatomaren.
Auf die erstgenannten Teilchen lassen sich die Gesetze der klassischen Physik, vor allem die Newtonsche Mechanik (S. 163) anwenden. Auf die atomaren und subatomaren müssen hingegen die Gesetze der Quantenphysik angewendet werden.

Nordosten: Tor der Energien

Durch die Neigung der Erdachse nach Nordosten treffen die von der Sonne ausgehenden Strahlungen zuerst im nordöstlichen Bereich unseres Planeten ein, ganz einfach deshalb, weil der Nordosten dem Fixstern unseres Planetensystems am nächsten liegt.

Was von der Sonne zuerst im nordöstlichen Bereich der Erde eintrifft, birgt ein gewaltiges energetisches Potential – mit ihren Strahlen schickt die Sonne eine Unmenge positiv und negativ geladener Teilchen zur Erde. Diese sind es auch, die den gasförmigen Atomen und Molekülen der Atmosphäre Elektronen rauben oder hinzufügen und sie so zu Ionen verwandeln (S. 159).

Im Nordosten herrschen also enorme energetische Kräfte – dieser Bereich ist gewissermaßen eine Batterie, die tagtäglich aufs neue geladen wird. Diesem Umstand trägt Vastu dadurch Rechnung, indem es dem Nordosten, Norden und Osten eine immense Beachtung beimißt. Diese Himmelsrichtungen erhalten in jeder Hinsicht den Vorrang: von der Ausrichtung eines Grundstückes oder eines Gebäudes, über die räumliche Konzeption bis hin zur Blickrichtung, die während bestimmter Aktivitäten zu bevorzugen ist, um nur einige Beispiele zu nennen.

6.5. Der Nordosten ist gewissermaßen das Tor, durch das die energetischen Kräfte eintreten – sowohl was den ganzen Planeten, wie auch jeden noch so kleinen Raum betrifft.

Alles ist relativ

Das von Sir Isaac Newton im Zuge der drei Axiome der Mechanik postulierte dynamische Grundgesetz hat sich spätestens seit Albert Einstein als nicht immer zutreffend erwiesen. Im atomaren und subatomaren Bereich läßt es sich nicht anwenden, denn, wie Einsteins Relativitätstheorie unter anderem beschreibt, bewegen sich Elektronen, Protonen und Neutronen mit Lichtgeschwindigkeit fort; was sie, ginge es nach Newton, im Grunde nicht dürften.

Die Nabelschnur der Welt

Außer um die Gravitation und Neigung der Erde sowie um die noch im folgenden geschilderten Effekte des Erdmagnetfeldes, den indirekten Einfluß des Mondes und die deutlich spürbaren Kräfte der Sonne wußten die Vastu-Pioniere auch um eine Energie, die konstant von Nordosten nach Südwesten fließt. Diese Energie resultiert aus Wechselwirkungen zwischen den auf allen Planeten existierenden magnetischen Feldern und der ebenso im gesamten Kosmos herrschenden Gravitationskraft. Entsprechend beeinflußt der erwähnte Energiefluß von Nordost nach Südwest nicht nur die Erde, sondern das gesamte Sonnensystem. Zudem wirkt diese Energie nicht nur auf der Erdoberfläche, sondern »durchdringt« unseren gesamten Planeten und wirkt demzufolge auch im Erdinneren.

Besagte magneto-gravitionale Energien treten von Nordosten in ein Gebäude ein und wandern in dessen Inneren Richtung Südwesten. Der südwestliche Bereich ist also der Empfänger dieser energetischen Kräfte, die sich durch den »Wirrwarr« von Türen und Wänden einen Weg gebahnt haben. Die Diagonale von Nordost nach Südwest stellt gewissermaßen die »Nabelschnur« dar, entlang derer die energetischen Kräfte verlaufen – sowohl im Kleinen, in einem umschlossenen Raum wie etwa einem Haus, wie auch im Großen, dem gesamten Sonnensystem und damit auch unserem Planeten. In diesem Zusammenhang sei auch an die Brahmanenschnur errinnert (S. 48).

Vastu Purusha in seinem Kasten (S. 47) ist nichts anderes als die Personifizierung dieses Energieflusses: mit der Diagonale von seinem Kopf im Nordosten zu seinen Füßen im Südwesten wird diese energetische Kraft versinnbildlicht.

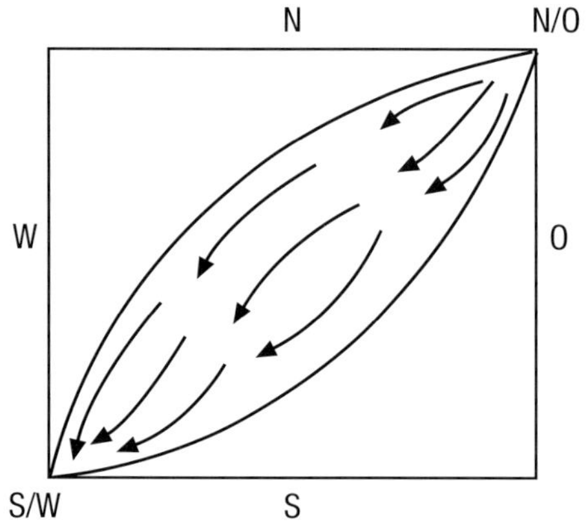

6.6. Ob in einem geschlossenen Raum oder im gesamten Erdball – stets fließen die von Nordosten eintreffenden energetischen Kräfte in südwestliche Richtung.

Geneigte Erdachse, geneigter Nordosten

Angesichts der Tatsache, daß die energetischen Kräfte über den Nordosten in ein Gebäude eintreten und in den Südwesten strömen, sollte dieser Bereich niedriger liegen als alle anderen. Vor allem der Südwesten sollte generell der höchstgelegene Part innerhalb eines Hauses oder einer Wohnung sein. Ein Grund für die Neigung im Nordosten ist, daß dieser Bereich durch die Neigung der Erdachse in nordöstliche Richtung bereits erhöht ist und demzufolge zum Ausgleich wieder leicht abgesenkt werden sollte.

Darüber hinaus läßt sich durch die Steigung in südwestlicher Richtung verhindern, daß die vom Nordosten ankommenden Energien zu schnell über den Südwesten wieder den Raum verlassen. Der Anstieg bremst den Fluß der Energien gewissermaßen ab und reflektiert diese wieder zurück in den betreffenden Raum. Denn, man denke an den Physikunterricht: Einfallswinkel gleich Ausfallswinkel.

Zudem würde, läge der Nordosten höher als andere Bereiche, der Eintritt der Energien in das Gebäude behindert. Liegt der Nordosten dagegen am niedrigsten, können sich die energetischen Kräfte gleichmäßig im Haus verteilen – zum Wohle seiner Bewohner.

Wasser als Transformator

Oben gesagtes macht verständlich, warum Vastu den Nordosten als besten Platz für Wasserreservoir und Brunnen vorsieht, sowie generell Wasserflächen in dieser Himmelsrichtung empfiehlt: Wasser hat die Fähigkeit, Energie, magnetische wie elektrische, zu speichern. Da die Strahlen aus dem Osten eine reiche Quelle derartiger Kräfte sind, können sie im Wasser gewissermaßen zwischengespeichert und langsam in das Gebäude abgegeben werden. Im Nordosten gelegene Wasserflächen agieren im Grunde genommen wie Transformatoren, die das Haus mit Energie versorgen. Aus diesem Grund rät Vastu auch, daß Ost- und Westseiten von Wasserspeichern länger sein sollten, als die Nord- und Südseiten: denn mittels dieser Dimensionierung steht den Strahlungen schlichtweg eine größere Oberfläche zur Verfügung, über die sie in das Wasser eintreten und dort gespeichert werden können.

Auf dem Phänomen der Energieübertragung in Wasser oder wäßrigen Lösungen beruht auch das homöopathische Prinzip: Die heilenden Eigenschaften werden durch mehrmalige Folgen von Schüttelschlägen aus der Ursubstanz gelöst und gehen auf den Verdünnungsstoff über. Die Information der Grundsubstanz wird damit in der Lösungssubstanz, meist destilliertes Wasser oder hochprozentiger Alkohol, gespeichert.

Die Affinität von Wasser zu energetischen Strahlungen ist auch der Grund für eine althergebrachte indische Sitte, über die sich ein Europäer in der Regel erst einmal recht wundert: Nach dem Servieren der Speisen wird um die Teller ein Kreis aus Wassertropfen gezogen. Der Sinn dieser »Wasserspiele« ist ganz einfach der, daß über das Wasser Energie in die Speisen übertragen wird und mit ihnen in den Körper gelangt.

6.7. Wasserflächen, oftmals von beachtlichem Ausmaß, gehören gemäß Vastu zur unentbehrlichen Ausstattung jedweden Bauwerkes, sei es weltlich oder religiös. Hier der Teich der Tempelanlage von Kanchepuram in Südindien.

Weiteres Gebot: Kräfteausgleich im Südwesten

Vom Nordosten aus verteilen sich die Sonnenstrahlen nach beiden Seiten in Richtung Nordwesten und Richtung Südosten, um sich dann im südwestlichen Bereich der Erdkugel wieder zu treffen.

Was im Großen auf dem gesamten Planeten geschieht, findet auch im Kleinen in jedem Gebäude statt. Die im Nordosten eintreffenden Strahlungen aus dem Kosmos sammeln sich nach ihrer Reise durch die einzelnen Räume im Südwesten des Hauses wie auch der Wohnung wieder.

Durch diese Kulmination der geladenen Teilchen sind die energetischen Kräfte im Südwesten sehr stark konzentriert. Eine derart »geballte Ladung« elektrischer Energie würde sich auf Dauer schädlich auf den menschlichen Organismus auswirken. Um dies zu vermeiden, müssen die enormen Kräfte im Südwesten abgeschwächt werden. Und genau dieses Ziel verfolgt eines der zentralen Prinzipien von Vastu, indem es empfiehlt, im südlichen, westlichen und südwestlichen Bereich stets mehr Gewicht zu plazieren: durch schwere Baustrukturen wie beispielsweise dickere

Wände oder Treppenaufgänge, aber auch durch mächtige Bäume und Steingärten.

Ebenso geht die Empfehlung, daß sich im Süden, Südwesten und Westen Hügel und Berge sowie höhere Häuser befinden sollten, auf das Prinzip zurück, die in diesen Bereichen herrschenden hochkonzentrierten energetischen Kräfte abzuschwächen und auf ein dem menschlichen Organismus zuträgliches Maß zu reduzieren.

Darüber hinaus ist im Südwesten bedingt durch die Rotation der Erdachse in nordöstliche Richtung die Erdanziehungskraft am stärksten, weshalb hier auch schwere Lasten ohne nachteilige Effekte plaziert werden können.

Zwischen den Polen ...

Neben der Gravitation wirkt noch eine andere gewaltige Kraft auf und in unserem Planeten. Zwischen dem magnetischen Nordpol und dem magnetischen Südpol befindet sich ein Magnetfeld, das die gesamte Erde umspannt (s. Abb). Unsere Erde verhält sich wie ein riesiger Magnet. Die Entstehung des Erdmagnetismus gibt der Wissenschaft allerdings bis dato noch Rätsel auf. Man geht heute davon aus, daß das erdmagnetische Feld durch elektrische Ströme im Erdinneren, der Lithosphäre, zustande kommt. Diese Ströme resultieren aus der Verbindung von Mineralien unterschiedlicher Temperatur und elektrischer Ladung. Das Erdinnere ist gewissermaßen ein riesenhafter natürlicher Generator, der beständig mechanische Energie – entstanden aus der Drehung der Erde und der Bewegung des plastischen Erdkerns – in elektrische Energie umwandelt.

Interessant am Erdmagnetismus ist, daß die Lage der magnetischen Pole von Jahr zu Jahr beachtliche Veränderungen, sogenannte erdmagnetische Variationen, aufweist. Entsprechend stimmen die magnetischen Pole der Erde nicht mit den geographischen Polen überein. Der magnetische Nordpol befindet sich zur Zeit knapp 1290 Kilometer nordwestlich der Hudson Bay, der magnetische Südpol am Rand des antarktischen Kontinents, ungefähr 1930 Kilometer nordöstlich von Little America.

Neuere Untersuchungen von Restmagnetismus im Gestein und in magnetischen Anomalien auf dem Meeresboden haben zudem gezeigt, daß sich nicht nur die Lage der magnetischen Pole, sondern auch die Polarität selbst ändert, in den letzten hundert Millionen Jahren immerhin mindestens 170mal.

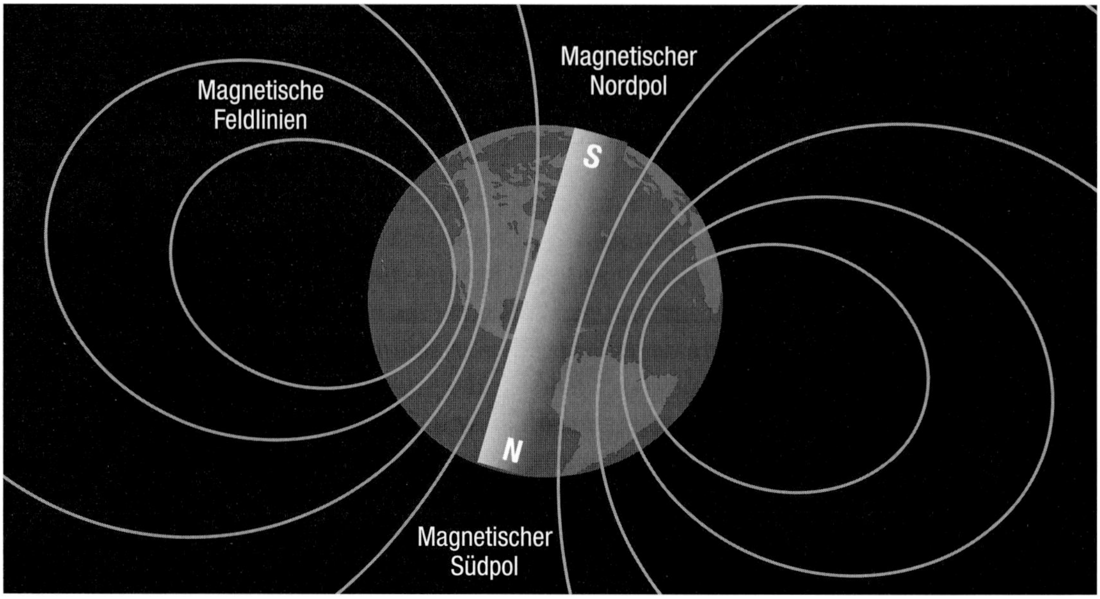

6.8. Das Magnetfeld der Erde.

Magnetfelder

Dies sind durch Magnete oder aber durch bewegte elektrische Ladungen erzeugte Felder, die Kraftwirkungen zwischen Magneten oder zwischen elektrischen Strömen vermitteln. Die Einheiten, mittels derer die Größe eines Magnetfeldes beschrieben werden (Feldgrößen), sind die magnetische Feldstärke H und die magnetische Flußdichte B. Treten die Magnetfelder mit zeitlich veränderlichen elektrischen Feldern verknüpft auf, spricht man von elektromagnetischen Feldern. Ansonsten handelt es sich um ein magnetostatisches Feld.
Messungen der Feldstärke des Erdmagnetfeldes werden mit sogenannten Magnetometern durchgeführt, die die gesamte Feldstärke und die Feldstärken in horizontaler und vertikaler Richtung messen. Die Stärke des Magnetfeldes der Erde ist an verschiedenen Stellen ihrer Oberfläche unterschiedlich groß.

Magnetische Wirkungen

Die magnetischen Impulse, die vom Erdinneren an die Oberfläche gesandt werden, dringen in alle Lebenssysteme unseres Planeten ein und beeinflussen sie unmittelbar. Am menschlichen Körper zeigt sich die Wirkung magnetischer Energie vor allem durch die Erhöhung der Zellaktivität, die Stärkung des Immunsystems und durch die Verbesserung der Durchblutung des gesamten Organismus.

In diesem Zusammenhang sei kurz auf die Magnetfeldtherapie (MFT) verwiesen, im Zuge derer erkrankte Körperteile und Organe über einen bestimmten Zeitraum hinweg niederfrequenten elektromagnetischen Feldern ausgesetzt werden. Dies führt zu einer deutlich besseren Durchblutung in dem behandelten Körperteil oder Organ, die Permeabilität der Zellmembranen für bestimmte Ionen verändert sich und Muskel- sowie Nervengewebe werden regeneriert. Die Anwendungsmöglichkeiten der Magnetfeldtherapie sind überaus vielfältig: von verschiedenen Erkrankungen des Bewegungsapparates über Stoffwechselstörungen und psychosomatische Beschwerden bis hin zu Kopfschmerzen und Migräne sowie Störungen des Herz-Kreislauf-Systems. Moderne Technologie und altes Wissen um die Heilkraft des Magnetismus gehen bei dieser Therapieform eine effektive Symbiose ein, wie nicht zuletzt die erstaunlich hohen Heilungsraten belegen.

Gesund im Schlaf

Da wir Menschen von den auf der Erde herrschenden magnetischen Kräften stark beeinflußt werden und zudem unser Körper, nicht zuletzt aufgrund des Eisengehaltes im Blut, selbst ein Magnetfeld besitzt, spielt seine Ausrichtung eine entscheidende Rolle für unsere Gesundheit.

Ganz besonders gilt dies für die Position unseres Körpers während seiner Nachtruhe. Diese nämlich sollte in jedem Fall mit dem Kopf nach Süden gehalten werden, denn der Kopf ist der Nordpol unseres Körpers und entsprechend sind die Füße der Südpol. Wenn mit dem Kopf nach Süden geschlafen wird, findet eine Anziehung zwischen dem Nordpol des Körpers und dem magnetischen Südpol der Erde statt. Auf diese Weise kann sich das bioelektrische Energiefeld im Körper ungehindert verteilen und wird nicht in seinem Fluß gestört – wer sich mit dem Kopf Richtung Süden bettet, sorgt im Schlaf für sein Wohlbefinden. Hält man seine Nachtruhe dagegen mit dem Kopf nach Norden, stoßen sich magnetischer Nordpol der Erde und Nordpol des Körpers ab: das bioelektrische Feld des Körpers wird massiv gestört, was sich in erheblichen Beeinträchtigungen des Blutkreislaufs äußert. Bedingt durch die gegenseitige Abstoßung der beiden Nordpole kann die Zirkulation innerhalb der Gefäße, vor allem in den feinen Kapillaren (Mikrozirkulation) nicht mehr optimal stattfinden. Wie mehrere wissenschaftliche Untersuchungen, unter anderem des

Indian Institute of Sciene in Bangalore, aber auch außerhalb des Subkontinents belegen, zeigt sich diese Blockade der Blutzirkulation in Veränderungen des Blutdruckes. Auch bereits bestehende Blutdruckstörungen werden deutlich meßbar verstärkt. Bei Hypertonie erhöht sich der Druck, niedriger Blutdruck sinkt noch weiter ab. Daneben gehen auch so manche Störungen der Nachtruhe auf das Konto einer ungünstigen Schlafposition: Einschlaf- und Durchschlafschwierigkeiten, vorzeitiges Erwachen und anderes Ungemach wie häufige Alpträume.

Für eine erholsame Nachtruhe, im Zuge derer sich der Körper regenerieren kann, und damit im Dienste von Gesundheit und Wohlbefinden, sollte bei der Anordnung und Einrichtung des Schlafzimmers sehr darauf geachtet werden, wie man sich bettet.

Obengenannte Gründe stehen auch hinter der Vastu-Empfehlung an alle im medizinischen Bereich Tätigen, Patienten bei Operationen so zu lagern, daß sie während des Eingriffs mit dem Kopf nach Süden liegen (S. 215).

Menschen, die geistig gefordert sind, also überwiegend Kopfarbeit leisten oder sich im Studium befinden, können alternativ auch mit dem Kopf nach Osten schlafen. Durch den starken Energiefluß aus dem Osten (S. 162) aktiviert diese Schlafposition die Gehirnzellen und erhöht deren Leistungsfähigkeit. Aufgenommene Signale und Nervenimpulse können so leichter verarbeitet und gespeichert werden. Das Gedächtnis wird damit unterstützt und die Konzentrationsfähigkeit verbessert.

Nicht unter Querbalken

Abgesehen von der Ausrichtung des Körpers empfiehlt Vastu darüber hinaus, nie so zu schlafen, daß quer über dem Bett Balken verlaufen, ganz besonders keine aus Stahl. Denn andernfalls wird der Körper der Erdanziehungskraft, welche auf die Stahlträger ausgeübt wird, voll ausgesetzt und der Fluß seines bioelektrischen Feldes dadurch erheblich gestört. Das kann neben diversen körperlichen Beschwerden auch zu einem unbeständigen und labilen Gedächtnis und in Folge zu Konzentrationsschwierigkeiten und einem Mangel an Durchsetzungs- und Entscheidungsvermögen führen. Besonders bei Schulkindern, Studierenden und von Menschen in führenden Positionen wie beispielsweise Managern sollte dieser Rat beherzigt werden.

Erde »hinter Gittern«

Über der Erdoberfläche verlaufen in Längs- und Querrichtung, von Norden nach Süden und von Osten nach Westen, elektromagnetische Energielinien, die unseren Planeten mit einem engmaschigen Netz überziehen: das Hartmann-Gitter, benannt nach seinem Entdecker Dr. Ernst Hartmann, einem deutschen Arzt und Wissenschaftler. Die in Nord-Süd-Richtung verlaufenden Linien des Hartmann-Gitters haben einen Abstand von durchschnittlich 195 Zentimetern, die in Ost-West-Richtung verlaufenden einen Abstand von 245 Zentimetern. Die entlang der Hartmann-Linien existierende elektromagnetische Spannung ändert mehrmals täglich ihre Ladung. Diese latent existierende elektromagnetische Energie wird gestört, sobald ein Gebäude auf den Linien errichtet wird: sie beginnt, sich aufs Geratewohl um und in dem Haus zu verbreiten, was nachteilige Wirkungen auf dessen Bewohner hat. Da das Hartmann-Gitter lückenlos die gesamte Erde umgibt und zudem sehr engmaschig ist, trifft das für jedwedes Haus zu, und sei es noch so klein.

Die Vastu-Urväter wußten um die Existenz dieser elektromagnetischen Linien und um die Wirkungen ihrer Energie auf den menschlichen Körper. Ihre Empfehlungen zur Dimensionierung und Ausrichtung eines Hauses, zur Anordnung von Wänden, Türen und Fenstern verfolgen das Ziel, die energetischen Kräfte des Hartmann-Gitters zum Wohle der Bewohner zu nutzen. Mit anderen Worten: Ist ein Haus nach den Empfehlungen von Vastu erbaut, treten die elektromagnetischen Energien der Hartmann-Linien in der für den menschlichen Organismus zuträglichen Wellenlänge, Frequenz und Richtung in das Gebäude ein. Man weiß heute, daß die Kräfte des Hartmann-Gitters die Zellen des Körpers unmittelbar beeinflussen. Befinden sich diese Energien im erwähnten ausgewogenen Verhältnis hinsichtlich Wellenlänge, Frequenz und Richtung, vermögen sie den Zellstoffwechsel und andere Funktionen innerhalb der Zellen unseres Körpers zu unterstützen. Insbesondere ihre Regenerationsfähigkeit und ihre Abwehrmechanismen gegenüber schädlichen Substanzen werden damit deutlich gestärkt.

Potente Knoten

Satellitenaufnahmen von alten Tempeln, unter anderem im Himalaya, haben gezeigt, daß sie allesamt auf Knotenpunkten des elektromagnetischen Gitters erbaut wurden. An den Stellen, an denen sich Linien des Gitters kreuzen, herrscht ein deutlich erhöhtes Energiepotential. Man geht heute

6. 9. Blick auf den Mount Everest (links hinten im Bild), der sich durch sein Charakteristikum, den fast immer von einer Schneewolke umwehten Gipfel, weithin zu erkennen gibt.

davon aus, daß diese hochenergetische »Knotenlage« der Grund ist, warum die antiken Bauwerke die Jahrtausende ohne nennenswerten Schaden überdauert und, was vor allem die Tempel im Himalaya angeht, auch so manchem Erdbeben standgehalten haben, denn die erdgeschichtlich relativ junge Himalaya-Region ist eine Hochburg gewaltiger Erderschütterungen.

Auch außerhalb Indiens finden sich zahllose bedeutende Bauwerke alter Zeiten, die auf Knotenpunkten des elektromagnetischen Gitters stehen, so beispielsweise die Cheops-Pyramide in Gizeh, die Kathedrale von Chartres und der Kölner Dom, um nur einige zu nennen. Auch das englische Stonehenge, ein bis heute geheimnisumwittertes Rund aus Menhiren, steht auf einem solchen Knotenpunkt. Die um 1900 v. Chr. entstandene Megalithanlage, gelegen zwischen Bristol und Southampton, ist weltweit das einzige Denkmal seiner Art, bei dem Menhire künstlich geformt und nach einem architektonischen Konzept aufgestellt wurden. Dessen Raffinessen lassen die Historiker nach wie vor über den Zweck dieses Bauwerkes rätseln: So reichen die Vermutungen, was sich hinter den

6.10. Von zahlreichen der Tempelbauten und Pagoden im Himalaya-Gebiet weiß man heute, daß sie auf Knotenpunkten des elektromagnetischen Gitters stehen, das die Erde umspannt. Im Bild Pagoden in Nepal.

mächtigen Bögen, umgestürzten Steinblöcken und magischen Kreisen von Stonehenge verbirgt, vom Sonnentempel über astronomisches Observatorium bis hin zum Landeplatz für außerirdische Erdbesucher.

Zu energetisch ...

Was Bauwerken Stabilität und Austrahlung – im doppelten Sinn – verleiht, ist dem menschlichen Körper nicht ebenso zuträglich, denn die an den Knotenpunkten herrschende Energie ist so ausgeprägt, daß sie, dauerhaften Aufenthalt vorausgesetzt, die Gesundheit beeinträchtigen kann. Aus diesem Grund sollten auf den potenten Knoten weder Betten noch Schreibtische stehen.

Die Kräfte der Sonne

»Im Indien der Antike wurde maximaler Nutzen aus der Strahlung der Sonne gezogen – von Jaipur im Norden bis Kancheepuran im Süden.«

(Michael Jamsen, Architekturwissenschaftler)

Seit Milliarden von Jahren gelangen durch die in der Sonne stattfindenden thermonuklearen Fusionen gewaltige Energien auf die Erde. Das Potential, welches die tagtäglich auf unserem Planeten eintreffenden Sonnenstrahlen bergen, wurde im alten Indien schon lange vor Beginn unserer Zeitrechnung gezielt genutzt. Dies belegen nicht zuletzt eine ganze Reihe von Vastu-Prinzipien, die sich neben dem Wissen um die Energien der Erde auch aus dem Wissen um die immensen Kräfte der Sonne und ihrer Wirkungen auf den Menschen speisen.

Das Sonnenlicht setzt sich aus drei verschiedenen Komponenten zusammen: dem sichtbaren Spektrum der Sonnenfarben und den jeweils unsichtbaren Ultraviolett- und Infrarotstrahlen. Während die UV-Strahlen überwiegend mit der Morgensonne und damit aus Osten auf der Erde eintreffen, kommen die Infrarotstrahlen vor allem mit der Mittagssonne und entsprechend aus dem Süden. Demgemäß korrespondiert der Nordosten mit den ultravioletten Strahlen, der Süden und Südosten mit den Infrarotstrahlen. Nachfolgend sollen kurz die Eigenschaften dieser beiden Strahlungen vorgestellt werden. Damit läßt sich auch leichter nachvollziehen, weshalb Vastu den Himmelsrichtungen Nordosten, Osten und Südosten ganz bestimmte Funktionen zuordnet und empfiehlt, die Räume entsprechend anzulegen.

Alles Ansichtssache …

Oft ist es nur eine Sache der Semantik, die darüber bestimmt, ob wir etwas als »wissenschaftlich« empfinden oder nicht – wenn beispielsweise die einzelnen Spektralfarben des Sonnenlichts religiöse Namen tragen und nicht wie uns geläufig bezeichnet werden. Der indischen Mythologie zufolge sitzt der Patron der Sonne in einem Wagen, der von sieben Pferden, ihrerseits ebenso nicht irdischer Abkunft, gezogen wird. Dieses Gespann gilt als die sieben verschiedenen Strahlen der Sonne, die den sieben Farben des sichtbaren Sonnenlichts entsprechen. In wissenschaftliche Termini übertragen, heißen die sieben Zugpferde des Patrons der Sonne also schlichtweg Violett, Indigo, Blau, Grün, Gelb, Orange und Rot – in Indien tragen sie den Namen religiöser Hoheiten.

Die wichtigste Quelle ultravioletter Strahlen ist die Sonne; falls diese nicht scheint, bieten Solarien eine Alternative, und sofern es nicht um die Bräunung der Haut geht, auch Wolframband- oder Edelgaslampen. Die elektromagnetischen Wellen, die sich direkt an das violette Ende des sichtbaren Lichtspektrums anschließen (daher ihr Name ultraviolett), haben, obgleich unsichtbar, eine beachtliche Palette an Wirkungen. Die vielleicht angenehmste, die jeder kennt, ist die durch sie hervorgerufene Pigmentierung der Haut – eine strahlende Bräune ist allein das Werk der UV-Strahlen. Daneben kommt UV-Strahlen bei der Erzeugung synthetischer Produkte und vor allem ihren biologischen Effekten große Bedeutung zu. So vermögen ultraviolette Strahlen zahlreiche Abläufe im menschlichen Organismus positiv zu beeinflussen: sie aktivieren den Stoffwechsel, fördern die Durchblutung, unterstützen Herz und Kreislauf, Atmung sowie die Funktionen der endokrinen Drüsen und stimulieren das Abwehrsystem. Auch die Sehkraft profitiert von den morgendlichen Sonnenstrahlen. Und, indem UV-Strahlen die Bildung des Hautpigments Melanin – was für die Bräunung sorgt – in Gang setzen, bewirken sie zugleich die Synthese von Vitamin D. Um dieses wichtige Vitamin bilden zu können, ist der Körper auf ultraviolette Strahlen angewiesen.

Das gesamte Befinden eines Menschen profitiert also in hohem Maße von den Wirkungen der UV-Strahlen – allerdings nur wohldosiert genossen. Im Übermaß können UV-Strahlen genau das Gegenteil bewirken und zu allgemeinem Unwohlsein führen. Wer schon einmal einen ausgedehnten Sonnenbrand hatte, weiß wie sehr …

Ein weiterer wichtiger Effekt ist die antiseptische, keimhemmende Wirkung der UV-Strahlung: Schädliche Mikroorganismen können durch die Bestrahlung mit UV-Licht abgetötet werden. Diese zellzerstörende Wirkung auf Bakterien, Viren und Bakteriophagen wird heute vielseitig therapeutisch sowie auch technisch zur Luftentkeimung und Sterilisation genutzt.

Desinfektion durch Sonnenstrahlen

Doch schon viele Jahrtausende früher wußte man im alten Indien, und sicherlich auch in anderen Hochkulturen, um die antiseptischen Eigenschaften jener Strahlen, welche die Sonne tagein, tagaus auf die Erde schickt. Diese Kenntnis ist ein weiterer Beleg für die eingangs erwähnten erstaunlichen Fähigkeiten der Vastu-Gelehrten. Immerhin sollten nach ihren Lebzeiten noch über zweitausend Jahre vergehen, bis im letzten Drittel des 19. Jahrhunderts erst einmal die Existenz von krankmachenden Mikroorganismen durch Pioniere der Bakteriologie wie Louis Pasteur und Robert Koch nachgewiesen wurde. Zudem stand zum Schutz vor dem schon länger bekanntem schädlichen Treiben von Bakterien und Viren. außer Essig und Salz über Jahrhunderte nicht viel anderes zur Verfügung.

Um so erstaunlicher also, daß Vastu sich schon zu so früher Zeit die antiseptische Wirkung der UV-Strahlung zunutze machte. So sei hier an die bereits erwähnte Anordnung der Hauptstraßen in den Städten der Indus-Saraswati-Kultur, aber auch in anderen altindischen Stadtanlagen erinnert, die so gewählt wurde, daß die UV-Strahlen der Sonne von morgens bis abends für »Keimfreiheit« sorgen konnten – nämlich exakt von Ost nach West (S. 30). Doch auch viele andere Vastu-Prinzipien verfolgen diesen Zweck: Wenn Vastu empfiehlt, die Küche in den Südosten zu legen, hat das nicht nur den Grund, daß hier kraft der hohen Intensität von Infrarotstrahlen thermische Wirkungen ausgeprägter sind. Vielmehr erhält der Südosten von den frühen Morgenstunden an bis in den Nachmittag hinein die meiste Sonne und damit auch ein maximales Quantum an UV-Strahlen. Und das ist angesichts ihrer antiseptischen Effekte für einen Ort, in dem Hygiene großgeschrieben werden sollte, geradezu ideal. Auf derselben Grundlage basiert auch der Vastu-Rat, das Bad im Osten (S. 141) sowie generell alle Bereiche, in denen ein Höchstmaß an Reinlichkeit gefordert ist, im südostlichen und östlichen Bereich eines Gebäudes und einer Wohnung anzuordnen. Bei den Empfehlungen, die Vastu für öffentliche Räume, beispielsweise für Krankenhäuser und Arztpraxen gibt, begegnet man diesen Überlegungen wieder (S. 217).

Gesundheit und Lebenskraft durch Türen und Fenster

Über Türen und Fenster ist ein ansonsten umschlossener Raum mit der Außenwelt verbunden. Durch diese Öffnungen haben unterschiedliche Einflüsse Zutritt in ein Haus und eine Wohnung, darunter auch die ultravioletten Strahlen der Sonne. Um möglichst viele UV-Strahlen einzulassen, rät Vastu, die Haupteingangstüre am besten in den nordöstlichen oder östlichen Bereich zu legen. Auch die Türen innerhalb eines Hauses oder einer Wohnung sollten idealerweise im Nordosten oder Osten des betreffenden Raumes liegen.

Ebenso folgt die Anordnung und Größe der Fenster dem Prinzip der gesundheitsfördernden und lebenspendenden UV-Strahlen aus Nordosten und Osten. In diesen Bereichen sollten die Fenster generell größer

Solare Desinfektion

Daß Sonnenlicht Bakterien und andere schädliche Mikroorganismen abtöten kann, ist schon lange bekannt – wie erwähnt bereits seit einigen Jahrtausenden, denn im antiken Indien wurde dieser Effekt gezielt, unter anderem beim Städtebau, berücksichtigt (S. 176). Seit diesen Zeiten sind die Möglichkeiten der solaren Desinfektion jedoch immer mehr in Vergessenheit geraten. Ein von Schweizer Wissenschaftlern unter dem Namen SODIS (Solar Water Desinfection) entwickeltes Verfahren zur Trinkwasseraufbereitung in Entwicklungsländern macht sich die antibakteriellen Kräfte des Sonnenlichts wieder zunutze, wie die »Neue Zürcher Zeitung« am 21.10.98 berichtete. SODIS basiert auf der durch umfangreiche Laborversuche bestätigten Fähigkeit der UV-A-Strahlen und Infrarotstrahlen, Bakterien im Wasser abzutöten. Bei den Untersuchungen zeigte sich, daß Wassertemperaturen von 30 °C und UV-Dosen von 100 Wh/m2 die Zahl der Bakterien (z. B. *E.coli*, *Enterokokken*) drastisch reduzieren. Gesundheitlich besonders bedeutsam ist, daß auch der Choleraerreger *V. cholerae* durch solare Desinfektion wirksam inaktiviert wird. In den Ländern, in denen das Projekt seit zwei Jahren realisiert wird, zeigt sich die Bevölkerung sehr aufgeschlossen: Die Zahl der Haushalte, die ihr Trinkwasser mittels Sonnenlicht reinigen, verdoppelte sich seit dem Start von SODIS.

sein, als in anderen. Auch deren Anzahl sollte hier im Vergleich zu den anderen Himmelsrichtungen höher sein.

Vor allem im Bad sollte für ein großes Fenster im Osten oder Nordosten Sorge getragen werden, denn so kommt man bereits täglich bei der morgendlichen Toilette in den Genuß der geschilderten wohltuenden Effekte der UV-Strahlen.

Infrarotstrahlung

Infrarotstrahlen, von unserem Auge nicht wahrnehmbare elektromagnetische, kurzwellige Strahlen, sind der Grund, warum es in der Sonne so warm und mitunter auch ziemlich heiß werden kann. Vom Sonnenbaden ist diese deutlich spürbare Wärmewirkung der Infrarotstrahlen jedem hinlänglich bekannt. Auch ein Infrarotgrill oder Mikrowellenherd macht sich die Infrarotstrahlung zu Heizzwecken zunutze, ebenso wie eine Rotlichtlampe dazu verwendet wird, für eine lokale Erwärmung bestimmter

6.11. Durch die Haustüre tritt auch vieles ein, was für das menschliche Auge nicht sichtbar ist. So beispielsweise die überaus wirksamen ultravioletten Strahlen.

Körperteile, beispielsweise der oberen Atemwege bei Bronchitis, zu sorgen.

Das Prinzip Wärme

Die Wärmestrahlen der Sonne treffen, wie bereits erwähnt, überwiegend aus südlichen und südöstlichen Richtungen auf die Erde und auch in einem umschlossenen Raum ein. Demgemäß ordnet Vastu den Süden und Südosten der Infrarotstrahlung zu; kurz, dem thermischen Prinzip, repräsentiert durch den Patron des Feuers, Agni, und das korrespondierende Dosha Pitta.

Da im südlichen und südöstlichen Bereich die infraroten Strahlen als erstes eintreffen und ihr Effekt hier demgemäß auch am stärksten ist, sind Hitze- beziehungsweise Temperaturimpulse generell höher als in anderen Bereichen. Alles, was im Zusammenhang mit Wärme- und Hitzewirkung sowie mit Feuer steht, sollte im südöstlichen Bereich eines Hauses wie auch einer Wohnung untergebracht werden. Und so lautet die nunmehr bekannte Empfehlung von Vastu nicht umsonst, die Küche, die Heizung und natürlich den Herd stets im Südosten zu plazieren.

Da elektrischer Strom ebenfalls mit der Entwicklung von Wärmeenergie einhergeht, haben auch alle elektrischen Gerätschaften wie erwähnt ihren besten Platz im Südosten (S. 146).

Bester Energiefluß im Quadrat

Während sich die magnetische Energie vor allem positiv auf die kleinsten Bausteine des menschlichen Körpers auswirkt, indem sie die Funktionen der Zellen aktiviert, umfassen die kosmischen Energien, allen voran die der Sonnenstrahlen, den gesamten Körper, indem sie seine Abwehrkraft gegen schädliche Mikroorganismen, also sein Immunsystem, stimulieren und die Atmungs- und Kreislauffunktionen unterstützen. Diese positiven Effekte sind jedoch abhängig von der Konfiguration der Außenwände sowie der Raumverteilung innerhalb eines Gebäudes, denn die Ladungsträger der energetischen Kräfte, die Ionen, Elektronen und Protonen, haben eine ganz charakteristische Eigenschaft, sich fortzubewegen, nämlich stets exakt geradeaus. Ihr gleichmäßiger gerader Fluß wird blockiert, sobald sie auf eine nicht im rechten Winkel gerade verlaufende Wand, eine Schräge oder Rundung treffen. Ist der Energiefluß innerhalb eines Gebäudes oder seiner Räume jedoch gestört, hat dies einen negativen Effekt auf die Bewohner. Wellenlänge, Frequenz und Quantität verändern sich und die Energie besitzt nicht mehr jene Ausgewogenheit, in der sie der Gesundheit zuträglich ist. Mit anderen Worten: Die Qualität der in einem umschlossenen Raum herrschenden energetischen Kräfte hat sich dergestalt verändert, daß der menschliche Organismus nicht mehr von ihr profitieren kann.

Dies läßt sich vermeiden, wenn Gebäude und Räume quadratisch oder rechteckig angelegt sind. Denn nur dann können die Teilchen der Energien auf ihrer gewohnten geradlinigen Bahn durch den Raum reisen und werden nicht in ihrem Fluß beeinträchtigt. In rechteckigen Räumen herrscht maximale Feldstärke.

Ebenso müssen, sollen die Bewohner den vollen Nutzen aus dem Energiefluß ziehen können, alle Wände, ob innen oder außen, exakt nach den vier Himmelsrichtungen Nord, Süd, Ost und West ausgerichtet sein.

Aura – die elektrische Haut

Jedes lebende Wesen ist umgeben von einem elektromagnetischen Feld, genannt Aura. Die erste wissenschaftliche Beschreibung dieses Phänomens verdanken wir wiederum Sir Isaac Newton, der sich nicht nur eingehend mit so unmittelbar spürbaren Kräften wie der Erdanziehung, sondern auch mit subtileren Erscheinungen beschäftigt hat.

In seiner 1729 erschienenen Schrift über »Licht und Farben« definiert der englische Forscher die Aura als elektromagnetisches Licht, das alle Lebewesen umgibt. Doch erst 200 Jahre später erkannte die Wissenschaft die Körperelektrizität als Tatsache an und begann systematisch mit ihrer Erforschung.

Das Licht des Lebens, wie die Aura auch genannt wird, entsteht durch die Drehung der Chakren, den sieben Energiezentren unseres Körpers, die parallel zur Wirbelsäule vom Schambein bis zum Scheitel verlaufen. Die Energiefrequenz, die bei der Drehung entsteht, ist ausschlaggebend für die Farbe des jeweiligen Chakras. Welche Farbe in der Aura eines Lebewesens gerade vorherrscht, wird von der Menge der von einem bestimmten Chakra ausgesandten Energie bestimmt: Menschen, die die Aura wahrnehmen können, berichten von einer leuchtenden Strahlung aus mehreren verschiedenen Farben, die den Körper wie eine Schicht umgibt. »Löcher« in der Aura sind oft die Vorboten von Krankheiten, die schon lange vor ihrem Auftreten zu erkennen sind. Ein Aura-Heiler kann durch das Abtasten mit den Händen, dem sogenannten Scanning, diese Störungen im elektromagnetischen Feld orten und so die nötigen Informationen für seine Behandlung erhalten.

Elektromagnetisch im Einklang …

Die Farbe und Ausdehnung des elektrischen Feldes rund um den Körper ist abhängig vom Entwicklungsstand der betreffenden Person. Entsprechend lassen sich aus dem Zustand der Aura Rückschlüsse auf das körperliche, geistige und seelische Befinden des betreffenden Menschen ziehen, aber auch auf die Umgebung, in welcher derjenige lebt und arbeitet, denn diese hat, wie wir wissen, einen maßgeblichen Einfluß auf seine Verfassung. Und so kamen die Vastu-Gelehrten schon vor einigen Jahrtausenden zur Überzeugung, daß es immens wichtig ist, so zu bauen, daß es beim Zusammentreffen der Auren von Haus und Bewohnern keine negative Wechselwirkungen gibt. Das elektrische Feld eines Gebäudes und jenes seiner Bewohner sollte stets miteinander harmonisieren und sich nicht gegenseitig beeinträchtigen. Vastu hält die Instrumente dazu bereit …

Kapitel 7
Universelle Urprinzipien

»Die Lehre von Vastu schlägt eine zeitlose Brücke zwischen den Mysterien der Natur und der menschlichen Ratio und Wißbegier.«

(Aus: »The secret world of Vastu«, von Tirupati Reddy)

Das Wissen um die naturgegebenen Gesetzmäßigkeiten und die sich daraus entwickelnde Bau- und Wohnkultur hat sich keineswegs auf den indischen Subkontinent beschränkt. Vielmehr handelt es sich dabei um Erkenntnisse, die auf dem gesamten Erdball ihre Gültigkeit haben. So legen beispielsweise die Pyramiden des alten Ägypten und die Tempel des antiken Hellas, die Tempelpyramiden der mesoamerikanischen Hochkulturen wie auch die Bauwerke der Gotik und Renaissance eindrucksvoll Zeugnis davon ab, daß auch die Baumeister anderer Kulturen und Epochen um die Kräfte der Natur und deren Nutzung wußten. Dem Umstand, daß dieses Wissen weltweit und kulturübergreifend existiert und bis heute universell anwendbar ist, ist dieses Kapitel gewidmet.

Zeitloses Wissen

»Die Architektur umfaßt die gesamte physische Umwelt, die das menschliche Leben umgibt; (...) die Architektur ist die Gesamtheit der Umwandlungen und Veränderungen, die im Hinblick auf die Bedürfnisse des Menschen auf der Erdoberfläche vorgenommen werden.«

(William Morris, 1881)

Die Existenz eines weltweiten, kulturübergreifenden Urwissens um gute Proportionen, angenehme Formen, um ein dem jeweiligen Zweck und den Bedürfnissen der Bewohner angemessenes Bauen steht außer Zweifel – zu viele, oftmals seit Tausenden von Jahren bestehende Bauwerke legen hiervon Zeugnis ab.

Im alten Indien wurde das Stückwerk des seit Anbeginn der Menschheit vorhandenen Wissens aufgegriffen und schriftlich festgehalten, um es der Nachwelt in Gestalt von Vastu bis zum heutigen Tag nahezubringen.

In anderen Kulturen mögen diese Kenntnisse einst vielleicht ebenso einen eigenen Namen getragen haben. Welche Bezeichnung auch immer –

wichtig ist die Akzeptanz jener allen Kulturen gemeinsame, zum Teil bis heute lebendigen Tradition einer Baukunst im Einklang mit der Natur und den Bedürfnissen des Menschen.

Vastu an der Nordsee und im Voralpenland?

Die Prinzipien von Vastu haben unabhängig vom jeweiligen Zeitalter, dem Klima und der Kultur, damit auf dem gesamten Erdball, ihre Gültigkeit. Sie sind darüber hinaus nicht nur für den privaten Wohnraum, sondern auch in Industrie und Wirtschaft, Büros und Geschäften, in administrativen Gebäuden wie im Gesundheitswesen anwendbar.

7.1. Stufen in den Himmel impliziert dieser Pyramidenaufgang und bezeugt zugleich die hohe Baukunst der Maya (Tempelanlage von Uxmal in Yucatan, Mexiko).

Nun drängt sich die Frage auf, wie eine in einem vollkommen anderen Kulturkreis und vor allem in einem anderen klimatischen Umfeld gewachsene Lehre auf die hierzulande herrschenden Bedingungen zu übertragen ist. Die Lösung für dieses zunächst recht komplex anmutende Problem ist vergleichsweise simpel. Zum einen herrscht in Indien nicht überall ein subtropisches Klima. Auf dem Subkontinent gibt es viele verschiedene Temperaturzonen; darunter auch solche, die den hierzulande gegebenen durchaus gleichen. Wer jemals in Kaschmir war, weiß um die klirrend kalten Nächte Nordindiens wie auch um die niedrigen Tagestemperaturen während der Wintermonate. Vastu ist also keineswegs nur auf warme Temperaturen und Hitze ausgerichtet.

Zum anderen bleiben die naturwissenschaftlichen Gesetzmäßigkeiten, auf denen Vastu basiert, stets die gleichen – ob in Indien oder in den gemäßigten Klimazonen Mitteleuropas. Es kann nicht geleugnet werden, daß auch in unseren Breiten die aus dem Nordosten und Osten in ein Gebäude eintreffenden UV-Strahlen einen ebensolchen positiven Effekt (S. 175) besitzen wie beispielsweise in einem kleinen Dorf am Ganges-Ufer oder etwa an der Küste Keralas in Südindien. Dies ist ein unumstößliches Phänomen, das auf dem gesamten Planeten seine Gültigkeit hat.

Auch die Effekte des Erdmagnetfeldes sind weltweit dieselben, ebenso wie etwa die elektrische Ladung der Atmosphäre nicht auf bestimmte Regionen unseres Planeten beschränkt ist.

Dies bedeutet nun nicht, daß die Empfehlungen von Vastu strikt auf unsere hiesigen Verhältnisse zu übertragen sind. Im Gegenteil: Die Prinzipien sollten vielmehr den jeweils vorherrschenden klimatischen Bedingungen angepaßt, Umsetzung finden. Die alteingesessenen und den regionalen Gegebenheiten entsprechenden üblichen Bauweisen und -traditionen sollen dabei stets berücksichtigt und beibehalten bleiben. Um ein Haus gemäß den Empfehlungen von Vastu zu errichten, muß nicht auf die für die betreffende Gegend typischen Baumaterialien sowie auf die aus dem klimatischen und kulturellen Umfeld hervorgegangenen architektonischen Gepflogenheiten verzichtet werden. Solcherlei landes- beziehungsweise regionstypische Bautraditionen haben ihre über Jahrhunderte, wenn nicht gar über Jahrtausende gewachsene Berechtigung und werden aus guten Gründen bis heute aufrechterhalten (oder zumindest wird der Versuch dazu unternommen ...).

Es geht vielmehr darum zu prüfen, was an einem bestimmten Ort unter den dort gegebenen Umständen erforderlich beziehungsweise machbar ist, und dies zu realisieren. Vastu erhebt keinen Anspruch auf eine strenge Befolgung seiner Empfehlungen, wenn beispielsweise bei einem in einer Talsenke gelegenen Bergbauernhof die ohnehin knappe Sonneneinstrahlung zusätzlich verringert wird, indem man den Wohnraum in den Norden legt und somit noch weniger Wärme ins Haus dringen kann.

Getreu dem bereits mehrfach zitierten Grundsatz der vedischen Wissenschaften und damit auch von Vastu »... according to time, place and circumstances« sollte stets der Zeit, dem Ort und den Umständen angemessen gehandelt werden. Was, um bei dem genannten Beispiel zu bleiben, bedeutet, das Wohnzimmer im Süden anzuordnen und die Schlafräume in den Norden des Hauses zu legen. Ebenso kann es auch sein, daß man Räume je nach Jahreszeit wechselt, beispielsweise das Wohnzimmer im Winter vom Norden in den Süden verlegt.

Wenn verstanden wird, daß es bei Vastu um die Berücksichtigung weltweit bestehender Gesetzmäßigkeiten der Natur sowie der Existenz allgemeingültiger, allen Kulturen gemeinsamen Prinzipien des Bauens geht, und nicht um die akkurate Befolgung von Regeln, dann kann Vastu überall realisiert werden – im oberbayerischen Bauernhaus wie auch in der reetgedeckten Kate zwischen Ostfrieslands Dünen.

Wie jedoch kann eine vor mehreren Jahrtausenden sowie unter anderen gesellschaftlichen Umständen begründete Lehre auf die heutige Zeit übertragen und gewinnbringend genutzt werden? Die Antwort darauf findet sich weitgehend in oben Gesagtem. Denn auch hier geht es einzig und allein wieder darum, die Empfehlungen von Vastu mit der momentan bestehenden Situation abzugleichen. So besitzt heute beispielsweise kaum ein Haus, schon gar nicht eine Wohnung, einen eigenen Wasserspeicher, geschweige denn einen Brunnen. Die Wasserversorgung ist heute via zu den einzelnen Gebäuden verlaufenden Wasserleitungen geregelt. Mithin also sind die Empfehlungen zur Einrichtung von Brunnen und unterirdischen Wasserreservoiren hinfällig geworden. Ein weiteres Beispiel wären die in den alten Vastu-Schriften angeratenen Innenhöfe – um dieser heutzutage nur mehr schwerlich realisierbaren Empfehlung gerecht zu werden, behilft man sich etwa mittels einer Glaskuppel über dem Zentrum des Hauses oder aber damit, daß man innerhalb einer Wohnung deren zentralen Mittelpunkt unmöbliert läßt.

Darüber hinaus haben die Vastu zugrundeliegenden Gesetzmäßigkeiten nicht nur weltweit und in allen Klimaregionen, sondern auch im ausgehenden zwanzigsten Jahrhundert ihre Gültigkeit. Entsprechend können die Vastu-Prinzipien auch heute einen wertvollen Beitrag zur Gestaltung lebenswerter Wohn- und Arbeitsräume leisten.

Vastu jenseits Indiens Grenzen

Eine Reihe der steinernen Zeugnisse in Indien für die hohe Perfektion architektonischen Schaffens gemäß den Prinzipien von Vastu haben bereits im Kapitel zur historischen Entwicklung Erwähnung gefunden (S. 34). Weitere auf dem Subkontinent schillernde Juwelen vastu-gemäßer Baukunst sind die Raj Bhavans in Travancore, Jaipur und Mysore, die Flucknamas in Nizam, die Paläste von Akbar und Aurangzeb sowie natürlich auch die Forts von Agra, Dowlatabad und Jodhpur. Ganz zu schweigen von den nach Vastu erbauten Tempelanlagen, oder besser gesagt Tempelstädten in Südindien wie beispielsweise jene von Madurai, Tanjavur, Shri Rangam, Tirupathi, Kanchepuram oder Guruvayur.

Außerhalb Indiens belegen zahllose weltberühmte Kirchen, Moscheen und Tempel, etwa die Makbaras in Mekka und Medina oder die Kirche von Velankini, sowie nicht zuletzt auch die monumentalen letzten Ruhestätten der ägyptischen Pharaonen die universale Gültigkeit der Konzepte von Vastu. Denn sie alle sind nach denselben Prinzipien erbaut, die auch Vastu zugrunde legt – doch dazu gleich mehr.

Vastu in ganz Fernost

Vastu hat die Architektur des gesamten südostasiatischen Raumes entscheidend geprägt; wie zu Beginn erwähnt, hat sich auch Feng Shui daraus entwickelt.

So ist die Khmer-Architektur eindeutig indischen Ursprungs, wie sich an der kambodschanischen Tempelstadt Angkor sehr eindrucksvoll nachvollziehen läßt. Die Bauwerke von Angkor – auf Sanskrit »die Stadt« – gelten, nicht nur unter Architekturhistorikern »als mit das großartigste, was der Mensch je geschaffen hat«. Angkor wurde 889 n. Chr. als Hauptstadt im Kernland des Khmerreiches gegründet. Die großzügige Stadtanlage war von riesigen Stauseen und einem nicht nur für die damalige Zeit überaus durchdachten Bewässerungssystem umgeben. Den architektonischen Höhepunkt bildet das unter dem Khmerkönig Surjawarman II. (1113–1150) errichtete Angkor Wat, das Kloster der Stadt – eine der grandiosesten Tempelanlagen Asiens. Dieses »Versailles im Herzen der Natur«, umgeben von Dschungel und Reisfeldern, trägt unverkennbare Züge des aus Indien übernommenen architektonischen Erbes. Allen voran die schnurgeraden, axialen Grundrisse, exakt nach den vier kardinalen Himmelsrichtungen ausgerichtet und streng quadratisch oder rechtwinkelig – die gesamte Stadt Angkor ist quadratisch angelegt, die Stauseen sind allesamt rechteckig. Des weiteren die stets beibehaltene Gliederung nach einer Ost-West- und einer Nord-Süd-Achse. Die rechtwinkelige Symmetrie ergibt sich aus der bereits früher dargestellten Bedeutung, die dem Quadrat zugesprochen wird, dem Symbol absoluter Vollkommenheit. Nicht zuletzt sind alle Heiligtümer der Stadt genau nach Osten ausgerichtet – ebenso ein zentrales Prinzip von Vastu und nebenbei bemerkt auch der abendländischen Baukultur.

Neben der Architektur unterlag auch die bildende Kunst der Khmer dem Einfluß des indischen Subkontinents. An den westlichen Fassaden von Angkor finden sich zahlreiche Szenen aus dem »Mahabharata«-Epos, um bei dem erwähnten Beispiel Angkor zu bleiben. Indien war in zweifacher Hinsicht die treibende Kraft der Khmer-Kultur, zum einen als Ursprungsland des architektonischen Programms, nämlich der Prinzipien von Vastu, zum anderen als Vorbild für fundamentale Bautechniken, die ebenfalls auf Vastu basieren. Andere Belege für das riesige Verbreitungs-

7.2. Die im Süden des indischen Subkontinents gelegene Tempelanlage von Kanchepuram gehört mit zu den schönsten Blüten, welche die Vastu-Architektur getrieben hat.

7.3. Auch die Tempelbauten im südindischen Madurai belegen die außergewöhnlichen Fähigkeiten der frühen Vastu-Baumeister.

7.4. Buddhistisches Kloster im Himalaya-Gebiet, Nepal.

gebiet von Vastu sind Tempelanlagen in Vietnam, Thailand und Myanmar (ehemals Burma), etwa der zwischen 1091 und 1110 errichtete Ananda-Tempel. Auch hier zeigt sich unverkennbar das Erbe Vastus: Die Anlage liegt östlich der Stadtmauern und besitzt einen exakt nach den vier Himmelsrichtungen ausgelegten quadratischen Grundriß.

Unter den Belegen für Vastu im fernöstlichen Raum dürfen natürlich die im Himalaya-Gebiet gelegenen alten Tempel Tibets und Nepals nicht unerwähnt bleiben, die ebenfalls untrügliche Zeichen der Vastu-Architektur tragen. An diesen Bauwerken wird die bautechnische Perfektion besonders deutlich. Das von häufigen Erdbeben erschütterte, erdgeschichtlich gesehen junge Himalaya-Massiv, stellt höchste Anforderungen an Stabilität der Bauteile und Standfestigkeit. Daß diese vollauf erfüllt wurden, zeigt die Tatsache, daß die Tempel des Himalaya die Jahrhunderte ihres Bestehens unbeschädigt überstanden haben.

Die Pyramiden Ägyptens

Auch das architektonische Schaffen der alten Ägypter basiert auf den gleichen Grundsätzen wie jenes des antiken Indiens. Wer beispielsweise Grundriß und Ausrichtung der Pyramiden von Gizeh betrachtet, findet hierin exakt die Prinzipien von Vastu wieder. Was diesen bemerkenswerten Übereinstimmungen vorangegangen sein mag, ob ägyptische Baumeister indische Kollegen in ihren Kenntnissen unterwiesen haben oder umgekehrt, ist Forschungsobjekt zahlreicher Historiker und kann wahrscheinlich nie geklärt werden. Eine derartige kulturübergreifende Uniformität im wahrsten Sinne des Wortes spricht vielmehr wieder eindeutig für die Existenz eingangs erwähnten universalen Urwissens, das die Menschen des Altertums ungeachtet ihrer Herkunft besaßen. Daß dies nicht nur Architektur und Kunst betrifft, sondern viele andere Wissensbereiche, allen voran die Medizin, zeigt sich am Beispiel Altägyptens ebenso sehr deutlich.

Mesoamerikanische Hochkulturen

Weitere Entsprechungen der Prinzipien von Vastu finden sich auch fernab Indiens – jenseits des Atlantiks in Gestalt der Tempelpyramiden der mesoamerikanischen Hochkulturen. Die von den Baumeistern der Mayas, Azteken und Tolteken geschaffenen Anlagen folgen ebenso den auch Vastu zueigenen architektonischen Grundsätzen, ob bei den in Yucatan gelegenen »Stufen in den Himmel« von Chizen Itzá, Uxmal und Tula oder in

Teotihuacán nahe Mexiko City. An der einstmaligen religiösen Metropole Mexikos und größten aller vorkolumbianischen Siedlungen Mesoamerikas mit ihren großzügigen Straßen und Plätzen und ihren majestätischen Pyramiden zeigt sich die Nähe zu Vastu besonders eindrucksvoll. Die Hauptstraße liegt exakt auf einer Nord-Süd-Achse, die Heiligtümer sind nach Osten ausgerichtet, und wohin das Auge blickt, zeigen sich rechteckige und quadratische Grundrisse, jeweils stets den vier Himmelsrichtungen folgend angelegt.

Europäische Entsprechungen

Gemäß ihrer universellen Gültigkeit nimmt es nicht wunder, daß sich die Vastu-Kriterien auch an zahllosen bekannten historischen Bauten Europas zu erkennen geben. Vor allem viele Bauwerke der Gotik und der Renaissance legen ein beredtes Zeugnis jenes allen Kulturen und Epochen gemeinsamen Urwissens ab, so etwa das Pantheon in Rom, der Dom zu Florenz, die Kathedrale von Chartres, die Villen des Andrea Palladio im Veneto und hierzulande der Kölner Dom und das Ulmer Münster, um nur einiges aus der langen Liste an Beispielen herauszugreifen.

Alle diese Gebäude besitzen quadratische oder rechteckige Grundrisse, ihre Ausrichtung erfolgte exakt nach den vier kardinalen Himmelsrichtungen und vielfach sind sie genau nach einer Nord-Süd-Achse gegliedert. Letzteres zeigt sich besonders klar an Palladios Villa Rotonda.

Weitere Entsprechungen sind die nach oben offenen Kuppeln, in denen vielfach über eine sogenannte Laterne Lichteinfall gewährt wird. Die geniale zweischalige Kuppel Brunelleschis am Dom zu Florenz ist ein gutes Beispiel dafür, wie der Vastu-Empfehlung des offenen Zentrums, dem Brahmasthana, Rechnung getragen wird, denn die Kuppel liegt genau über dem zentralen Mittelpunkt des Sakralbaus – dort, wo sich Quer- und Mittelschiff kreuzen. Das Prinzip des freien, oben offenen Zentrums findet sich auch bei den Innenhöfen römischer Villen (Atrium) wie an zahlreichen anderen Häusern des mediterranen Raumes verwirklicht. Davon, wie kunstvoll solche Innenhöfe gestaltet sein können, legen sicherlich jene der Alhambra in Spanien ein eindrucksvolles Zeugnis ab.

Alles in allem also eine Vielzahl an Übereinstimmungen auch an den historischen Bauwerken Europas, deren Ursprünge sicherlich überwiegend die gleichen sind wie jene der Prinzipien von Vastu.

7.5. An zahlreichen Bauwerken der alten Ägypter, wie etwa an den letzten Ruhestätten der Pharaonen Mykerinos, Chefren und Cheops, finden sich die Prinzipien von Vastu verwirklicht.

7.6. Blick von der Sonnen- auf die Mondpyramide in Teotihuacán, der einstmals glanzvollen Tempelmetrole.

7.7. Die das Stadtbild dominierende Kuppel des Florentiner Dom-Meisterwerk Brunelleschis und eines der besten Beispiele für die Umsetzung der Vastu-Prinzipien.

7.8. Andrea Palladio hat die im Veneto gelegene Villa Rotonda so konzipiert, daß sie mit ihren allseits sichtbaren Tempelvorhallen und ihrer Mittelkuppel den krönenden Abschluß des Hügels bildet, auf dem sie steht. Die nach oben offene Kuppel, der exakt quadratische Grundriß und die axiale Ausrichtung nach allen vier Himmelsrichtungen - all dies deckt sich mit den Empfehlungen von Vastu.

Im Zusammenhang mit der universellen Gültigkeit der Prinzipien von Vastu soll erwähnt sein, daß Vastu-Experten diese auch auf Länder und Städte anwenden, um deren energetische Situation zu analysieren. Auch die Geschicke, die einem Land beziehungsweise einer Stadt in der Vergangenheit widerfahren sind, und deren historische Entwicklung können diese Fachleute mit Hilfe der Konzepte von Vastu nachvollziehen. Das mutet zunächst eigenartig an, erweist sich jedoch anhand praktischer Exempel als höchst interessant.

So zeigt sich beispielsweise beim Blick auf die Karte der Vereinigten Staaten von Amerika, daß die Rocky Mountains, im Westen und Südwesten der USA gelegen, durchschnittlich wesentlich höher und damit natürlich auch schwerer sind als alle übrigen Gebirgszüge, wie etwa die Appalachian Mountains im Osten. Beim Kartenstudium wird weiterhin offensichtlich, daß sich die USA in nordöstlicher Richtung erweitern: die Bundesstaaten Maine, New Hampshire, Vermont, Massachusetts, Rhode Island und Connecticut erfüllen in geradezu vorbildlicher Manier die Vastu-Maßgabe der Ausdehnung nach Nordosten (S. 80). Abgesehen davon befinden sich im Nordosten der USA auch ausgedehnte Wasserflächen: Oberer Michigan-, Huron-, Erie- und Ontariosee tragen einer weiteren wichtigen Vastu-Empfehlung Rechnung. Der St.-Lorenz-Strom, der vom Ontariosee aus die Vereinigten Staaten im Nordosten verläßt und über Québec in den St.-Lorenz-Golf mündet, verbessert die »Wasserlage« gemäß den Prinzipien von Vastu zusätzlich.

Die USA besitzen also aufgrund ihrer geographischen Gegebenheiten eine ganze Reihe an idealen Voraussetzungen im Sinne von Vastu: Steigung und mehr Gewicht im Westen und Südwesten denn im Osten und Norden, Ausdehnung in nordöstliche Richtung sowie ausgedehnte Wasserflächen im Nordosten. Dies alles könnte, jedenfalls nach Meinung einiger Vastu-Fachleute, mit dazu beigetragen haben, die USA zu einem der mächtigsten Länder der Welt zu machen. Ob und inwieweit die Staaten ihre heutige Position der optimalen Vastu-Situation innerhalb ihrer Grenzen zu verdanken haben, darüber läßt sich nur spekulieren. Dennoch eröffnen diese Überlegungen einige Perspektiven, einmal in ganz anderer Weise über die Situation eines Landes in Vergangenheit und Gegenwart nachzudenken, wie etwa auch im Fall von Frankreich und Deutschland, an denen sich ebenfalls vastu-mäßig unter die Lupe genommen einige Exempel statuieren lassen. So zeigen sich beim Blick auf Frankreichs geographische Situation sofort zwei Dinge, welche den Prinzipien von Vastu widersprechen: zum einen ausgedehnte Bergmassive – Alpen, Vogesen und Jura – und damit Gewicht nebst zum Teil gewaltigen Erhebungen – man denke an den Montblanc mit seinen 4810 Metern – im Osten des Landes. Zum anderen dehnt sich Frankreich in nordwestliche und südöstliche Richtung aus. Diese aus Sicht von Vastu nachteiligen Situationen könnten mit als Erklärung für die krisengeschüttelte Vergangenheit Frankreichs dienen.

Auf Deutschland befragt, konstatieren die Vastu-Experten eine positivere Situation – wer vermutet, daß sich dahinter nur Höflichkeit verbirgt, irrt. Der Grund findet sich einfach darin, daß das Höhenniveau von Deutschland in südliche Richtung hin kontinuierlich ansteigt und zudem im bayerischen Voralpenland Berge für Gewicht im Süden sorgen. Der Norden und Nordosten liegt hingegen im Vergleich zum restlichen Teil des Landes niedriger. Ein weiteres Plus aus Sicht von Vastu ist, daß sich durch Nord- und Ostsee, wie der Name schon sagt, größere Wasserflächen im Norden und Osten Deutschlands befinden.

7.9. Der sogenannte Löwenhof in der Alhambra, Südspanien.

Selbstverständlich haben sich die Vastu-Experten auch eingehend mit der Analyse ihres Heimatlandes befaßt – dabei jedoch zeigen sich so manche Vastu-Defekte, die vielleicht mit zur bewegten Geschichte und der jahrhundertelangen Fremdherrschaft über Indien beigetragen haben mögen. So ist der Norden und Nordosten des Landes durch das gewaltige Himalaya-Massiv zum einen erhöht, zum anderen enorm beschwert – beides widerspricht den Maßgaben von Vastu, daß Norden und vor allem Nordosten geneigt und frei von schweren Lasten gehalten werden sollten. Erschwerend kommt hinzu, daß sich der indische Subkontinent Richtung Süden sukzessive verschmälert und demgemäß auch an Gewicht verliert – und genau dieses sollte sich ja überwiegend im Südwesten und Süden befinden. Ebenso nicht vastu-gemäß ist, daß Wasserflächen, zwar auch im Osten, aber leider auch im Süden und Westen liegen. Im Norden und Nordosten Indiens finden sich außer dem Ganges keine größeren Wasserflächen.

Erstaunliche Koinzidenz: »De re architectura« und »Manasara«

Daß das Wissen um baulich einwandfreie, ihrem Zweck entsprechende und ästhetischen Ansprüchen genügende Architektur keineswegs ein Monopol indischer Baumeister war, belegen zahllose berühmte Bauwerke rund um den Globus. Neben diesen steinernen Zeugnissen existiert ein – bislang kaum beachteter – schriftlicher Beleg für die kulturübergreifende Existenz dieses Wissens: in Gestalt zweier richtungsweisender Werke über Baukunst, von denen eines aus dem Orient, das andere aus denen Okzident stammt. Die Rede ist von »Manasara« und »De re architectura«; erstere Grundlage der Architektur Indiens und des gesamten fernöstlichen Kulturkreises, zweitere Leitfaden für die Baumeister des Abendlandes.

7.10. Das gewaltige Himalaya-Massiv im Norden verschafft dem Ursprungsland von Vastu eine wenig vorteilhafte Situation.

Im Vergleich dieser beiden Schriftwerke wird schwarz auf weiß offenbar, das eingangs erwähnte Kenntnisse tatsächlich in allen Teilen der Erde verbreitet waren, denn zwischen »Manasara« und »De re architectura« besteht eine überwältigend große Ähnlichkeit; nicht nur inhaltlich, sondern auch, was Gliederung, Kapitelaufbau und Sprachstil anbelangt. Die beiden Autoren, Vitruv und Vishwakarma, so scheint es, müssen gute Bekannte gewesen sein und im intensiven Gedankenaustausch gestanden haben. Die Übereinstimmungen sind oftmals so augenfällig, daß sich die Vermutung aufdrängt, beide Schriftwerke seien aus den gleichen Überlegungen heraus, sich gegenseitig bestätigend, entstanden.

Daß sich Vitruv und Vishwakarma jemals begegnet sind, ist möglich, jedoch eher unwahrscheinlich. Was sich hinter den zahlreichen Übereinstimmungen in ihren Werken verbirgt, muß vielmehr eingangs erwähnter kultureller Ausstausch sein, in dessem Zug auch die Kenntnisse über Architektur und Baukunst zwischen dem antiken Hellas sowie später dem Römischen Reich und dem alten Indien transportiert wurden. Mag sein, daß diese Beziehung ihren Anfang mit dem Feldzug Alexanders des Großen (356–323 v. Chr.) nach Indien nahm – also etwa dreihundert Jahre bevor Vitruv seine »De re architectura« veröffentlichte. Viel wahrscheinlicher erscheint jedoch, daß das Abendland der Antike schon weit früher Kenntnis von dem hohen kulturellen Entwicklungsstand des Orients, allen voran der indischen Hochkultur, hatte, denn Alexander wird seinen Truppen und sich sicherlich keine so entbehrungsreiche, weite Reise aufgebürdet haben, nur um endlich einmal mit eigenen Augen einen Elefanten zu sehen …

Der »König von Asien« zieht gen Indus

327 v. Chr. unternahm Alexander der Große seinen Feldzug nach Nordwestindien und überquerte im heutigen Punjab den Indus, den damaligen Grenzfluß Indiens. Nach seinem Sieg über den indischen König Poros am Fluß Hydaspes mußte der Herrscher jedoch 326 v. Chr. nach einer Meuterei seiner Truppen seine Invasion abbrechen.

Womit die Koinzidenz zwischen »Manasara« und »De re archticetura« zu erklären ist, ob sie einer gemeinsamen Bekanntschaft entsprungen oder angenehmer Nebeneffekt kriegerischer Auseinandersetzungen war, bleibt Gegenstand von Spekulationen. Wesentlich ist jedoch vielmehr, daß diese beiden Standardwerke den Beleg dafür liefern, daß die weltweiten Übereinstimmungen – in Stein wie auf Papier – nicht auf Zufälligkeiten beruhen, sondern auf einem allen Kulturen gemeinsamen Wissen.

Zum Verfasser der »Manasara«, Vishwakarma, der der Sage nach kein Normalsterblicher gewesen ist, sondern göttlicher Abstammung, steht auf S. 28 einiges zu lesen. Hier sei nur daran erinnert, daß sein Werk das bedeutendste innerhalb der klassischen Vastu-Literatur ist und bis heute Goldstandard der altindischen Architektur. Vishwakarmas monumentale Abhandlung diente als Grundlage für alle anderen alten Schriften zu Vastu (S. 32). Zu Leben und Werk des anderen Autors im folgenden einige Daten.

Urahn der Architekturliteraten

»Ich habe klare Regeln aufgezeichnet, die euch, indem ihr sie beachtet, in die Lage versetzen, ein eigenes Verständnis von der Güte eines bereits bestehenden wie auch eines noch zu schaffenden Gebäudes zu erwerben.«

(Vitruv im Vorwort zum ersten Buch seiner »De re architectura«)

Die genauen Lebensdaten sowie auch der Geburtsort von Marcus Vitruvius Pollio, besser bekannt unter dem Namen Vitruv, liegen im dunkeln – historisch verbürgt jedoch ist, daß er im ersten Jahrhundert vor Christus gewirkt, dabei vor allem geschrieben hat. Der einzige ausgeführte Bau des gelernten Architekten und Ingenieurs Vitruv blieb die Basilika in Fano, vermutlich seine Heimatstadt. Den Chronisten zufolge war er zwar nach

44 v. Chr. im Heer des Augustus auch mit der Konstruktion von Kriegsmaschinen und später vorübergehend mit der Wasserversorgung Roms betraut, doch seine eigentliche Passion galt dem Schreiben: Nach 33 v. Chr. begann Vitruv mit der Aufzeichnung seiner Kenntnisse, die bei weitem nicht nur die Architektur als solche umfaßten. Ergebnis seines über Jahre dauernden Schaffens die um 25 v. Chr. herausgebenen *De re architectura libri decem* (Zehn Bücher über Architektur), die Vitruv seinem Kaiser Augustus widmete. Mit diesem Werk lieferte der römische Architekturtheoretiker eine Gesamtdarstellung der antiken Architektur und zugleich die einzige antike Schriftsammlung des Abendlandes über Architektur und Bautechnik, die der Nachwelt erhalten geblieben ist.

Vademecum der Renaissance-Architektur

Vitruvs Abhandlungen sind stark vom hellenistischen Gedankengut zu Architektur und Baukunst geprägt. Doch »De re architectura« sollte sowohl Lehrbuch wie Lexikon sein, und so befaßt sich Vitruv neben architektonischen Aspekten auch eingehend mit Baumaterialien, Farbgestaltung und Wasserversorgung, mit Astronomie, Zeitmessung sowie nicht zuletzt mit der Herstellung von Bau- und Kriegsmaschinen. Aber auch Anleitungen zum Straßen- und Brückenbau, Hinweise zur Akustik sowie zur Warmwassergewinnung für die öffentlichen Badeanstalten Roms zeugen davon, wie vergleichsweise modern Vitruv bereits dachte.

Bis sein Werk jedoch gebührende Beachtung fand, sollten noch weit über tausend Jahre vergehen, denn bis ins frühe 15. Jahrhundert hinein schlummerte es in Vergessenheit. Erst nach der Entdeckung eines Exemplars durch den bedeutenden Humanisten und Kanzler von Florenz, Poggio Bracciolini (1380–1459) in der Klosterbibliothek von St. Gallen, Schweiz, erwachte das Interesse: »De re architectura« avancierte zum Leitfaden der Renaissance-Baumeister, aber auch der bildenden Künstler dieser Epoche. Von besonders großer Bedeutung waren dabei Vitruvs Abhandlungen über die Säulenordnung sowie zur Proportionslehre des menschlichen Körpers. Das Lebenswerk des alten Römers übte nicht nur seines Inhalts, sondern auch seiner feinsinnigen, dabei jedoch stets verständlichen Texte wegen eine enorme Anziehungskraft auf die Architekten der Renaissance aus. Und so dauerte es nicht lange, bis unzählige Ausgaben und Übersetzungen der »De re architectura« in allen europäischen Sprachen erschienen. Kein Geringerer als der legendäre Maler und Baumeister Raffael (1483–1520) war es, unter dessen Leitung die erste italienische Ausgabe herausgegeben wurde.

Die Parallelen

Wo sich »Manasara« und »De re architectura« treffen, soll die folgende Gegenüberstellung aufzeigen, die aus verständlichen Gründen nur einen Teil der Koinzidenzen nennen kann.

- Beide Werke befassen sich zu rund siebzig Prozent ihres Umfanges mit Architektur im engen Sinn; die restlichen Abschnitte behandeln die erwähnten Themen.
- Anzahl und Titel der einzelnen Kapitel stimmen in großen Teilen überein; bei beiden Autoren existieren einleitende Abschnitte in die einzelnen Kapitel.
- Auch im inhaltlichen Aufbau, der Reihenfolge der behandelten Unterthemen, existieren beachtliche Parallelen zwischen »Manarasa« und »De re archticetura«.
- Sowohl Vitruv wie Vishwakarma eröffnen ihre Arbeiten mit einem Gebet.

7.11. Ebenso wie die griechisch-römische kennt auch die indische Baukunst der Antike fünf verschiedene Säulenordnungen. Hier einige Exemplare rings um den nächtlichen Innenhof des Königspalastes in Madurai, Südindien.

- »De re architectura« und »Manasara« nennen streckenweise im Wortlaut identische Charakterzüge und Eigenschaften, die ein Architekt aufweisen sollte. Auch hinsichtlich der Ausbildung eines Architekten findet sich eine derartige Übereinstimmung, daß selbst bei großer Skepsis nicht mehr von Zufälligkeit die Rede sein kann. So steht in der »Manasara« zu lesen: *»Ein Architekt sollte neuartige Ideen haben; fähig sein, Wissen zu erwerben; ein guter Schreiber und geschickter Zeichner sowie in Geometrie und Optik erfahren sein; er sollte über die Gesetzmäßigkeiten der Natur und ethische Werte informiert und nicht unwissend in Rechtswissenschaften und Physik sein; vor allem aber sollte er sehr gebildet in Astronomie, Astrologie und Mathematik sein.«*
  Ebendiese universelle Bildung in allen Wissenssparten ist auch nach Ansicht von Vitruv unabdingbar für einen guten Architekten. Die Renaissance hat diese Forderung wieder aufgegriffen – ein in allen Bereichen des damaligen Wissens versierter Mensch, so sollte ein Baumeister sein.
- Unübersehbare beziehungsweise unüberlesbare Entsprechungen zeigen auch die dargestellten Konzepte zu Städtebau, Auswahl eines Baugrundes sowie zu Form und Ausrichtung des Grundrisses – sei es der einer Stadt, eines Palastes oder Tempels oder der eines privaten Wohnhauses.
- Besonders augenfällig wird die Übereinstimmung in der Säulenordnung, jener Aspekt, welcher »De re architectura« zu so großer Resonanz in der Renaissance verholfen hat. Denn Säulen, so die Architekturtheoretiker, *»sind das Charakteristikum der antiken Architektur, die ihre Vollkommenheit, ihren Entwicklungsstand und ihre Erhabenheit symbolisieren«*.

Die griechisch-römische Architektur nennt fünf verschiedene Säulenordnungen: die dorische, ionische, korinthische, toskanische (tuskische) sowie die Kompositordnung. Ebenso wurden Säulen im antiken Indien in fünf verschiedene Ordnungen unterteilt und gemäß »Manasara« mit *Brahmakanta, Vishnu-kanta, Rudra-kanta, Shiva-kanta* und *Skanda-kanta* bezeichnet. Auch die Unterteilung in Basis, Schaft, Kapitell und Gebälk, das von den Säulen getragen wird, später waren es dann meist Bögen, ist in beiden Architektursystemen identisch. Dasselbe gilt für die Proportionierung sowie die Abmessungen. Der einzige Unterschied besteht in der Namensgebung. Während sie bei den griechisch-römischen Säulen nach geographischen Regionen unterteilt und stets gleich bleibt, variiert sie bei den indischen. Ganz einfach deshalb, weil letztere – die Inder sind sehr religiös – religiöse Namen tragen, welche je nach Geist der Epoche, in der ein Schriftwerk zur Architektur verfaßt wurde, wechseln. Außer nach religiösen Hoheiten taufte man die Säulen auch mit poetischen Begriffen, beispielsweise »anmutig wie der Mond« oder »schön wie die Lotusblüte«.

Säulenordnungen

Dabei handelt es sich um antike Architektursysteme, bei denen Säulen, Kapitelle, Architrave und Gesims aufeinander abgestimmt sind und eine festgefügte Ordnung bilden. In Gestalt der dorischen, korinthischen und ionischen Ordnung hat die griechische Architektur drei Grundtypen geschaffen, welche später von der römischen Baukunst von zwei Neuerungen ergänzt wurden – der toskanischen und der Kompositordnung, die ionische und korinthische Elemente in sich vereint.

(Nach Sir Nikolaus Pevsner, »Lexikon der Weltarchitektur«)

- Deutliche Übereinstimmungen finden sich weiterhin in der Gliederung eines Bauwerkes in fünf einzelne Höfe sowie in der Klassifizierung von Türen nach drei verschiedenen Typen. Auch die Empfehlungen zur Höhe und Breite, zu Plazierung und Verzierung einer Tür gleichen sich weitgehend.
- Interessant ist auch die Parallelität in den Methoden zur Vermessung und zugrunde gelegten Maßeinheiten. So schreibt Vitruv: *»Es ist wichtig zu bemerken, daß sich die Maßeinheiten, die für Gebäude und künstlerische Arbeiten Verwendung finden, alle vom menschlichen Körper ableiten – vom Fuß, von den Fingern und den Zehen oder etwa von der Handfläche.«* Nicht anders ist es um die Maßeinheiten bestellt, derer sich die indischen Baumeister der Antike sowohl für Gebäude wie auch für Skulpturen bedienten (S. 54).
- Nicht zuletzt sei der Sprachstil der Autoren erwähnt. Augenfällig bei beiden ist ihr Hang zu poetischen Umschreibungen und romanhaften Passagen, der im Fall von Vitruv sicherlich mit zur großen Beliebtheit seines Werkes beigetragen hat, da sich seine Abhandlungen sehr schön lesen. Die poetische Ader zeigt sich auch an den geheimnisvoll mystisch klingenden Überschriften, welche die beiden Autoren für ihre Kapitel wählten.

Es war Vitruv, der als erster Autor des Abendlandes die drei Bedingungen für gute Architektur formuliert hat: *utilitas, firmitas, venustas*. Beständigkeit, Brauchbarkeit, Freude – die Formeln für perfektes Bauen. In andere Worte gefaßt: Baulich einwandfrei und solide, ihrem Zweck angemessen sowie ein ästhetisches Vergnügen soll das Ergebnis architektonischen Schaffens sein.

Der Römer gab auch die Empfehlung, daß, bevor eine neue Stadt errichtet wird, man zunächst auf dem vorgesehenen Land eine Viehherde für ein Jahr weiden lassen, diese schlachten und nach der Untersuchung ihrer Eingeweide entscheiden solle, ob der Baugrund geeignet ist oder nicht. Vergleichbares rät Vishwakarma in seiner »Manasara«.

Kapitel 8
Vastu in Wirtschaft und Öffentlichkeit

Vastu hält nicht nur Empfehlungen zum Bau und zur Gestaltung für den privaten Wohnraum bereit, sondern auch für öffentliche Gebäude und Industriebauten. Ob Werkhallen und Fabrikkomplexe, Einkaufszentren und Bürogebäude, Kindergarten, Krankenhaus oder Schule, Blumenladen oder Modeboutique – sie alle können von der Anwendung der universalen Konzepte von Vastu profitieren.

In den alten Vastu-Schriften nehmen die Prinzipien zur Gestaltung des privaten Wohnraums nur einen kleinen Raum ein; viel detaillierter befassen sich diese Grundlagenwerke mit der Konzeption von Tempeln, Theatern, Palästen und Wehranlagen sowie mit der Planung ganzer Städte. Aber auch zum Bau und zum Interieur von Hospitälern und Verwaltungsgebäuden finden sich umfassende und sehr exakte Empfehlungen.

Doch einerlei, ob Klinik oder Einfamilienhaus, die Grundlagen, auf denen die Prinzipien basieren, verändern sich nicht. Denn ungeachtet ihrer Nutzung werden alle Gebäude von den gleichen Gesetzen der Natur diktiert und den gleichen Energien beeinflußt – die Eigenschaften und Wirkungen, die mit den verschiedenen Himmelsrichtungen einhergehen, die Gesetzmäßigkeiten der energetischen Kräfte haben auf dem gesamten Planeten Gültigkeit.

Und so gründen auch die Empfehlungen für öffentliche und industriell genutzte Gebäude auf den bereits dargelegten Fundamenten von Vastu (S. 43). Der Südosten beispielsweise als Sitz des Elementes Feuer ist auch bei einem Hotel als bester Bereich für die Küche ausgewiesen, ebenso wie der Nordwesten für Lagerräume und Toiletten. Auch wenn es angesichts der spezifischen Anforderungen, die an ein Gebäude gestellt werden, Unterschiede gibt – ein Milchverarbeitungsbetrieb bedarf einer anderen Raumkonzeption wie etwa ein pharmazeutisches Unternehmen –, wird das Prinzip doch stets beibehalten. Entsprechend werden die Hintergründe der im folgenden genannten Empfehlungen nicht noch einmal aufgeführt.

Dieses Kapitel möchte einen kleinen Einblick geben in die zahllosen Möglichkeiten, die Prinzipien von Vastu auf industrieller und kommerzieller Ebene gewinnbringend einzusetzen. Da dieses Buch in erster Linie zur Umsetzung der Vastu-Prinzipien im privaten Wohnraum angelegt ist, werden nur einige exemplarische allgemeine Empfehlungen dargelegt – mit der ausführlicheren Darstellung all dessen, was Vastu an Konzepten für Industrie und Gewerbe, Gesundheitswesen und Verwaltung, öffentliche Gebäude und Städtebau bereithält, ließe sich ein weiteres Buch füllen ...

Industrie und Gewerbe

Von der Auswahl des Grundstückes über die Personalräume bis hin zur Lagerung von fertigen Produkten oder Rohmaterialien – Vastu birgt das Potential, um gutgehende Betriebe weiterhin auf Erfolgskurs zu halten und krisengeschüttelten wieder aus den roten Zahlen zu helfen. Bei vielen der Vastu-Experten in Indien, darunter auch B. Niranjan Babur sowie Dr. Sham Sunder, rekrutiert sich ein großer Teil ihres Kundenstamms aus der Industrie. Dabei suchen bei weitem nicht nur Betriebe auf dem Subkontinent fachkundigen Vastu-Rat. Unter den Klienten finden sich Firmen aus aller Welt, unter anderem auch namhafte Konzerne.

Industriebauten

Zunächst die allgemeinen Vorgaben zur Konzeption von Industriegebäuden. Sie umfassen die generell benötigten Räumlichkeiten und Einrichtungen eines Betriebes. Wie den je nach Branche unterschiedlichen Anforderungen an industrielle Gebäude Genüge getan werden kann, erläutern einige ausgewählte Beispiele ab S. 205.

Das Grundstück

Ebenso wie beim privaten Wohnraum empfiehlt Vastu, auch bei der Auswahl eines Baugrundes für Industriegebäude größte Umsicht walten zu lassen. So sollten Straßen möglichst im Norden und Osten an das Grundstück angrenzen und eventuelle Neigungen nach Süden und/oder Westen durch Erdaufschüttungen ausgeglichen werden. Generell sollte das Niveau innerhalb des Baugrundes so beschaffen sein, daß Regenwasser in nordöstlicher Richtung abfließt. Das Grundstück sollte umzäunt sein und seine Tore im nördlichen und östlichen Teil liegen.

Der Entwurf

Auch bei Industriebauten ist wieder sorgfältig darauf zu achten, daß ihre Wände entlang der vier kardinalen Himmelsrichtungen verlaufen. Das Hauptfertigungsgebäude sollte im südwestlichen Bereich des Baugrundes stehen; Büro- und Administrationsgebäude, falls diese abgetrennt sind, können im Norden des Hauptgebäudes liegen. Die höchsten Gebäude des Komplexes sollten sich in den südlichen und westlichen Bereichen befinden; die Höhe der Büro- und Administrationsgebäude sollte geringer sein als die des Hauptgebäudes. Keines der Gebäude sollte an die Grundstücksumzäunung anschließen.

Ganz ideal im Sinne von Vastu wäre es, wenn der Fabrikkomplex so errichtet wird, daß sich die einzelnen Gebäude um einen Innenhof (Atrium) gruppieren. Der Zentralbereich des Fabrikkomplexes (Brahmasthana) sollte jedoch in jedem Fall unbebaut bleiben. Ebenso sollten hier keine Fahrzeuge oder Maschinen stehen sowie auch keine Waren gelagert werden.

Nordwesten Lager für fertige Produkte Personalräume Toiletten Parkplatz für PKW/LKW Sicherheitsdienst/Wache	**Norden** Haupteingang Lager für fertige Produkte Rechnungsabteilung Verwaltung Waage/Wiegemaschine Rasen/Grünflächen	**Nordosten** niedrigstes Grundniveau Haupteingang Pausenraum Lager für fertige Produkte Abstellplatz für Zweiräder unterirdische Wassertanks Konferenzsäle
Westen schwere Maschinen Fertigungshalle Lager für Rohmaterialien	**Zentrum (Brahmasthana)**	**Osten** Haupteingang Kantine Waage/Wiegemaschine Rasen/Grünflächen
Südwesten höchstes Grundniveau oberirdischer Wassertank Lager für Rohmaterialien schwere Maschinen Personalräume Büro der Geschäftsleitung/ des Besitzers hohe Bäume	**Süden** Kantine Lager für Rohmaterialien schwere Maschinen Fertigungshalle Personalräume	**Südosten** elektrische Versorgung: Generatoren, Transformatoren, Hauptsicherung Werksküche und Kantine Sicherheitsdienst/Wache Kamin/Schornstein

8.1. Die Anordnung der einzelnen Bereiche bei Industriegebäuden und Fabriken.

Die Plazierung im einzelnen

Die verschiedenen Maschinen sollten generell so angeordnet werden, daß die schwersten im Süden und Westen des Fabrikationsgebäudes stehen. Rohmaterialien haben ihren besten Ort im Südwesten, gerade im Herstellungsprozeß befindliche Produkte können im Westen und fertige Waren im Nordwesten gelagert werden. Ein Tor im Süden der Nordwestecke fördert den Absatz der fertigen Waren.

Maschinen, die aus diversen Rohmaterialien fertige Produkte herstellen, sollten so plaziert werden, daß sie von Südwesten aus gespeist werden und ihre Erzeugnisse in nordwestliche Richtung abgeben können.

Der Maschinenraum sollte sich im südwestlichen Bereich des Geländes befinden.

Heizung, Generatoren, Transformatoren und andere zur elektronischen Versorgung benötigte Geräte sollten im Norden der Südostecke untergebracht sein. Im Südosten empfiehlt Vastu darüber hinaus, die Werkskantine sowie natürlich die Küche einzurichten. Aber auch der Schornstein der Fabrik sollte im Südosten stehen.

Der Fabrikbesitzer und die Geschäftsleitung sollten in jedem Fall im Südwestsektor des Fabrikationsgebäudes beziehungsweise des Administrationsgebäudes ihre Büros haben.

Lagerhallen für fertige Produkte, Pausen-, Aufenthalts- sowie Veranstaltungsräume, Toiletten, Umkleideräume für das Personal sowie Parkplätze können alle im Nordwesten untergebracht werden.

Konferenzsäle, Rechnungsabteilung, Buchhaltung und Kassierer sollten sich im Nordosten des Administrationsgebäudes und falls nicht vorhanden, des Fabrikationsgebäudes befinden. Der Wach- und Sicherheitsdienst hat seine Räume optimalerweise südlich oder westlich der Nordostecke. Falls die betreffende Industrie Waagen beziehungsweise Wiegemaschinen benötigt, so sollten diese gemäß Vastu exakt im Osten oder exakt im Norden des Grundstückes plaziert werden.

Der Vastu-Experte B. Niranjan Babu aus Bangalore/Südindien (S. 41) hat einige Punkte zusammengetragen, die im Dienste der Rentabilität und des Erfolges einer Fabrik oder Industrie beherzigt werden sollten:

Empfehlungen für Fabrikanten und jene, die es werden möchten

- Nord- und Ostfassaden sollten sich im rechten Winkel treffen, der Nordostsektor offen und frei gestaltet werden. Dies, so B. Nivanja Babu, stärkt und erhält die Finanzkraft der betreffenden Fabrik und fördert deren Absatz. Darüber hinaus sorgt die Berücksichtigung dieser Empfehlungen für ein gutes Verhältnis zwischen Management, Arbeitern und Angestellten und schafft ein angenehmes Arbeitsklima.
- Falls vorhanden, sollten sich oberirdische Wassertanks und Behälter für andere Flüssigkeiten, wie beispielsweise Benzin, genau in der Südwestecke beziehungsweise nördlich von dieser auf dem Grundstück befinden. Das unterstützt Stabilität und Durchsetzungsvermögen der Geschäftsleitung sowie des gesamten Betriebes.
- Die Haupteingänge beziehungsweise Haupttore sollten vorzugsweise westlich oder südlich der Nordostecke oder aber östlich der Nordwestecke liegen. Das bewahrt den Betrieb vor gerichtlichen Auseinandersetzungen sowie vor Unfällen. Gänzlich tabu sind Haupteingänge westlich der Südostecke, nördlich der Südwestecke sowie südlich der Nordwestecke.
- Unterirdische Wasserreservoire oder Brunnen sollten immer im Norden, Nordosten oder Osten des Fabrikgeländes angeordnet sein. Das hilft, die finanzielle Situation des Betriebs zu stärken beziehungsweise gut zu halten.
- Noch ein wichtiger Rat den Nordostsektor des Fabrikgelände betreffend: dieser sollte stets saubergehalten und leicht geneigt sein. Damit sind die besten Voraussetzungen gegeben, daß die Bilanzen der Bank nach oben gehen. Werden im Nordosten jedoch Abfälle, aber auch Rohmaterialien sowie fertige Produkte gelagert, hat dies sehr negative Auswirkungen auf den betreffenden Betrieb.
- Steigungen im Süden, Westen, Südwesten und Nordwesten halten oder bringen den Betrieb auf Erfolgskurs und fördern die Zufriedenheit und Gesundheit der darin Beschäftigten. Weist das Gelände jedoch in diesen Richtungen Neigungen auf, kann dies finanzielle Verluste verursachen und schließlich zur Schließung der Firma führen.
- Im Nordosten des Fabrikkomplexes sollten unter keinen Umständen schwere Güter gelagert werden – diese Kopflastigkeit (in diesem Quadrant liegt Vastu Purushas Kopf) zeitigt überaus negative Folgen für den betreffenden Betrieb (S. 49). Ebenso sollte die Nordostecke des Areals nicht abgeschnitten sein. Ganz generell sind Defekte im Nordosten gemäß Vastu im Hinblick auf den Erfolg der Firma zu vermeiden.

Vastu und bestimmte Industriezweige

Wie die obengenannten generellen Prinzipien jeweils abgestimmt auf die speziellen Bedürfnisse eines Betriebes ergänzt und übertragen werden, zeigen die folgenden Beispiele.

Automobilindustrie

Hier wird mit »schwerem Gerät« hantiert: sowohl die Rohstoffe wie auch das fertige Produkt haben einiges an Gewicht. Entsprechend ist bei der Planung für die Automobilindustrie darauf zu achten, daß der südliche, südwestliche und westliche Bereich genügend Raum zur Lagerung der Rohmaterialien, zu deren Verarbeitung sowie zur Lagerung der fertiggestellten Erzeugnisse bietet.

Die Rohstoffe, vor allem Stahl- und Eisenteile, sollten vor ihrer Verarbeitung ausschließlich im südwestlichen oder westlichen Sektor des Fabrikkomplexes gelagert werden, je schwerer, desto näher an der Südwestecke.

Die Montage der einzelnen Teile sollte ebenso im südwestlichen Bereich der Anlage vorgenommen werden. Auch alle Schweiß- und Dreherarbeiten sind hier durchzuführen. Kräne und Laufbänder, welche die in der Herstellung befindlichen Automobile zur nächsten Montagestation transportieren, sollten im Süden oder Westen liegen.

Alle Arbeitsprozesse, für die hohe Temperaturen erforderlich sind, sowie alle chemischen Verfahren sollten im südöstlichen Sektor des Komplexes durchgeführt werden. Dasselbe gilt für alle Herstellungsschritte, bei denen starke Stromspannung benötigt wird. Auch die abschließende Überprüfung der Autos empfiehlt Vastu im Südosten vorzunehmen.

Der Abfluß sämtlicher Flüssigkeiten, ob Wasser, Öl oder Chemikalien, sollte stets in nördliche oder östliche Richtung erfolgen.

Die fertigen Autos sollten im Nordwesten abgestellt und auch von dort aus ausgeliefert werden.

Bäckereien

Das Element Feuer steht hier im Vordergrund. Um Brot und Gebäck herzustellen, geht nichts ohne Backofen. Da gemäß den Konzepten von Vastu jener Vorgang, um den sich in einer Bäckerei alles dreht, das Backen, im südöstlichen Bereich stattfinden sollte, hat dieser hinsichtlich der Raumkapazitäten den Vorrang vor allen anderen.

Die Zubereitung des Teigs kann im Osten oder ebenfalls im Süden vorgenommen werden. Die Rohstoffe, wie etwa die verschiedenen Getreide, sollten im westlichen Teil der Bäckerei lagern, während Hefe, Gewürze und andere Zusätze im Südosten nahe den Öfen und Eier besser im Nordwesten auf ihren Einsatz warten.

Die fertigen Backwaren sollten im Nordwesten aufbewahrt und über den Nordosten oder Norden ausgeliefert beziehungsweise verkauft werden – das bedeutet, das Tor oder die Verkaufstheke einer Bäckerei sollte im Norden oder Nordosten liegen. Behälter und Bleche aus Aluminium sollten, besonders in den nördlichen und östlichen Bereichen der Bäckerei, generell keine Verwendung finden.

Biotechnik

Die Biotechnologie befaßt sich mit der Gewinnung biologischer Substanzen zur Herstellung von Medikamenten, Chemikalien, Düngemitteln oder Lebensmittelzusatzstoffen, um nur einige der Absatzgebiete dieser jungen und aufstrebenden Branche zu nennen. Da biotechnische Betriebe mit lebenden Organismen und Stoffen arbeiten, müssen in deren Produktionsräumen ganz bestimmte Bedingungen gegeben sein. So werden hier Temperaturen benötigt, die einfach zu kontrollieren und konstant zu halten sind. Ein weiterer wichtiger Faktor ist Licht, zumal eine Vielzahl biotechnischer Substanzen aus dem Pflanzenreich gewonnen wird, dessen Vertreter zur Aufrechterhaltung ihrer Lebensvorgänge Licht benötigen. Da Licht aus dem Osten, vor allem das morgendliche, mehr UV-Strahlen und weniger Infrarotstrahlen enthält (S. 175), ist es am besten für die biotechnische Produktion geeignet.

Die zur Herstellung verwendeten Pflanzen sollten ausschließlich im Norden und Osten des Fabrikareals gedeihen. Dabei liegen die Pflanztröge beziehungsweise Beete im besten Fall etwas über dem Niveau des Fußbodens. Auch Treibhäuser und andere verglaste Gebäude sind am besten im Norden, Nordosten und Osten unterzubringen. Die Verarbeitung der biologischen Substanzen sollte überwiegend im Osten stattfinden; große Fenster sollten für ausreichenden Lichteinfall in die Labors sorgen. Experimente sollten im nordwestlichen Sektor des Fabrikkomplexes durchgeführt, fertige Produkte im Süden, Südwesten und Westen gelagert werden.

Computerindustrie (Hardware)

Kein Büro, keine Verwaltung, keine Bank ohne Computer – die elektronische Datenverarbeitung ist aus dem täglichen Leben nicht mehr wegzudenken. Entsprechend schießen die Gebäude der Computerindustrie wie Pilze aus dem Boden.

Während die Produktion der Computer-Hardware auf Konzeption und Herstellung von Gehäusen, Bildschirmen oder beispielsweise Tastaturen ausgerichtet ist und vor allem mit Metallen, Kunststoffen und Glas arbeitet, befassen sich Software-Hersteller mit dem dienstleistenden Interieur, gewissermaßen dem »Gehirn« eines Computers: Mikrochips und anderem hochspezialisiertem Gerät, das eher in den Bereich der Elektrotechnik fällt.

Im Zentrum der Hardware-Produktion steht wie erwähnt die Fertigung und Weiterverarbeitung von Metall-, Kunststoff- oder Glasteilen zu Gehäusen und anderen »harten« Komponenten eines Computers. Meist werden die zu verarbeitenden Einzelteile bereits fertig angeliefert und vom Hardware-Hersteller nur noch montiert.

Wie auch immer, die Produktion sollte in jedem Fall vom Südosten ausgehend nach Nordosten erfolgen. Schwere Montagegeräte und Maschinen stehen demzufolge am Beginn der Kette im Südwesten und Westen des Fabrikareals. Was an elektronischem Zubehör benötigt wird, sollte im Südosten gelagert und auch dort montiert werden.

Die fertigen Teile sollten im nordwestlichen Sektor gelagert und über den Norden oder Nordosten des Unternehmens ausgeliefert werden.

Pharmazeutische Produkte

Bei der Erzeugung von Arzneimitteln stehen Ausgangssubstanzen wie Kräuterzubereitungen, Tinkturen und Lösungen in mannigfachen Variationen, Pulver sowie diverse chemische Stoffe im Mittelpunkt. Auch Wasser, Alkohol, verschiedene Säuren sowie Bindemittel werden zur Herstellung von Tabletten, Pillen, Tropfen und Co. benötigt. All diese zahllosen unterschiedlichen Substanzen müssen bis zu ihrer Verarbeitung adäquat gelagert werden. Aus diesem Grund empfiehlt Vastu, bei der Konzeption eines Gebäudes zur Arzneimittelherstellung ein besonderes Augenmerk auf eine ausreichende Lagerkapazität zu legen. Alle trockenen Rohsubstanzen sollten im Nordwesten oder im Süden, alles Flüssige im Westen oder ebenfalls im Süden des Gebäudes oder Fabrikareals aufbewahrt werden. Zur Fabrikation, zu der in den meisten Fällen Wärme erforderlich ist und im Zuge derer chemische Umwandlungsprozesse stattfinden, ist der Südosten vorgesehen. Entsprechend sollte bei der Planung der Südosten ausreichend groß konzipiert werden, um den Labors zur Herstellung genügend Raum zu bieten. Die Maschinen zur Produktion von Tabletten, Pillen, Globuli und anderen festen Arzneien sollten im südwestlichen Teil des Südostquadranten stehen, und ihre Erzeugnisse in östliche Richtung »ausspucken«.

Darüber hinaus ist nach Auffassung der Vastu-Experten vor allem bei der pharmazeutischen Industrie darauf zu achten, daß sich die unterirdischen Wasserreservoire im Norden und oberirdische Wassertanks im Südwestquadranten befinden. Dies stärkt unter anderem die Exportumsätze der betreffenden Firma und macht sie konkurrenzfähiger.

Geschäfte

Läden, die nach Norden oder Osten ausgerichtet sind, also von einer dieser beiden Himmelsrichtungen aus begehbar sind, hält Vastu für am besten geeignet, vor allem was den Verkaufserfolg angeht. Nach Süden oder Westen gerichtete Geschäftslagen sind entsprechend weniger zu bevorzugen.

Ist das Geschäft ideal ausgerichtet, liegt die Eingangstüre ganz automatisch im Norden oder Osten – so, wie es Vastu empfiehlt. Die Kassentheke, Tresor, Wechselgeld sowie wichtige Dokumente sollten sich im Norden des Ladens befinden.

Die Verkaufswaren, einerlei ob Gebäck, Dessous oder Brillantringe, sind gemäß Vastu im südlichen, südwestlichen und westlichen Teil des Ladens anzuordnen: in Regalen, Theken, Kästen, Drehständern und ähnlichem. Schaukästen sollten ebenso stets in diesen Bereichen plaziert werden. Falls Emporen oder Aufgänge vorgesehen sind, sollten diese in jedem Fall nur im südlichen, südwestlichen oder westlichen Teil des Ladens errichtet werden.

Der Ladenbesitzer sollte seinen Platz im Südwesten des Geschäftes haben und dabei nach Osten, Norden oder Nordosten blicken – das ist nicht nur aus bekannten energetischen Gründen (S. 162) empfehlenswert, sondern auch, um den gesamten Verkaufsraum genau überblicken zu können.

Elektrische Versorgung, Lüftung, Klimaanlage und Heizung sowie, falls vorhanden, ein Kochplatz, sind im Südosten anzuordnen; Toiletten und Waschraum im Nordwesten.

Geschäftslagen

nach Norden: steigert Vermögen und Erfolg
nach Osten: einträglich und gewinnbringend in jeder Hinsicht
nach Süden: rückläufige Bilanzen, Erfolg stellt sich nur langsam ein
nach Westen: instabile Situation – mit dem Betrieb geht es auf und ab

Einkaufszentren

Was im kleinen für den Tante-Emma-Laden gilt, bestimmt auch bei den heutzutage weltweit so beliebten weitflächigen Einkaufsparadiesen über Konstruktion und Raumverteilung. Angesichts der hier einströmenden Heerscharen an Kunden muß jedoch beim Bau zudem auf ausreichende Parkmöglichkeiten geachtet werden – im Vastu-Idealfall im Norden, Osten oder Nordosten des Komplexes, in Gestalt von Tiefgaragen oder oberirdischen Parkplätzen.

Erdgeschoß, erster Stock und falls vorhanden Souterrain sind für die Geschäfte sowie für Banken, Restaurants und Cafés vorgesehen, Büros und Verwaltungsräume für die darüberliegenden Stockwerken. Treppen und Aufzüge sollten sich auch hier wieder im Süden oder Südwesten befinden.

Toiletten und Waschräume haben ihren besten Platz im Nordwesten, und falls dies nicht möglich ist, im Südwesten.

Blumenrabatten, Wasserspiele wie Springbrunnen und Fontänen sollten im Norden, Osten und Nordosten zur Gestaltung des Außenbereichs dienen, im Süden, Südwesten und Westen hingegen große Bäume und Sträucher.

Hotels

Die Prinzipien zur Konzeption von Hotels sind bis auf einige Abweichungen, was die Haustechnik anbetrifft dieselben, die auch für den privaten Wohnraum empfohlen werden. Denn schließlich sind die Bedürfnisse von Hotelgästen im großen und ganzen identisch mit denen, welche die Bewohner eines Privathauses oder -wohnung haben: schlafen, wohnen, essen und arbeiten, aber auch sich wohl fühlen und entspannen. Im Idealfall sollte ein Hotel für seinen Gast wie ein zweites Zuhause sein, in dem er sich geborgen fühlt und wo er sich zurückziehen kann, um neue Kraft zu tanken.

Nordwesten Lager für leichte Waren Verkaufsraum Schaukästen	Norden Haupteingang Kassentheke Tiefgarage Schaufenster Rechnungsabteilung	Nordosten Haupteingang Tiefgarage Schaufenster viele Fenster, viel Freiraum niedrigstes Grundniveau
Westen Verkaufsraum Schaukästen	Zentrum (Brahmasthana)	Osten Haupteingang Schaufenster viele Fenster und viel Freiraum
Südwesten Büro der Geschäftsleitung/ des Besitzers Lager für schwere Waren Schaukästen höchstes Grundniveau	Süden Kantine Lager für schwere Waren Schaukästen	Südosten elektrische Geräte, Transformatoren, Generatoren, etc. Klimanlage, Lüftung weniger Fenster Kantine und Küche

8.2. Die Anordnung der einzelnen Bereiche bei Geschäften und Einkaufszentren.

Das Grundstück

Die besten Bedingungen sind gegeben, wenn nördlich und östlich des Hotels Straßen verlaufen. Noch wichtiger als beim privaten Wohnraum erachtet es Vastu bei Hotels, daß im Norden und Osten mehr Freiraum besteht als im Vergleich zum Süden und Westen. Die Neigung des Baugrundes sollte ebenfalls nach Norden, Osten und Nordosten sein.

Die Anordnung der einzelnen Bereiche

Den nordöstlichen Bereich sieht Vastu für unterirdische Wasserreservoire und für den Swimmingpool, für einen Park, Liegewiese, unter Umständen Tennisplatz und andere Sportanlagen sowie für Blumenrabatten und

Springbrunnen vor. Falls das Hotel über eine Tiefgarage verfügt, sollte diese ebenfalls im Nordosten liegen.

Haupteingang und Rezeption befinden sich idealerweise im Norden und Nordosten. Die Rezeption sollte so liegen, daß das Hotelpersonal während seiner Arbeit nach Norden oder Osten sehen kann.

Klimaanlage und Lüftung sollten im Südosten plaziert werden; dasselbe gilt für die Heizung und für die elektrotechnische Versorgung des Hotels, wie unter anderem Generatoren, Hauptsicherung, Transformatoren. Was selbstverständlich ebenso für diesen Quadranten empfohlen wird, ist die Hotelküche, die aus praktischen Erwägungen darüber hinaus nur im Erdgeschoß untergebracht sein sollte. Auch in dieser kulinarischen Werkstatt sollten Öfen, Mikrowellenherde sowie alle elektrischen Gerätschaften im südöstlichen Bereich stehen (S. 178). Falls die Küche keinesfalls im Südosten untergebracht werden kann, bietet sich hierfür auch der Nordwesten an.

Die Treppen sowie Fahrstühle des Hotels haben ihren besten Platz gemäß Vastu im südlichen Bereich, ebenso wie die Speiseräume, das Hotelrestaurant und Bars. Der Frühstücksraum bietet sich im Osten an – man erinnere sich dazu unter anderem an die positiven Effekte der morgendlichen Sonnenstrahlen. Konferenzräume und Bankettsäle sollten sich im westlichen Bereich des Erdgeschosses befinden, im südlichen und südwestlichen Teil empfehlen sich Geschäfte, Friseur und ähnliche Serviceeinrichtungen des Hauses. Manager und Hotelleitung haben ihre Büros im ersten Stock im Südwesten, ebenso wie die weiteren Büroräume zur Verwaltung hier liegen sollten.

Die Zimmer

Die Gästezimmer sind in den oberen Geschossen unterzubringen; bei ihrer Einrichtung gelten dieselben Empfehlungen wie für private Wohn- und Schlafräume. Noch einmal kurz zusammengefaßt: Betten im Südwesten mit dem Kopfteil möglichst nach Süden, Schränke und Regale an den Süd- und Westwänden, Bad im Osten, Toilette im Nordwesten, Heizung und Fernseher sowie Minibar und Klimaanlage im Südosten, Balkone und/oder große Fenster im Norden und Osten.

Gesundheitswesen

In den alten Vastu-Schriften finden sich sehr genaue Angaben zum Bau und zur Konzipierung von Hospitälern und, wie wir heute dazu sagen, von Arztpraxen: Wie beispielsweise der Baugrund beschaffen sein sollte, wo die Kranken- und Operationszimmer liegen sollten, wo Arzneien und heilkräftige Kräuter am besten zuzubereiten und zu lagern sind, ist jeweils bis in das kleinste Detail beschrieben. Auch zur Therapie selbst halten die Schriften exakte Empfehlungen bereit.

In der gleichen praxisorientierten Weise gibt Vastu noch zahllose weitere Empfehlungen rund um Bau, Raumverteilung und Gestaltung von öffentlichen Gebäuden zur Gesundheitspflege. Einige davon sind sicherlich nicht mehr zeitgemäß und können den Anforderungen, die heute an Krankenhäuser und ambulante Behandlungsräume gestellt werden, nicht mehr gerecht werden – allein die medizintechnischen Innovationen der letzten Jahrzehnte und deren rasante Weiterentwicklung fordern permanenten Tribut seitens der Architekten. Nicht umsonst gibt es Architekturbüros, die sich ausschließlich auf den Bau von Krankenhäusern spezialisiert haben.

Die Mehrheit der Vastu-Prinzipien für das Gesundheitswesen kann jedoch auch heute gewinnbringend angewendet werden, um Gebäude zu kreiieren, die den Bedürfnissen des menschlichen Körpers gerecht werden, indem sie die Gesetzmäßigkeiten der Natur und die in einem umschlossenen Raum herrschenden energetischen Kräfte berücksichtigen: Vastu vermag einen wertvollen Beitrag dazu zu leisten, die dauerhafte Gesundung der temporären Bewohner und Besucher dieser Räume ganz entscheidend zu fördern.

Krankenhäuser

»Der beste Platz für ein Laboratorium (Anmerkung: in unserem heutigen Sinn ein Behandlungs- beziehungsweise Operationsraum) ist ein weitläufiger und schöner Garten, in dem viele verschiedene Arten von heilkräftigen Pflanzen gedeihen. Das Laboratorium sollte genügend Türen und Fenster haben und sich in unmittelbarer Nähe einer Quelle mit reinem und gutem Wasser befinden.
An seiner östlichen Seite sollte der Rasalingam (Anmerkung: Phallus, Symbol von Lord Shiva, aus transformiertem Quecksilber Amalagam) plaziert werden. Metallurgische Operationen sowie alle Behandlungen, zu denen Feuer oder Wärme benötigt wird, sollten im südöstlichen Teil des

Hauses durchgeführt werden. Massagen sowie Verfahren zur Herstellung von Medikamenten, bei denen Substanzen pulverisiert oder zerrieben werden, sind im Süden, operative Eingriffe dagegen generell im Südwesten vorzunehmen. Waschungen und Bäder sowie andere Behandlungen mit Wasser sind im westlichen Teil des Laboratoriums durchzuführen. Heilkräuter sollten generell im nordwestlichen Bereich getrocknet werden; die Verwandlung von Metallen in Gold im nördlichen Bereich. Fertige medizinische Zubereitungen sollten im Nordosten des Gebäudes verwahrt werden.«

(Aus: »The Wealth of Indian Alchemy & its Medicinal Uses«, Kapitel 1, Vers 3)

Solange ein Mensch gesund und sein Immunsystem intakt ist, vermag er schädliche Einflüsse von außen bis zu einem gewissen Ausmaß abzuwehren. Bei geschwächten und kranken Personen jedoch bringen nachteilige Umweltfaktoren das energetische Gleichgewicht durcheinander und gefährden beziehungsweise verschlechtern das Befinden des Betreffenden weiterhin.

Vor diesem Hintergrund ist es um so wichtiger, Gebäude und Räume, die der Wiederherstellung der Gesundheit eines Menschen dienen sollen, gemäß den Prinzipien von Vastu zu erbauen und zu gestalten.

Das Grundstück

Besonders bei zu therapeutischen Zwecken genutzten Gebäuden – nicht nur bei Kliniken, sondern ganz generell – ist die Umgebung stark zu berücksichtigen. So lautet die Empfehlung, ebenso wie auch hierzulande, daß Therapiegebäude am besten in unmittelbarer Nähe von Grünflächen, Wäldern oder Parks, Seen oder Flüssen liegen sollten. Die Nähe zu beispielsweise Industriegebieten oder zu stark befahrenen Straßen ist dagegen zu vermeiden.

Das Gebäude sollte entlang einer exakten Nord-Süd-Achse verlaufen. Im Idealfall besitzt es einen quadratischen Grundriß und ist auf einem ebenso geformten Grundstück erbaut. An seiner nördlichen und östlichen Seite sollte mehr Freiraum belassen werden, als nach Süden und Westen. Haupteingang, Empfang und Foyer sollten sich gemäß den Prinzipien von Vastu im nördlichen, nordöstlichen oder östlichen Teil des Gebäudes befinden. Im Nordosten empfiehlt es sich auch, Konferenz- oder Besprechungsräume sowie Zimmer für Meditation und Yoga einzurichten.

Die administrativen Räume, beispielsweise Verwaltung und Büros, des Krankenhauses sollten im südwestlichen Teil des Gebäudes liegen.

Nordwesten ambulante Behandlung Apotheke und Medikamentenausgabe Ruheraum Toiletten Lager (für leichte sowie für verderbliche Güter)	**Norden** Eingang Arztzimmer Wartezimmer Wasserbecken oder Springbrunnen Heilkräutergarten Trockenraum für Kräuter	**Nordosten** Empfang, Foyer Konferenzraum Meditations-, Yogaraum Forschungsabteilung Arztzimmer Physiotherapie Wintergarten, Veranda
Westen Physiotherapie Bad Studierzimmer	**Zentrum (Brahmasthana)** möglichst offener Innenhof (Atrium, Lichthof)	**Osten** Operationsräume Behandlungszimmer Empfang, Foyer Administration Meditations-, Yogaraum Bad Trockenraum für Kräuter
Südwesten Chefarztzimmer Safe Krankenhausleitung	**Süden** Physiotherapie Ruheraum Lager (für schwere Güter) Treppenhaus	**Südosten** Küche Heizung und elektrische Versorgung Herstellung der Medikamente (mit Feuer oder Chemikalien) alle Wärme- und Schwitztherapien

8.3. Empfohlene Konzeption für Krankenhäuser und Therapieräume.

Die Operationssäle sowie alle anderen Behandlungsräume einschließlich der Intensivstationen empfiehlt Vastu am besten im nordöstlichen sowie im östlichen Teil einzurichten. Dieses Anraten basiert zum einen auf den erwähnten positiven Wirkungen der UV-Strahlen, die überwiegend von Osten kommen, sowie nicht zuletzt auch auf der Tatsache, daß auf diese Weise bessere Lichtverhältnisse zur Behandlung herrschen, wenn das Licht von Osten kommt.

Die Türen sollten sich jeweils stets im Norden, Nordosten oder Osten der Räume befinden.

Heilpflanzen und -kräuter sollten stets im nördlichen Bereich eines Krankenhauses oder Therapiezentrums gedeihen; bei ihrer Ernte sollte der Betreffende nach Osten oder nach Norden blicken. Zum Trocknen und Lagern der heilkräftigen Pflanzen ist ein Raum im Osten oder Norden des Gebäudes auszuwählen.

Alle weiteren Empfehlungen zur Raumverteilung lassen sich der Grafik (S. 216) entnehmen.

Zur Behandlung

»Kurz bevor sie den neunten Monat ihrer Schwangerschaft erreicht, sollte das Geburtszimmer eingerichtet werden. Seine Tür sollte sich im Osten oder Norden befinden (...).«

(Aus: »Asthanga Samgraha of Vagbhata Sarira Sthana«, Kapitel 3, Vers 11)

Der Patient sollte bei jedweder ambulanten Behandlung stets mit dem Gesicht nach Osten sitzen oder liegen, denn auf diese Weise hat der Arzt die besten Lichtverhältnisse. Bei Operationen hingegen sind die Patienten mit dem Kopf nach Süden zu lagern – warum, ist auf S. 170 beschrieben worden.

Die Augen des behandelnden Arztes sollten stets nach Norden gerichtet sein. Ebenso wird in den Vastu-Texten empfohlen, daß sich der Chefarzt sowie alle anderen Ärzte in ihren Zimmern so einrichten sollten, daß sie beim Gespräch mit dem Patienten, aber auch beim Arbeiten und Lesen den Kopf nach Norden gerichtet haben.

Bei der Untersuchung sowie bei der Behandlung ist gemäß Vastu darüber hinaus zu beachten, daß der Arzt die linke Körperseite des Patienten mit seiner rechten Hand berührt und umgekehrt mit der linken Hand die rechte Körperseite.

Spezielle Therapien

»Für das Schwitzbad sollte man ein Haus errichten, das Richtung Osten oder Norden orientiert ist. Es sollte am Ostufer eines Sees oder Flusses und im Osten oder Norden des Dorfes auf einem fruchtbaren Stück Land stehen, dessen Erde schwarz und süß im Geschmack ist. Der Baugrund sollte gleichmäßig eben sein und von dem Wasser sieben bis acht Aratni (320 bis 365,76 cm) entfernt liegen. Das Gebäude sollte vollkommen kreisförmig und gut mit Schlamm verputzt sein sowie viele Fenster haben. Seine Höhe und sein Durchmesser sollten jeweils 17 Aratni (731,52 cm) betragen. Eine Sitzbank – ein Aratni (45,72 cm) hoch und ein Aratni breit – sollte rundum entlang der Innenwand aufgestellt werden. In der Mitte des

Raumes sollte ein Lehmofen stehen, dessen Durchmesser vier Hasta (180 cm) und dessen Höhe die eines Menschen betragen sollte. Der Ofen sollte rund sein und viele kleine Löcher besitzen. (...)«

(aus »Caraka Samhita Sutrasthana«, Kapitel 14, Vers 46)

Zwischen Vastu und Ayurveda besteht wie erwähnt eine enge Analogie. So nimmt es nicht wunder, daß sich in den Vastu-Schriften auch viele Empfehlungen für spezielle Behandlungen im Zuge der sogenannten *Pancha-*

Fünf Handlungen für die Gesundheit

Eine der zentralen Therapien des Ayurveda ist das *Pancha Karma*. Der Begriff Pancha Karma stammt aus dem Sanskrit, der alten indischen Hochsprache, und bedeutet übersetzt »fünf Handlungen«. Diese mittlerweile auch in Europa etablierte Kur besteht aus einem fein aufeinander abgestimmten System von Reinigungstherapien. Diese gliedern sich – wie ihr Name schon impliziert – in fünf verschiedene Anwendungszyklen, jeweils unterteilt in Vorbereitungs-, Eliminations- und Aufbauphase.

Die Therapien des Pancha Karma dienen der intensiven Entschlackung und dem Abbau toxischer Rückstände in den Körpergeweben und Organen. Darüber hinaus erhöhen die ayurvedischen Reinigungstherapien die Aktivität des Immunsystems, regen die körpereigenen Selbstheilungskräfte an und harmonisieren das Nerven- und Hormonsystem.

Bevor die Reinigung stattfinden kann, müssen die in den Körpergeweben und Organen angelagerten schädlichen Substanzen und Stoffwechselschlacken aktiviert und gelöst werden. Dies geschieht durch die Anwendungen des *Purvakarma*, die den Körper sowohl auf die Ausleitung der Toxine vorbereiten, als auch der allgemeinen Prävention dienen. Im Anschluß daran erfolgt das *Pradhanakarma*, die Ausleitung der gelösten Giftstoffe durch Klistiere, Laxantien, Behandlungen der Nasenschleimhaut, *Emesis* (therapeutisches Erbrechen) sowie *Phlebotomie* (Aderlaß).

Den Therapien des Pancha Karma wird mittlerweile auch hierzulande eine wichtige Bedeutung bei der Behandlung von chronischen Erkrankungen wie beispielsweise der des rheumatischen Formenkreises, von neurovegetativen Störungen sowie von psychosomatischen und psychisch bedingten Beschwerden beigemessen, aber auch zu deren Prävention, denn durch den Einsatz ayurvedischer Reinigungstherapien kann die Manifestation vieler körperlicher und psychischer Beschwerden im Vorfeld verhindert werden.

Karma-Therapien finden. So rät Vastu beispielsweise, das Gebäude für das Schwitzbad unter allen Umständen ostwärts auszurichten. Falls es kein eigenes Haus dafür gibt, sollte die Schwitzbehandlung immer im südöstlichen Bereich des Krankenhauses oder der Arztpraxis durchgeführt werden.

Auch für die *Emesis*, die Brechtherapie, existieren Vorgaben. So erfordert diese Behandlung die Positionierung des Patienten mit dem Gesicht in östlicher oder nördlicher Richtung. In diese beiden Himmelsrichtungen ist gemäß den alten Texten auch das Haus für die sogenannte Schweigewoche, ein Teil der Pancha-Karma-Therapien, auszurichten.

Selbstverständlich halten die Vastu-Schriften noch weit mehr an Ratschlägen zur Durchführung bestimmter Therapien bereit, doch sollen die genannten Beispiele an dieser Stelle genügen.

Öffentliches Leben

Ein großer Teil der Empfehlungen von Vastu bezieht sich auf die Planung und die Gestaltung öffentlicher Gebäude. Zu den Gründerzeiten von Vastu handelte es sich dabei überwiegend um Regierungssitze und Paläste, Wehranlagen sowie nicht zuletzt natürlich um Tempel – sie hatten zu diesen Zeiten eine weit größere Bedeutung, als privater Wohnraum.

Die Grundlagenwerke von Vastu beinhalten sehr genaue Vorgaben zu Konzeption und Bau der genannten Gebäude des öffentlichen Lebens. Tausende von Zeilen halten detaillierte Empfehlungen bereit – ausgehend vom ersten Spatenstich bis hin zur Einweihung des fertigen Gebäudes. Von der in den Konzepten von Vastu wurzelnden baulichen Perfektion und Ästhetik legen die alten Bauwerke bis heute eindrucksvolle Zeugnisse ab, darunter auch jene, die im vorangegangenen Kapitel genannt wurden.

Dafür, daß damals neben Palast- und Tempelbau auch das Amüsement nicht zu kurz kam, finden sich wiederum zahlreiche Belege in den alten Schriften: Viswakarma etwa, der Autor der »Manasara« (S. 32), beschäftigt sich über viele Kapitel seines Klassikers hinweg mit der Konstruktion und Gestaltung von Theatern und anderen Örtlichkeiten, an denen öffentliche Darbietungen veranstaltet wurden.

Obwohl Vastu beim Bau von Palästen, Tempeln, Theatern und anderen öffentlichen Gebäuden exakt dieselben Konzepte zugrunde legt, wie für den privaten Wohnraum, bestehen zwischen den Empfehlungen im einzelnen doch deutliche Unterschiede; nicht zuletzt schon aufgrund der komplett anderen Nutzung, der diese Gebäude einmal zugeführt werden sollen.

Was genau bei Räumen für Könige und Fürsten sowie für Theater-, Musik- und Tanzdarbietungen nach Auffassung von Vastu berücksichtigt werden sollte, ist äußerst interessant und birgt ein enormes Potential in sich, welches auch die heutige Architektur sehr bereichern kann. Doch sind diese Wissensinhalte so umfassend und komplex, daß ihre Darstellung im Rahmen dieses Buchs nicht erörtert werden kann, da dessen Fokus auf der Umsetzung der Prinzipien von Vastu im privaten Wohnraum liegt – Vastu in öffentlichen Gebäuden wird Thema weiterer Bücher sein. Und so soll hier nicht weiter auf diese Thematik eingegangen werden, zumal der Bau von Tempeln oder Palästen auch nicht mehr den Anforderungen entspricht, die heute, zumindest in unseren Breiten, an die moderne Architektur gestellt werden.

Als kleiner Vorgeschmack soll nachfolgend vielmehr anhand einiger Bereiche des heutigen Alltags exemplarisch vorgeführt werden, wie die Um-

8.4. Nahe der südindischen Stadt Bangalore wurde letztes Jahr das Vidya German Centre eröffnet. Ein unter deutscher Leitung stehendes Waisenhaus mit angrenzender Schule und Kindergarten, komplett getreu den Prinzipien von Vastu errichtet.

setzung der Konzepte von Vastu in Gebäuden des öffentlichen Lebens aussehen kann.

Schulen und Universitäten

Da diese Gebäude der Verbreitung von Bildung und Wissen dienen, sollte bei ihrer Konzeption ganz besonders genau auf die Umsetzung der Prinzipien von Vastu geachtet werden – so die Meinung führender Vastu-Experten in Indien.

Die Ausrichtung jeder Lehranstalt – ob für ABC-Schützen oder Studenten, ob zur Weiterbildung oder etwa zur Umschulung – sollte stets exakt in östliche Richtung sein. Die Unterrichtsräume und Vorlesungssäle sind im nordöstlichen, nördlichen, östlichen und nordwestlichen Bereich des Gebäudes einzurichten. Damit sind die besten Voraussetzungen gegeben, daß das vermittelte Wissen verstanden und die Lerninhalte behalten werden können. Im Südosten ist wieder der beste Ort für Küche, Kantine und Heizung sowie für die Gerätschaften zur elektronischen Versorgung des Gebäudes. Aufenthalts- und Pausenräume empfehlen sich für den Westen und Süden, im Südwesten sollte hingegen die Verwaltung sowie die Leitung der Lehranstalt ihren Sitz haben.

Bibliotheken

Auch sie haben zum Ziel, Wissen zu vermitteln. Entsprechend ist auch bei Bibliotheken darauf zu achten, daß sie nach Osten ausgerichtet sind. Lesesäle und Vortragsräume sollten ebenfalls wieder im Osten, Nordosten, Norden sowie im Nordwesten des Gebäudes liegen. Die eigentlichen Bibliotheksräume, in denen das Wissen schwarz auf weiß verwahrt ist, sieht Vastu im Westen, Südwesten sowie im Süden vor. Dabei sollten schwere und große Bücher stets in Regalen an der südlichen und westlichen Wand, die leichteren sowie Schriften und Loseblattsammlungen an den östlichen und nördlichen Wänden stehen.

Cafeteria und Restaurant sind im Südostquadranten der Bibliothek unterzubringen, ebenso wie Heizung und elektrische Versorgung des Gebäudes.

Museen

Nach Auffassung von Vastu kommt in Museen dem nördlichen Sektor besondere Bedeutung zu, zum einen, weil das aus Norden in die Räume einfallende Licht heller und klarer und deshalb geeigneter zum Betrachten der gezeigten Exponate ist (auch hierzulande sind die Ateliers von Künstlern vorzugsweise im Norden), zum anderen gilt der Norden als Quelle von Weisheit und Bildung. Und ebendiese möchten Museen ihren Besuchern vermitteln. Darüber hinaus herrschen im Norden die besten Voraussetzungen, um auch empfindliche Ausstellungsstücke zu beherbergen: Hier ist es kühler, die Temperaturen sind ausgeglichener und unterliegen keinen großen Schwankungen, und das Licht hat eine andere Beschaffenheit als etwa im Süden oder Westen.

Demgemäß sollte die Mehrheit der Ausstellungsräume im nördlichen Bereich des Museumsgebäudes liegen; dazu gehören auch der nordöstliche sowie der nordwestliche Sektor. Auch im Osten können sich Ausstellungsräume befinden. Für den südlichen und westlichen Bereich sieht Vastu Restaurant und Café, Garderoben, Toiletten (nach Nordwesten hin plaziert) sowie die Verwaltung, Büros und weitere administrative Räume vor. Die Museumsleitung sollte auch hier wieder ihren Sitz im exakten Südwesten haben und ihre Schreibtische so plazieren, daß sie beim Arbeiten den Blick nach Nordosten, Osten oder Norden ermöglichen.

Flughäfen

Der wichtigste Punkt, der aus Sicht von Vastu bei der Konzeption eines Flughafens berücksichtigt werden sollte, ist das Parkieren der Flugzeuge im Südwestquadranten. Auch die Hangars sowie die Hallen zur Reparatur und Wartung der Maschinen sollten im Südwesten liegen, denn, wie an vielen Stellen bereits erwähnt, der Südwestquadrant ist jener Ort, an dem sich gemäß den Prinzipien von Vastu stets die schwerste Last befinden sollte (S. 166).

Start- und Landebahnen sollten im nördlichen und östlichen Bereich des Flughafengeländes liegen und so angelegt sein, daß die Maschinen im nordöstlichen Bereich des Flughafengeländes landen beziehungsweise starten können. Die Benzintanks sowie die gesamten elektrischen Anlagen und Einrichtungen des Flughafens sollten sich ausschließlich im Südosten des Geländes befinden.

Für das Flughafengebäude selbst, mit den Abfertigungshallen, Wartesälen, Restaurants und Cafés empfiehlt Vastu den Nordwesten oder alternativ den Westen des Areals. Innerhalb des Gebäudes sollten wieder die bekannten Prinzipien von Vastu Anwendung finden: unter anderem Küche und Restaurants sowie Heizung im Südosten, Toiletten im Nordwesten, Haupteingang im Norden, Nordosten oder Osten und Administration sowie Flughafenleitung im Südwesten.

Städtebauliche Konzepte

Daß sich die altindische Lehre vom Bauen und Wohnen auch eingehend mit Städtebau befaßt, ist an vielen Stellen angeklungen; die Vastu-Schriften beinhalten umfassende und sehr detaillierte städtebauliche Konzepte. Wie gut durchdacht die dort aufgeführten Prinzipien waren, davon zeugt nicht zuletzt die Indus-Saraswati-Kultur.

Einiges über den Städtebau gemäß den Prinzipien von Vastu ist bereits aufgeführt worden (S. 35); nachfolgend eine Übersicht über die wichtigsten Grundlagen.

Die Lage

Ideal nach Auffassung von Vastu ist es, wenn eine Stadt an den Ufern eines Flusses, Sees oder am Meer liegt. Die Wasserflächen sollten sich jedoch, ebenso wie bei einem einzelnen Gebäude, stets im Norden, Nordosten oder Osten der Stadt befinden. Liegt ein angrenzender Bach oder Fluß im Norden, sollte seine Strömung von Westen nach Osten gehen; liegt er hingegen im Osten, sollte die Fließrichtung von Süden nach Norden sein.

Im Westen und Südwesten der Stadt empfehlen sich Hügel oder Berge.

Das Areal, auf dem die Stadt vorgesehen ist, sollte sich nach Osten, Nordosten und Norden leicht absenken, nach Süden, Südwesten und Westen hingegen etwas ansteigen.

Das Klima

Die alten Vastu-Texte wie auch heutige Vastu-Experten in Indien empfehlen allen, die mit städtebaulichen Konzeptionen betraut sind, sich eingehend mit dem in der jeweiligen Region vorherrschenden Klima zu befassen. So sollte das Wettergeschehen mindestens der letzten zehn Jahre genau analysiert und bei der Planung berücksichtigt werden, denn häufige Regenfälle, hohe Luftfeuchtigkeit, starke Winde und Stürme, große

Trockenheit erfordern unterschiedliche Konzepte für Planung und Gestaltung einer Stadt. Auch die durchschnittlichen Tages- und Nachttemperaturen verändern die Anforderungen an die Gebäude.

In Indien beispielsweise kommen der alljährliche Monsun und die mit ihm einhergehenden Stürme aus westlichen und südlichen Richtungen. Bei einer Stadt, die in diese Himmelsrichtungen geneigt oder aber an einem Hang erbaut ist, der nach Süden oder Westen abfällt, wären die Häuser und ihre Bewohner den Regenmassen und dem Wind viel zu sehr ausgesetzt. Wesentlich günstiger ist es daher, eine Ansiedlung auf einem nach Norden oder Osten geneigten Areal zu errichten. Ähnliche Beispiele für das jeweils gegebene Klima als maßgeblichen Faktor für Städtebau und Architektur gibt es zahllose – auch und vor allem in unserer Region.

Der Grundriß

Vastu empfiehlt vor allem drei verschiedene Formen für den Bau einer Stadt: das Quadrat, das Rechteck sowie den Kreis. Unregelmäßige, asymetrische Formen sollten ebenso wie beim Bau eines einzelnen Hauses auch im Städtebau strikt vermieden werden.

Dem Vastu-Purusha-Mandala gemäß ist der Grundriß für die Stadt exakt nach den vier kardinalen Himmelsrichtungen auszurichten: geradlinig, so daß sich die Straßen stets im rechten Winkel kreuzen.

Die Hauptachse, also die längste Straße der Stadt, sowie alle anderen Hauptstraßen sind gemäß den Vastu-Richtlinien exakt in Ost-West-Richtung anzulegen. Auf diese Weise sind sie den ganzen Tag über dem Sonnenlicht und mit ihm den UV-Strahlen ausgesetzt. Diese Empfehlung basiert auf der Tatsache, daß UV-Strahlen ausgeprägte antiseptische Wirkungen besitzen. Sie können schädliche Mikroorganismen abtöten und so einen wertvollen Beitrag zur Verbesserung der hygienischen Verhältnisse innerhalb der Stadt leisten (S. 176).

Die kleineren Verbindungsstraßen zwischen den Hauptstraßen sollen wiederum exakt von Süden nach Norden verlaufen, um eine gute Luftzirkulation zu gewährleisten. Damit steht die Luft nicht in den Straßen und die Gebäude und deren Bewohner haben eine bessere Luft.

Die einzelnen Bereiche

Den alten Vastu-Schriften zufolge sind jeweils eigene Viertel für bestimmte Zwecke und für verschiedene Bevölkerungsgruppen vorzusehen. Im Zentrum der Stadt, dem sogenannten Brahmasthana (S. 56), sollen stets der Tempel sowie die Residenz des Stadtfürsten oder Königs stehen. Dieses Prinzip findet sich auch in abendländischen Ansiedlungen verwirklicht: Das religiöse Zentrum, wie die Kirche, sowie auch der Sitz des Stadtherren, etwa das Rathaus, liegen stets in der Mitte einer Stadt oder eines Dorfes.

Darüber hinaus finden sich in den Grundlagenwerken auch Angaben zur idealen Bevölkerungsdichte einer Stadt: So soll die Zahl der Bürger sechstausend nicht übersteigen, um allen Bewohnern ausreichend Wohnraum zu bieten und nicht zuletzt auch hygienische Verhältnisse und damit die Erhaltung der Gesundheit zu gewährleisten.

Kapitel 9

Vastu-Lösungen im Alltag

Wer von den vielen positiven Effekten von Vastu profitieren möchte, sollte – ganz klar – seine Wohn- und Arbeitsumgebung nach den Prinzipien dieser Lehre erbauen und gestalten. Sein Zuhause von vornherein gemäß Vastu zu konzipieren ist die einfachste Möglichkeit, um in den Genuß seiner Wirkungen zu kommen – allerdings ist dies den wenigsten beschieden.

Doch auch wer in gemietetem Wohnraum lebt beziehungsweise im Eigenheim keine größeren baulichen Veränderungen durchführen kann, muß nicht auf die Verwirklichung der Prinzipien von Vastu verzichten. Neben der meist relativ problemlos durchzuführenden Umstellung von Möbeln und deren Anordnung gemäß den Empfehlungen von Vastu können auch einzelne Räume innerhalb einer Mietwohnung oder eines gemieteten Hauses umfunktioniert werden. So läßt sich beispielsweise das Schlafzimmer in das Wohnzimmer verwandeln und umgekehrt. Schwieriger wird es dann mit Bad, Toilette und Küche – angesichts der hier bereits bestehenden sanitären Anlagen kann und möchte man auch aus Kostengründen nichts verändern. Doch auch hier finden sich Lösungen, die nachfolgend aufgezeigt werden, die jedoch auch – und das muß ganz klar gesagt werden – ihre Grenzen haben und die gewünschten Verbesserungen nicht immer hundertprozentig erzielen.

Vastu auf die sanfte Art

Wer auf »handfeste« Verbesserungen ungünstigen Vastus verzichten und das Problem lieber auf der feinstofflichen Ebene angehen möchte, kann die von Dr. Sham Sunder, Vastu-Consultant in Bangalore, entwickelte Methode probieren. Sie bietet eine sehr wirkungsvolle und dabei einfache Möglichkeit, nicht vastu-gemäße Wohnsituationen ohne großen Aufwand, ohne bauliche Veränderungen, Umverteilen von Räumen oder Möbeln, zu verbessern: Vastu-Korrekturen ohne Hammer und Preßluftbohrer.

Dr. Sham Sunder hat dieses System basierend auf über Jahre in seiner Praxis gesammelten Erfahrungen entwickelt. Die beachtlich guten Wirkungen dieser sanften Art der Umsetzung von Vastu wurden innerhalb der letzten fünf Jahre weltweit an über zweitausend Gebäuden – sowohl private wie industrielle, an Häusern wie an Wohnungen bestätigt. Übrigens auch in Dr. Rhyners Haus in Bangalore.

9.1. Der Vastu-Experte Dr. Sham Sunder und Dr. Hans-Heinrich Rhyner vor dessen Haus in Bangalore.

Das Prinzip

Was zur sanften Vastu-Korrektur à la Dr. Sham Sunder benötigt wird, ist nichts als einige Farben und *Yantra* sowie die Bereitschaft, sich auf eine subtile Sichtweise der Dinge einzulassen, denn Dr. Sham Sunders Konzept beruht auf einer »Behandlung« bestimmter Zonen eines Gebäudes und Raumes durch farbige Yantra. Das sind graphische Symbole, die gewissermaßen als Instrument fungieren, das positive feinstoffliche Inhalte transportiert und verstärkt. Entsprechend haben Yantra auch Schutzfunktionen, vergleichbar ihren in unseren Breiten bekannten Äquivalenten, wie beispielsweise dem Segen der Heiligen Drei Könige, CMB, über den Haustüren.

Jeder Himmelsrichtung ist eine bestimmte Farbe sowie ein Chakra zugeordnet, die mit den jeweils regierenden Planeten korrespondieren (s. Grafik S. 227). Je nachdem, welcher Bereich des Grundstückes, Gebäudes oder Raumes korrigiert werden soll, wird die Farbe gewählt – um Vastu-Mängel im Nordosten auszugleichen etwa Violett. Das Yantra wird auf Papier in der entsprechenden Farbe kopiert oder aufgeklebt und solcherart stets in der Höhe, in der sich das zugeordnete Chakra beim Bewohner jeweils befindet, aufgehängt. Man kann auch die Linien des Yantra in der erforderlichen Farbe kolorieren. Welcher der Bewohner als »Chakra-Maß« dient, hängt davon ab, wer in der Familie, Partnerschaft oder Wohngemeinschaft für die Existenzerhaltung verantwortlich ist, wer also salopp formuliert hauptsächlich »die Brötchen« verdient.

Durch das Anbringen der farbigen Yantra in speziellen, zuvor bestimmten Zonen lassen sich die Dimensionen des Grundstückes, des Hauses wie auch der Innenräume verändern, indem virtuelle Wände geschaffen werden, welche den Raum in die gewünschten, idealen Proportionen unterteilen (s. S. 244 und 245). Das geschieht dadurch, indem man exakt dort, wo eine Ecke gemäß der korrigierten Dimensionen liegen sollte, das ihr entsprechende Yantra anbringt. In gleicher Weise kann auch die Ausrichtung eines Grundstückes, Gebäudes und Raumes korrigiert werden, sofern

Farben und zugeordnete Chakra zur Korrektur

Nordosten	Violett	5. Chakra
Osten	Gelb	4. Chakra
Südosten	Orange	6. Chakra
Süden	Schwarz	3. Chakra
Südwesten	Hellblau	1. Chakra
Westen	Indigo	1. Chakra
Nordwesten	Grün	7. Chakra
Norden	Weiß	2. Chakra
Zentrum		6. Chakra

9.2. Die einfachste Möglichkeit, ein Yantra zur Verfügung zu haben, ist obenstehendes mehrfach zu kopieren, auszuschneiden und zur Korrektur zu verwenden.

diese mehr als zwölf Grad von den Haupthimmelsrichtungen abweicht.

Die Yantra eignen sich aber auch sehr gut, um energetische Defizite in bestimmten Bereichen auszugleichen. Ist etwa der Nordwesten geschwächt, bringt man das Yantra in der Nordwestecke seines Zuhauses, ebenfalls wieder in der Höhe des in diesem Fall siebten Chakra an.

Um ein Yantra zur Verfügung zu haben, kann man das nebenstehende mehrfach kopieren.

Das Chakra bestimmt, in welcher Höhe das Yantra bezogen auf die Körpergröße jenes Familienmitgliedes, das wie erwähnt überwiegend für den Unterhalt sorgt, aufgehängt wird. Der Planet legt fest, wer diesen Quadranten regiert, und der Patron ist das energetische Prinzip, das Negativität aufheben kann. Der farbliche Untergrund des Yantra trägt maßgeblich zur Wirkung bei.

Zusätzlich oder alternativ kann ein Bildnis des in der jeweiligen Himmelsrichtung herrschenden Patrons, des religiösen Prinzips, angebracht werden. Laut Dr. Sham Sunder ist dies das »schwerste Geschütz«, das sich für besonders gravierende Vastu-Mängel empfiehlt. In Indien, wie im gesamten fernostasiatischen Raum gibt es dazu Statuetten aus einer speziellen Mischung von Metallen, dem sogenannten *Pancaloha*. Wie *Panca* schon andeutet, handelt es sich dabei um die Kombination fünf verschiedener Metalle: Gold, Silber, Kupfer, Zinn und Zink.

Alternativ eignen sich auch Fotos oder Zeichnungen der religiösen Prinzipien, die es heute bei uns in jedem Indienladen zu kaufen gibt – allerdings sind diese weniger wirksam.

Chakra und Farben für Korrekturen

Nordwesten Chakra 7 – Sahasrara dunkelgrün Planet Ketu Patron Ganesha (beseitigt Hindernisse) Dienstag	**Norden** Chakra 2 – Swadhisthana weiß Planet Guru (Jupiter) Patron Dattatreya (bringt Gesundheit) Donnerstag	**Nordosten** Chakra 5 – Vishuddha violett Planet Buddha (Merkur) Patron Vishnu (der Erhalter) Mittwoch
Westen Chakra 1 – Muladhara indigo Planet Shani (Saturn) Patron Rudra (der zerstörerische Aspekt) Samstag	**Zentrum (Brahmasthana)** Chakra 6 – Ajna keine Farbe Planet Surya (Sonne) Patron Shiva (Sitz Gottes, monotheistisch betrachtet) Sonntag	**Osten** Chakra 4 – Anahata gelb Planet Shukra (Venus) Patron Laxmi (bringt Wohlstand) Freitag
Südwesten Chakra 1 – Muladhara blau Planet Rahu Patron Rama (Moral und Gerechtigkeit) Samstag	**Süden** Chakra 3 – Manipura schwarz Planet Mangala (Mars) Patron Subramania (der Krieger) Dienstag	**Südosten** Chakra 6 – Ajna orange Planet Candra (Mond) Patron Durga (Wut, Rache, Eifersucht, auch positiv) Montag

9.3. Zuordnung der einzelnen Chakra und Farben (nach Dr. Sham Sunder und Dr. Hans-Heinrich Rhyner).

Die Wochentage stehen im Zusammenhang mit den Planeten. An den genannten Tagen ist der Einfluß des entsprechenden Planeten beziehungsweise Quadranten besonders groß. Dies sollte bei der Korrektur wie auch bei positiver oder negativer Beeinflussung durch einen Quadranten berücksichtigt werden.

In der Regel ist es vollkommen ausreichend, die Yantra außerhalb des Hauses, auf dem Grundstück oder an der Hausfassade anzubringen, denn deren Effekte sind stark genug, daß sie auch in den inneren Bereich vordringen. Auf diese Weise spart man sich die unfreiwillige Dekoration der

9.4. Eine aus Pancaloha, einer Mischung aus mehreren Metallen, gefertigte Statuette der Glücksgöttin Laxmi.

Wohnräume ... Diese muß jedoch ohnehin nicht sein, denn sind die Yantra- und religiösen Prinzipien einmal an ihrem Ort angebracht, können sie problemlos in der gewünschten Fassaden- oder Raumfarbe übertüncht oder -tapeziert werden – ihrer Wirkung wird dadurch nicht im mindesten Abbruch getan. Daß diese Korrekturmaßnahmen greifen, bezeugt die Praxis und wird auch durch die eigenen Erfahrungen von Dr. Rhyner bestätigt.

Personifizierte Energie

Das Korrekturkonzept mittels Darstellungen verschiedener Patrons hat nichts mit Götzentum, sondern einfach damit zu tun, daß im vedischen System hinter jedem energetischen Aspekt eine Personifizierung desselben steht. So ist beispielsweise *Ganesha* die Personi-

Die herrschenden Prinzipien

Nordosten	Vishnu
Osten	Laxmi
Südosten	Durga
Süden	Subramania
Südwesten	Rama
Westen	Rudra
Nordwesten	Ganesha
Norden	Dattatreya
Zentrum	Shiva

fizierung bestimmter energetischer Prinzipien im Nordwesten (s. Grafik 9.3). In den vedischen Wissenschaften geht man davon aus, daß es für den Menschen einfacher ist, mit einer Person in Beziehung zu treten, als mit etwas Abstraktem: die einzelnen Patrons sind nichts anderes als die Perso-

9.5. Außer Yantra und Statuetten der jeweiligen religiösen Prinzipien eignet sich zur Korrektur auch diese ebenso aus Pancaloha bestehende kleine Pyramide, genannt Meru.

nifizierung bestimmter energetischer Prinzipien. Entsprechend kann man statt den Abbildern der Patrons auch ihre Yantra-Form zur Korrektur verwenden. Eine weitere Möglichkeit bietet *Meru*, eine ebenfalls aus Pancaloha gefertigte »Korrekturmaschine« und der Goldene Schnitt in dreidimensionaler Form.

Diese Pyramide zieht die Energien ins Haus oder in die Wohnung und vermag bereits für sich allein, ungünstige Dimensionen und Ausrichtungen sowie gestörte Energieverhältnisse im gesamten Wohnraum zu korrigieren und die Vastu-Defizite auszugleichen. Meru wird im Nordosten des Hauses oder der Wohnung aufgestellt, und zwar so, daß die Spitze des obersten Dreiecks nach Osten weist.

Wer sich weder mit Meru, Yantra noch mit religiösen Prinzipien aus dem indischen Kulturraum anfreunden kann, dem rät Dr. Sham Sunder, alternativ beispielsweise Sprüche oder Weisheiten anzubringen, die mit den jeweiligen Bedeutungen korrespondieren. Wichtig ist nur stets, daß die grundlegenden Konzepte, also beispielsweise Feuer im Südosten, Wasser im Nordosten, eingehalten werden. Eigene Kreativität ist hier erwünscht …

9.6. Ein Mitarbeiter von Dr. Sham Sunder beim Anbringen eines Yantra über der Eingangstüre von Dr. Rhyners Haus in Bangalore.

Verschiedene Interpretationen

Wer sich wundert, daß die bei dieser Korrekturmethode erwähnten Prinzipien nicht mit jenen auf S. 69 übereinstimmen, sollte wissen, daß sich im Laufe der Jahrtausende währenden Geschichte der vedischen Wissenschaften verschiedene sub-vedische Schulen entwickelt haben, die jeweils andere Patrons hatten – eine Entwicklung, die bis zum heutigen Tag anhält und die Ursache dafür ist, daß die Vastu-Pandits, die Vastu-Berater, oftmals solche leichte Abwandlungen der ursprünglichen Konzepte vornehmen; bis auf die *Navagrahas*, die neun Planeten der vedischen Astrologie, die immer beibehalten werden. Bei diesen Abwandlungen handelt es sich jedoch stets nur um verschiedene, zusätzliche Interpretationen. Das Ursprungsprinzip bleibt dabei immer unangetastet.

»Vastu without demolotion« – im Gespräch mit Dr. Sham Sunder

9.7. Dr. Sham Sunder mit seinem Handwerkszeug …

»Wirkt« Vastu mehr auf seelisch-geistiger oder auf körperlicher Ebene?
Vastu hat einen stärkeren Einfluß auf psychische Probleme. Da zahlreiche, vor allem langanhaltende, chronische gesundheitliche Beeinträchtigungen psychisch bedingt oder zumindest mitbedingt sind, zeigt Vastu aber auch wirksame Effekte bei körperlichen Beschwerden wie beispielsweise Allergien aller Art, Asthma, Kopfschmerzen und Migräne, Immunschwäche, Schlafstörungen und gynäkologischen Problemen, um nur einige zu nennen.

Was sind die häufigsten Probleme Ihrer Klienten?
Es sind weniger gesundheitliche, sondern vor allem Schwierigkeiten auf der materiellen Ebene sowie Beziehungsprobleme, die sie zu mir bringen. Zum einen meist finanzielle Probleme und Schwierigkeiten im Beruf, zum anderen dauerhafte Auseinandersetzungen und Probleme mit dem Partner. Die gesundheitlichen Beschwerden meiner Klienten sind hauptsächlich streßbedingt und hängen eng mit den genannten Schwierigkeiten zusammen. Worüber sie häufig klagen, sind Schlafstörungen, depressive Verstimmungen und Ängste, innere Unruhe und Nervosität, Antriebslosigkeit, mentale Erschöpfung und chronische Müdigkeit.

Wie gehen Sie bei Ihrer Therapie vor?
Anhand der Aura eines Menschen, die ich sehen kann, läßt sich genau entnehmen, welches Chakra bei dem Betreffenden geschwächt ist. Daraus kann ich Rückschlüsse darauf ziehen, welcher Bereich in dem jeweiligen Wohnraum gestört ist – jede Ecke, die nicht stimmt, läßt sich damit ausfindig machen. Dies ist auch der Grund, weshalb ich so viele Klienten im Ausland habe. Ich muß nicht zu ihnen nach Hause gehen, sondern kann anhand ihres seelisch-geistigen und körperlichen Befindens nicht vastu-gemäße Situationen aufdecken und gebe ihnen die entsprechende Medizin – meist Yantra und ayurvedische Kräuter –

mit, um das Vastu zu korrigieren. Leben die Klienten in und um Bangalore, mache ich natürlich auch eine Ortsbegehung.
Abgesehen von seinem Befinden läßt sich auch aus den Problemen des jeweiligen Klienten entnehmen, in welchen Bereichen des Hauses oder der Wohnung Korrekturen vorgenommen werden müssen. Hat jemand beispielsweise permanente Beziehungsprobleme mit vielen Streitigkeiten, ist meist der Südosten gestört. Dann frage ich den betreffenden Klienten, was sich im südöstlichen Bereich seines Zuhauses befindet und wie er dort eingerichtet ist. Bestätigt sich meine Vermutung, gebe ich ihm Empfehlungen, was er im Südosten verändern sollte.
Ich arbeite überwiegend mit Yantra und Kräuterzubereitungen, um die Energiefelder in einem Haus oder einer Wohnung zu korrigieren. So bedarf es keinerlei baulicher Veränderungen, keines Abrisses oder Umstellungen.

Wie sind Ihre Therapieresultate?
Die Erfahrungen der letzten fünf Jahre an insgesamt über zweitausend Häusern und Wohnungen im In- und Ausland, darunter auch die Gebäude einiger großer Firmen, haben gezeigt, daß diese Art der Vastu-Korrektur zum einen überaus effektiv, zum anderen für die Bewohner sehr viel angenehmer, da nicht zuletzt auch kostengünstiger ist.

Korrekturen durch Phytotherapie

Weitere »Vastu-Heilmittel« zur Harmonisierung gestörter Energiefelder und zum Ausgleich der Schwingungen in bestimmten Bereichen sind ayurvedische sowie auch bei uns heimische Heilkräuter. In vielen Fällen kann man sich auch der ätherischen Öle der empfohlenen Heilpflanzen bedienen, was oft einfacher in der Anwendung ist.

Das Prinzip

Das Prinzip der Vastu-Korrektur, unterstützt durch bestimmte Heilkräuter, ist protagonistisch, und nicht wie beim Ausgleich disharmonischer Dosha im Körper antagonistisch. Ein aus dem Gleichgewicht geratenes Dosha, etwa ein zu dominantes Vata, wird reguliert, indem man Mittel und Maßnahmen verordnet, die Vata reduzieren, diesem Dosha also entgegenwirken. Bei der Vastu-Korrektur hingegen wird der gestörte Bereich gestärkt. Denn wenn ein bestimmter Quadrant Defekte aufweist, bedeutet dies, daß er geschwächt ist. Entsprechend muß er mit den ihm zugeordneten Eigenschaften und Substanzen gestärkt werden. Liegt etwa im Südosten ein Defekt vor, sollten in diesem Bereich Kräuter aufgehängt werden, die in ihrer Wirkung heiß und trocken sind, um das diesem Quadranten zugeordnete Feuer zu unterstützen. Befindet sich beispielsweise die Küche nicht wie empfohlen im Südosten, sollte man die Kräuter im südöstlichen Bereich und dort möglichst in der Südostecke anbringen.

Nordwesten Chakra 7 – Sahasrara dunkelgrün Kalmus Brahmi Gotu Kola Sandelholzöl	Norden Chakra 2 – Swadhisthana weiß Atmagupta Shatavari (Frauen) Ashwagandha (Männer) Kardamom Safran Mandelöl	Nordosten Chakra 5 – Vishuddha violett Brahmi Bhringaraja Kalmus Vasaka Sandelholzöl
Westen Chakra 1 – Muladhara indigo Triphala Amalaki Haritaki Asafoetida Rizinusöl	Zentrum (Brahmasthana) Chakra 6 – Ajna sieben Farben des Regenbogens Ingwer Langkornpfeffer (Pippali)	Osten Chakra 4 – Anahata gelb Arjuna Punarnava Brahmi Shatavari Jasminöl
Südwesten Chakra 1 – Muladhara blau Shatavari (Frauen) Ashwagandha (Männer) Bala Amrita Patchoulieöl	Süden Chakra 3 – Manipura schwarz Trikatu Ingwer Schwarzer Pfeffer(Marica) Langkornpfeffer (Pippali) Eukalyptusöl	Südosten Chakra 6 – Ajna orange Ashoka Guggulu Gokshura Kamille Koralle

9.8. Zuordnung der Heilkräuter zur Korrektur der einzelnen Quadranten.

Die empfohlenen Heilpflanzen beziehungsweise ätherischen Öle sind in Apotheken, Kräuterfachgeschäften, Reformhäusern oder Naturkostläden erhältlich. Von den Ölen gibt man jeweils fünf bis zehn Tropfen in eine

Duftlampe und läßt sie verdampfen oder füllt sie in ein kleines Fläschchen, das unverschlossen in den zu korrigerenden Bereich gestellt wird. Ansonsten nimmt man mindestens zwei Teelöffel des empfohlenen Heilkrautes, frisch oder getrocknet, füllt dies in ein Leinensäckchen und hängt es in der dem Chakra entsprechenden Höhe auf. Die Wirkung der Kräuter beziehungsweise Öle wird noch verstärkt, wenn sie in Behältnisse gefüllt werden, welche die Farbe des jeweils zugeordneten Chakra besitzen.

Das Vorgehen

Ebenso wie die Yantra sollten auch die Kräuter stets in der Höhe aufgehängt werden, in welcher sich das dem Quadranten zugeordnete Chakra am Körper des Bewohners befindet. Auch hier gilt wieder jene Person als Maß, die überwiegend für die Existenzerhaltung sorgt (S. 225).

Die Art der Anwendung ist jedem selbst überlassen und auch davon abhängig, in welcher Form die betreffenden Heilkräuter hierzulande erhältlich und verwendbar sind. Im Fall von Eukalyptus bedient man sich seiner Wirkstoffe beispielsweise besser in Gestalt von Öl, das überall in Apotheken, Reformhäusern oder Kräuterfachhandlungen erhältlich ist, und gibt einige Tropfen davon in eine Duftlampe. Bei schwarzem Pfeffer hingegen empfiehlt es sich, die ganzen Körner in eine Schale oder ein Leinensäckchen zu füllen und in dem zugeordneten Bereich aufzustellen oder -zuhängen.

Kleiner Almanach der ayurvedischen Heilkräuter

Anbei einiges über Anwendungsgebiete und Wirkungen der genannten ayurvedischen Heilkräuter.

Amrita (Tinospora cordifolia)
Übersetzt besetzt bedeutet Amrita »Nektar der Unsterblichkeit«, und in der Tat entfaltet es außerordentlich hohe regenerative Wirkungen auf den Organismus.

Wirkungen: fiebersenkend, antiviral, verdauungsfördernd, entzündungshemmend, aufbauend und stärkend

Anwendung bei: Hauterkrankungen, Gicht, Arthritis, Gastritis, Erbrechen, Durchfall, Husten, Bronchitis und Nahrungsmittelallergien

Arjuna (Terminalia arjuna)
Wirkungen: herzstärkend, wundheilend, hautklärend, adstringierend und blutstillend

Anwendung bei: Geschwüren, Hautleiden aller Art, Herzbeschwerden wie unter anderem Herzschwäche und Angina pectoris, Wunden, Knochenbrüchen, Quetschungen, Blutungen, Durchfall und Blasensteinen

Ashoka (Saraca indica)
Der Ashokabaum ist in der indischen Mythologie eng mit dem Frauentum verbunden – nicht umsonst, denn seine Rinde, die unter anderem Eisenverbindungen und Kalzium enthält, ist ein wirksames Heilmittel bei zahlreichen Frauenleiden.

Wirkungen: schmerz- und blutstillend, beruhigend sowie stuhlbindend

Anwendung bei: Blutungen, Periodenbeschwerden wie vor allem zu starker Menstruation, PMS und Wechseljahrsbeschwerden, Vergrößerungen des Gebärmutterhalses und hormonell bedingten depressiven Störungen

Ashwagandha (Withania somnifera)
Aufgrund ihres breiten Anwendungsspektrums und ihrer guten Verträglichkeit die am häufigsten verabreichte Arznei; sie hat im Ayurveda einen vergleichbaren Stellenwert wie Ginseng in der chinesischen Medizin.

Wirkungen: stark regenerierend, aphrodisierend (vor allem für Männer), abwehrstimulierend

Anwendung bei: Schwächezuständen, Schlaflosigkeit, Ödemen, rheumatischen Erkrankungen, Allergien, Heuschnupfen, Herzstörungen, Sterilität, depressiven Störungen, Regeneration von Knochenmark, Muskeln und Nerven u.v.a.

Atmagupta (*Mucuna pruriens*)
Ein sehr wirksames Aphrodisiakum, das zudem bei längerer Einnahme samenvermehrend wirkt, also die Spermienzahl deutlich erhöht. Atmagupta zeigt zudem gute Heilwirkungen bei neurologischen Erkrankungen, durch seinen Gehalt an Dopamin unter anderem auch bei Morbus Parkinson.

Wirkungen: aphrodisierend, nerventonisierend, abwehrstärkend, harntreibend und allgemein anregend

Anwendung bei: Impotenz, Krämpfen, Parkinson-Syndrom, Impotenz sowie Gesichts- und Nervenlähmungen

Bala (*Sida cordifolia*)
Eine der wertvollsten Heilpflanzen der ayurvedischen Medizin, die vor allem bei neurologischen und rheumatischen Beschwerden zur Anwendung kommt.

Wirkungen: entzündungshemmend, antibakteriell und -viral, abwehrstimulierend, herzstärkend, milde abführend. Vermehrt das Fortpflanzungsgewebe (auch Spermien) und verzögert den Alterungsprozeß

Anwendung bei: allgemein zur Stärkung, Auszehrung, allen rheumatischen Beschwerden, Nervenerkrankungen wie unter anderem Neuralgien, Ödemen, Herpes genitalis und Blasenentzündungen

Bhringaraja (*Eclipta alba*)
Das Lebertonikum par excellence, denn es stärkt die Leberfunktionen, und fördert die Entgiftung des Körpers. Zudem ist es ein wirksames Verjüngungsmittel für Haut und Haare.

Wirkungen: regenierend für Haut und Haare, galleflußfördernd

Anwendung bei: Leberfunktionsstörungen, Leberzirrhose und Hepatitis, Milzbeschwerden, Entgiftung und Entschlackung, Anämie, Ödemen, Hautleiden und Fieber

Brahmi (*Bacopa monniera*)
Ein wichtiges Therapeutikum zur Revitalisierung aller Gehirnfunktionen, das vor allem Gedächtnis, intellektuelle Fähigkeiten sowie Konzentrationsvermögen fördert. Darüber hinaus ist es ein sehr wirksames Tonikum für das zentrale Nervensystem sowie für Herz und Kreislauf.

Wirkungen: harntreibend (diuretisch), blutreinigend, fiebersenkend, mild abführend, schmerzstillend und beruhigend

Anwendung bei: Schlafstörungen, nervös bedingten Beschwerden, Störungen des zentralen Nervensystems, Nervosität, Angstneurosen, depressiven Verstimmungen, Vergeßlichkeit und Herz-Kreislauf-Beschwerden

Gokshura (*Tribulus terrestris*)
Das Mittel schlechthin für die Harnorgane – es tonisiert das gesamte urogenitale System und wirkt milde beruhigend.

Wirkungen: harntreibend (diuretisch), aphrodisierend und ausgleichend

Anwendung bei: Nieren- und Blasensteinen und -entzündungen, Diabetes, Harnblutung, Polyarthritis, Asthma und Neuralgien

Gotu Kola (*Centella asiatica*)
Besitzt bis auf die tonisierenden Effekte auf Herz und Kreislauf die gleichen Wirkungen und Anwendungsgebiete wie Brahmi.

Guggulu (*Commiphora mukul*)

Wirkungen: antirheumatisch, tonisierend für die Gebärmutter, blutfettsenkend und antisklerotisch

Anwendung bei: rheumatischen Erkrankungen, erhöhten Blutfettwerten und Diabetes

Koralle
Pulverisiert gegen alle Arten von Frauenleiden.

Wirkungen: entkrampfend, tonisierend und entzündungshemmend

Anwendung bei: Periodenbeschwerden, vor allem starken Menstruationsblutungen, Anämie und PMS

Punarnava (*Boerrhavia diffusa*)
Wirkungen: harntreibend (diuretisch)

Anwendung bei: Nierenerkrankungen, Ödemen und Herzbeschwerden

Shatavari (*Asparagus racemosus*)
Gilt als Ginseng für Frauen, denn seine Einnahme erhöht deutlich das Gewicht der Gebärmutter.

Wirkungen: antiallergisch, kühlend, regenerierend, abwehrstimulierend, aphrodisierend (vor allem für Frauen) und sehkraftstärkend

Anwendung bei: Erschöpfung, Unfruchtbarkeit, Impotenz, vorzeitigem Altern, Magenübersäuerung und -geschwür, Menstruations- und Wechseljahrsbeschwerden, PMS und Koliken

Trikatu

Mischung zu gleichen Teilen aus Langkornpfeffer, schwarzem Pfeffer und getrocknetem Ingwer, deshalb die Bezeichnung »die Drei mit scharfem Geschmack«.

Wirkungen: verdauungsfördernd und stoffwechselanregend, entblähend, herzstärkend, fiebersenkend und aphrodisierend

Anwendung bei: Verdauungsschwäche und -störungen, Husten, Asthma, Erkältung und Atembeschwerden, Herzbeschwerden, Koliken und Erbrechen

Triphala

Die drei Früchte – eine Mischung zu gleichen Teilen aus Amalaki, Bibitaki und Haritaki.

Wirkungen: regenerierend, abwehrstimulierend, milde abführend, verdauungsfördernd, entblähend und spermavermehrend

Anwendung bei: allgemein zur Stärkung und Regeneration, Entschlackung, Asthma, Ödemen, Kurzsichtigkeit und schwacher Sehkraft

Vasaka (Adhatoda vasica)

Ein sehr mild wirksames Mittel, das auch Kindern gut verabreicht werden kann.

Wirkungen: schleimlösend, entkrampfend und entzündungshemmend

Anwendung bei: Bronchitis, Husten, Halsschmerzen, Nasennebenhöhlenentzündung, Infektionskrankheiten und Fieber sowie Erbrechen

Die einzelnen Himmelsrichtungen haben wie erwähnt jeweils charakteristische Eigenschaften und damit verbunden unterschiedliche Effekte auf die Bewohner. Liegen in bestimmten Bereichen Vastu-Defekte vor, kann dies die Entstehung verschiedenster Beschwerden begünstigen. Weist beispielsweise der Nordwesten Störungen auf, kann sich dies in Kopfschmerzen oder Beschwerden des zentralen Nervensystems äußern (s. S. 240).

Bei der Behandlung von gesundheitlichen Störungen sollte demnach nicht nur der Patient selbst, sondern auch jener der betreffenden Beschwerde zugeordnete Quadrant therapiert werden. »Heile den Raum, und du heilst den darin lebenden Menschen.« Die Korrektur des gestörten Quadranten gilt entsprechend als wichtige Voraussetzung, um eine Besserung der Beschwerden zu erzielen und die Heilung zu unterstützen. Zur Korrektur werden bauliche Maßnahmen oder aber genannte Kräuter und Öle herangezogen. Leidet jemand also beispielsweise wiederholt an Kopfschmerzen, steht dahinter unter Umständen ein Defekt im Nordwesten, der durch die für den Nordwesten empfohlenen Heilkräuter ausgeglichen werden kann.

Wirkungssteigerung durch Kräuter

Zwar nicht zwingend, jedoch wirkungssteigernd ist es, zusätzlich jene Heilkräuter einzunehmen, die für die jeweiligen Bereiche empfohlen werden (S. 235). Die Anwendungsgebiete der Kräuter und Öle sind exakt jene, die auch ihrem Quadranten zugeordnet sind. So ist *Brahmi* ein ausgezeichnetes Tonikum für das zentrale Nervensystem und ein sehr wirksames Heilmittel bei einer Vielzahl nervös bedingter Beschwerden. Brahmi ist dem Nordwesten zugeordnet – jenem Bereich, an dem sich auch Kopfschmerzen und Beschwerden des zentralen Nervensystem finden. Die Indikationen der für einen Quadranten empfohlenen Kräuter und Öle decken sich also mit den ihm zugeordneten Beschwerden.

Nordwesten Chakra 7 – Sahasrara Kopfschmerz Migräne Beschwerden des ZNS (zentrales Nervensystem) Atembeschwerden	Norden Chakra 2 – Swadhisthana Schutzlosigkeit (auch der Wohnraum kann keinen Schutz bieten) Impotenz Unfruchtbarkeit	Nordosten Chakra 5 – Vishuddha geschwächtes Immunsystem Probleme beim Lernen und im Studium Verlust der sprachlichen Gewandtheit
Westen Chakra 1 – Muladhara Diabetes Depressionen, Ängste Stimmungsschwankung Konzentrationsschwäche Negative Emotionen Verstopfung	Zentrum (Brahmasthana) Chakra 6 – Ajna Schlafstörungen Feinde Probleme mit männlichem Partner Antriebslosigkeit	Osten Chakra 4 – Anahata finanzielle Probleme hoher Blutdruck Kreislaufbeschwerden
Südwesten Chakra 1 – Muladhara harte Arbeit bringt nicht die gewünschten Resultate Gier	Süden Chakra 3 – Manipura Wut Aggression Verdauungsprobleme, bedingt durch zu schwache Verdauungskraft (Agni)	Südosten Chakra 6 – Ajna Probleme mit weiblichem Partner Neid Allergien Asthma

9.9. Die einzelnen Quadranten und die Beschwerden, die durch Störungen in dem betreffenden Bereich hervorgerufen oder verstärkt werden können.

Marmapunkte lokalisieren

Hier noch eine Methode, um die *Marmasthana* oder Marmapunkte eines Grundstückes, eines Hauses oder einer Wohung zu lokalisieren. Auf diesen empfindlichen Regionen sollten wie erwähnt keine Wände, Säulen oder Möbel plaziert werden (S. 57).

- Man nimmt die größte Höhe und Breite des Grundstückes, Hauses oder der Wohnung und erstellt ein 9 x 9-Gitter.
- Dann zeichnet man die beiden Diagonalen von Nordosten nach Südwesten sowie von Nordwesten nach Südosten in das Gitterschema ein.
- Parallel zu den beiden Diagonalen werden ausgehend von den Ecken der zweiten Quadrate ebenso diagonale Linien gezogen.

• Die sich aus den beiden Diagonalen und den Linien von den zweiten Quadraten ergebenden neun Schnittpunkte mit dem Gitterschema sind die Marmasthana – die »verletzlichen« Zonen des Grundstückes, Hauses oder der Wohnung.

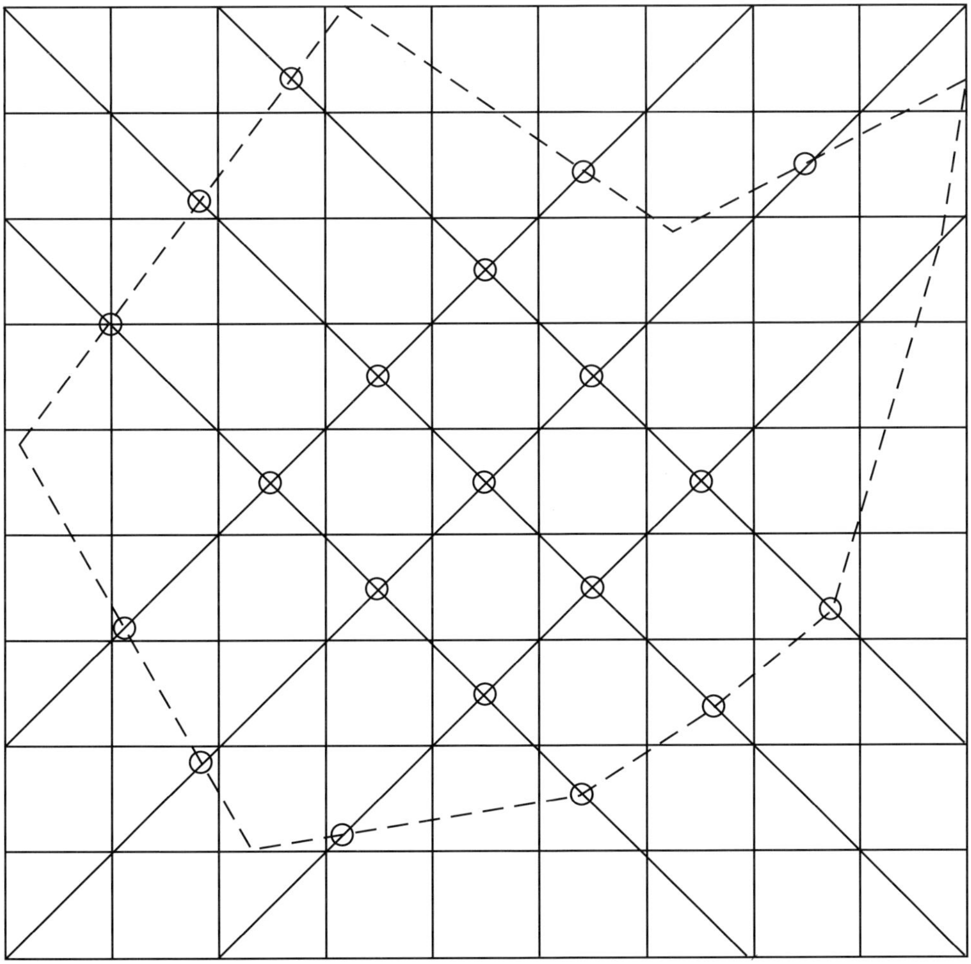

9.10. Marmapunkte

- - - - - *Grundstücks-, Haus- oder Wohnungsgrenzen*

——— *empfindliche Linien*

o *Marmapunkte (an diesen können Yantra oder Pyramiden sowie Meru plaziert werden).*

Korrektur von Proportionen (Aya)

Mittels Yantra können Räume virtuell aufgeteilt und ungünstige Proportionen korrigiert werden. Hierzu zwei Beispiele, einmal für einen rechteckigen und einmal für einen asymmetrischen Grundriß, veranschaulicht in den folgenden beiden Abbildungen.

Zunächst nimmt man die kürzeste Länge oder Breite des betreffenden Raumes und multipliziert diese mit dem gewünschten Maß, also beispielsweise mit 1,6666. Mit den Restflächen (siehe Abb.) wird gleichermaßen verfahren, bis nichts mehr übrigbleibt. Im Anschluß werden die nun entstandenen einzelnen Räume mit Hilfe der Yantra virtuell neu aufgeteilt.

Rechteckiger Grundriß

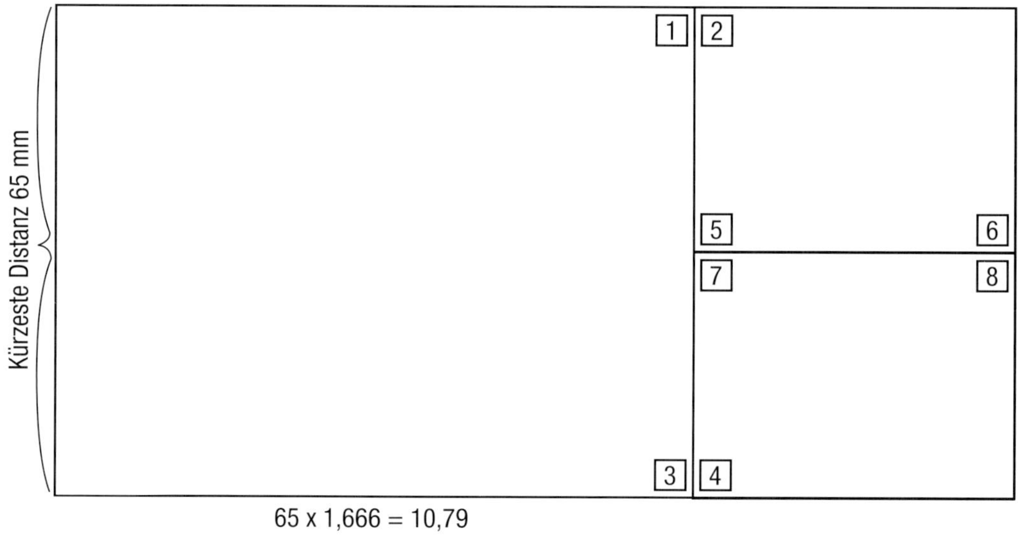

9.11. Korrektur bei rechteckigem Grundriß.
1: Chakra 5 – violett
2: Chakra 7 – grün
3: Chakra 6 – orange
4: Chakra 1 – blau
5: Chakra 1 – blau
6: Chakra 6 – orange
7: Chakra 7 – grün
8: Chakra 5 – violett

Asymmetrischer Grundriß

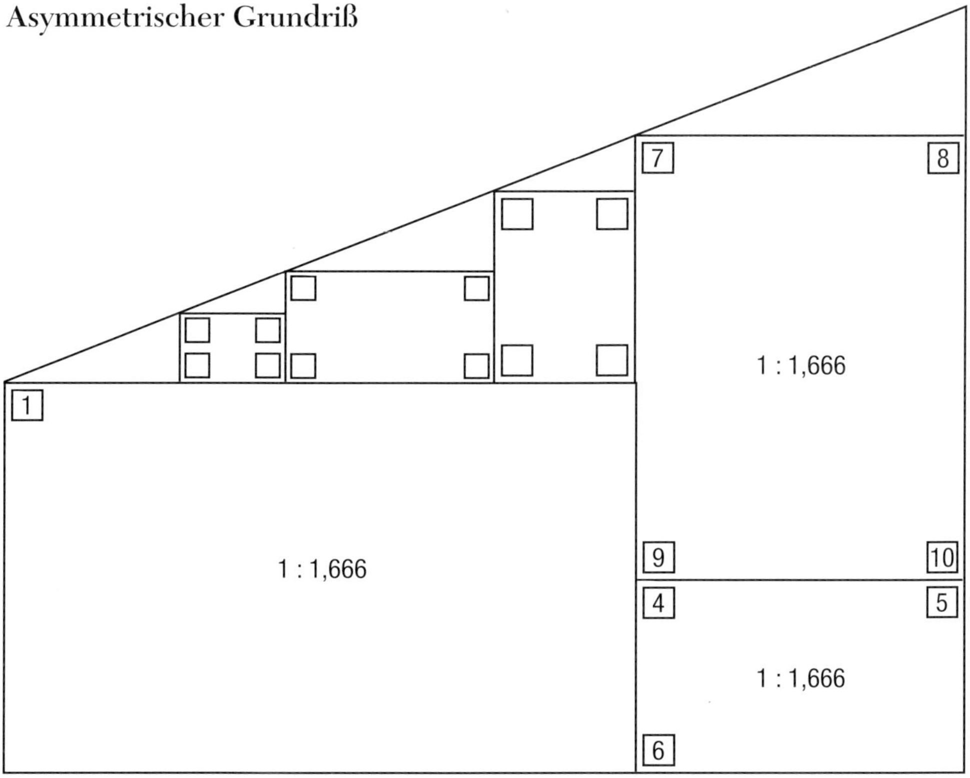

9.12. Korrektur bei unregelmäßig geformtem Grundriß.

1: Chakra 7 – grün	*6: Chakra 1 – blau*
2: Chakra 5 – violett	*7: Chakra 7 – grün*
3: Chakra 6 – orange	*8: Chakra 5 – violett*
4: Chakra 7 – grün	*9: Chakra 1 – blau*
5: Chakra 5 – violett	*10: Chakra 6 – orange*

Weitere Korrekturen nicht vastu-gemäßer Situationen

Neben der sanften Art, Vastu-Mängel zu korrigieren, gibt es hierfür natürlich auch »handfestere« Methoden, die in der Regel eine Umgestaltung der Wohnumgebung erfordern, unter anderem durch die Umfunktionierung, also den Austausch von Räumen, durch das Umsetzen von Türen und Umstellen von Möbeln oder aber durch das Anbringen von Spiegeln, Zimmerpflanzen und Paravents. Besonders Spiegel stellen eine einfache und dabei sehr effektive Korrekturmethode dar, denn zum einen »eröffnen« sie enge Räume und den Weg blockierende Wände, zum anderen füllen sie Fehlbereiche energetisch auf.

Im Anschluß eine Auswahl häufiger Problemstellungen und wie man zu deren Lösung vorgeht.

Grundstücke

Unregelmäßig, asymmetrisch geformte Grundstücke können korrigiert werden, indem man die von einer rechteckigen Grundfläche abweichenden Grundstücksabschnitte abtrennt und veräußert.

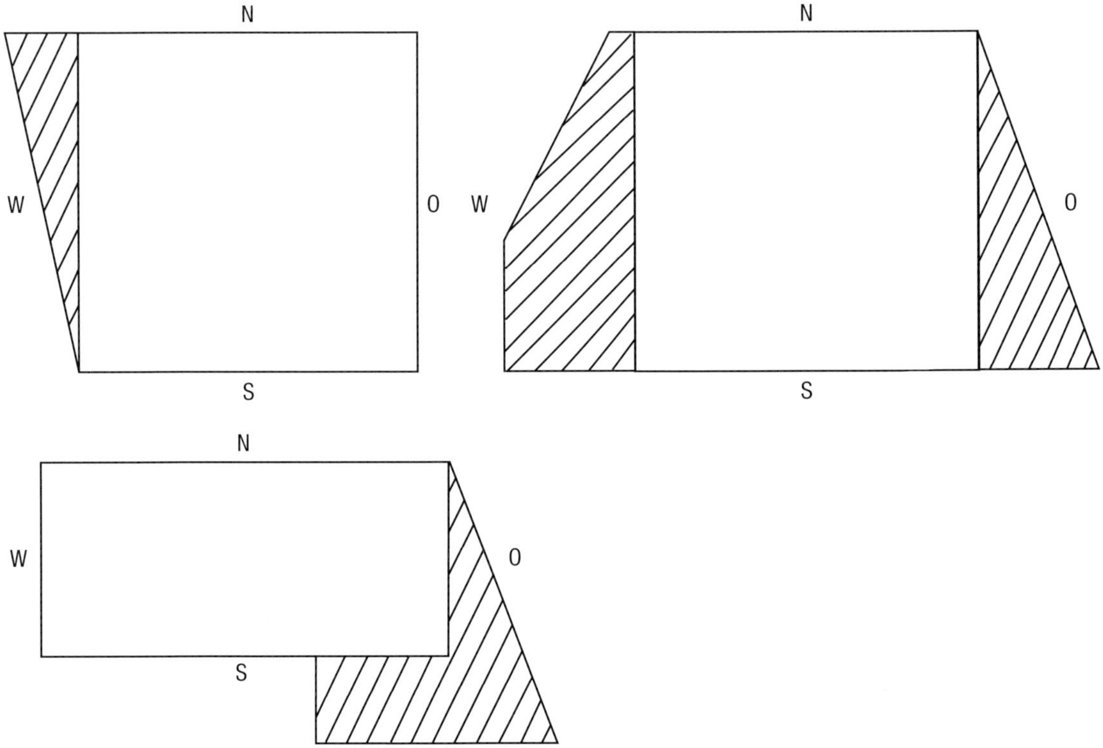

9.13. Die schattierten Flächen sollten abgetrennt und entweder verkauft oder nicht bebaut werden.

Die schattierten Flächen sollten verkauft werden; falls dies nicht möglich ist, kann man sich durch einen dichten Holzzaun oder besser noch durch das Setzen einer Mauer behelfen. Falls die Nordostecke abgeschnitten ist, sollte man das Grundstück begradigen.

Ist das Niveau eines Baugrundes im Süden und Westen nicht höher als im Norden und Osten, kann dies durch Erdaufschüttungen ausgeglichen werden.

Haupteingang

Befindet sich der Haupteingang im Süden, Südosten oder Südwesten eines Hauses – was ganz und gar vermieden werden sollte –, behilft man sich, indem man einen Paravent etwa einen Meter ins Innere des Hauses versetzt hinter die Türe stellt. Damit ist jeder Besucher als erstes gezwungen, sich beim Betreten des Hauses nach links zu wenden und damit von Osten her in das Haus zu treten. Auf diese Weise läßt sich der nachteilige Einfluß durch die nicht vastu-gemäße Anordnung der Eingangstüre gut korrigieren.

Treppen

Eben genanntes Vorgehen empfiehlt sich auch dann, wenn die Treppe eines Hauses direkt gegenüber dem Haupteingang liegt: ein Paravent oder auch eine große Zimmerpflanze zwischen Eingangstüre und Treppenaufgang gestellt, schafft eine Trennung von Eingangsbereich und Treppe und gleicht diese ungünstige Situation ohne allzu großen Aufwand aus.

Balkone und Terrassen

Wer in einer Wohnung oder einem Haus wohnt, die bereits Balkone oder Terrassen an nicht vastu-gerechten Orten haben, kann diese mittels Vorhängen verstecken und so deren nachteilige Wirkungen ausgleichen.

Küche

Wenn die Küche nicht im Südosten oder alternativ im Nordwesten unterzubringen ist, kann man diesen Mangel dadurch ausgleichen, indem man den Herd in die Südostecke des Raumes stellt.

Toilette

Liegt die Toilette ungünstig, befindet sie sich beispielsweise im Nordosten, was wie erwähnt nicht zu empfehlen ist, kann man dies durch das Anbringen von Spiegeln an der Nord- sowie an der Ostwand der Toilette ausgleichen. Durch die Reflexion der Spiegel werden der Osten und der Norden der Toilette optisch verlängert, und damit der Nachteil durch die falsche Lage der Toilette gemindert.

Fall 1

Der Haupteingang befindet sich südlich der Nordwestecke; er wird zugemauert und ein neuer westlich der Nordostecke eingerichtet.

Das Wasserreservoir liegt östlich der Nordwestecke; dies wird korrigiert, indem das Reservoir aufgelassen und ein neues im nordöstlichen Bereich gegraben wird.

Die Küche ist im Südwesten; sie wird in einen Raum im südöstlichen Bereich des Hauses umverlegt.

Die Toilette befindet sich im Nordosten; diesen schweren Mangel beseitigt deren Umverlegung in den Nordwesten.

Das Haus ist so auf dem Grundstück errichtet, daß nach Süden mehr Platz besteht als nach Norden; dies wird ausgeglichen, indem im Norden und Osten zusätzliche Fenster eingebaut werden.

Fall 2

Der Haupteingang liegt östlich der Südwestecke; er wird nach nördlich der Südostecke verlegt; der ehemalige Eingang wird zugemauert.

Das Wasserreservoir befindet sich genau im Süden; es wird zugeschüttet und ein neues an der Nordostecke plaziert.

Die Küche ist im Nordosten; ein schwerer Mangel, der durch die Verlegung in den nordwestlichen Bereich ausgeglichen wird.

Die Toilette befindet sich neben der Küche im Nordosten; sie wird mit dieser ebenfalls in den Nordwesten verlegt.

Glossar

In diesem Buch tauchen viele Begriffe aus dem Sanskrit, der indischen Hochsprache, auf. Viele dieser Ausdrücke sind zum Verständnis der Gedankenmodelle und Grundlagen von Vastu bedeutsam. Deshalb sind die wichtigsten Begriffe hier in alphabetischer Reihenfolge aufgelistet und kurz erklärt.

Die indische Hochsprache: Sanskrit (*samskrta*) bedeutet »vervollständigt« oder »zusammengesetzt« (setzen/tun = krta und zusammen = *sam*). Sanskrit ist die alte indische Hochsprache und die Sprache der vedischen Literatur. Es ist in zwei Hauptgruppen unterteilt: Vedisches Sanskrit und Klassisches Sanskrit.

Vedisches und Klassisches Sanskrit: Die ältere Sprache ist das Vedische Sanskrit, die Sprache der Samhitas und Brahmana, der beiden Hauptteile des Veda. Vedisches Sanskrit beginnt mit dem Rig Ved. Klassisches Sanskrit ist die Sprache der übrigen Sanskrit-Literatur, beispielsweise der »Bhagavad Gita« und des »Ramayana«-Epos.

Zur Aussprache der Sanskrit-Begriffe: Die übliche Aussprache der Sanskrit-Wörter ist englisch-phonetisch:

Die Vokale werden wie im Deutschen ausgesprochen. Vokale mit Querstrich oben werden lang gesprochen – deshalb müßte Vastu wie erwähnt

»Sh« als »sch« (Shiva = Schiva)
»V« als »W« (Vata = Wata)
»Ch« als »Tsch« (Churna = Tschurna)
»J« als »Dsch« (Rajas = Radschas)
»Y« als »J« (Yoga = Joga)
»H« wie das deutsche »H« mit einem leisen Nachklang des vorangehenden Vokals

eigentlich Vaastu geschrieben werden, denn sein A besitzt einen solchen Querstrich. Vokale ohne Querstrich werden kurz gesprochen; e und o werden immer lang ausgesprochen.

Die Betonung erfolgt nach der Quantität der vorletzten Silbe. Ist diese lang, so hat sie den Akzent, ist sie kurz, so liegt der Ton auf der drittletzten Silbe.

Aditya: Patron der Sonne.

Agneya: Südosten

Agni: Patron des Feuers; auch das »Verdauungsfeuer«, die Verdauungs- und Stoffwechseltätigkeit eines Menschen.

Ajna: Sechstes Chakra.

Akasha: Äther, Raum

Ama: Stoffwechselschlacken und -gifte, die durch eine schlechte Verdauung in den Zellen des Körpers abgelagert werden.

Anahata: Viertes Chakra.

Angkor: Stadt

Angula: Eine einen Fingerbreit messende Einheit der Vastu-Maße.

Ap: Wasser

Arjuna: Held des »Mahabharatha«-Epos.

Ashada: Juni

Asthanga Hridaya Samhita: Lehrschrift über das »Herz der achtgliedrigen Medizin« von dem Arzt Vaghabata, der etwa im 7. Jahrhundert n. Chr. die Vorlagen von »Caraka« und »Sushruta« zusammenfaßte und durch eigene Gedanken ergänzte. Gemeinsam mit der »Caraka« und der »Sushruta Samhita« werden diese Texte als das große Trio bezeichnet.

Aswija: September

Aya: Wachstum und Gewinn

Ayadi Shadvarga: Mathematische Formeln, nach denen gemäß Vastu Gebäude, aber auch Städte konzipiert werden sollten.

Ayurveda: Die traditionelle Medizin Indiens.

Bhadrapada: August

Brahma: Männliche Gottheit, die mit Shiva und Vishnu eine Einheit, die Trimurti (das göttliche Wesen in drei Gestalten), bildet.

Brahmabindu: Punkt innerhalb des Brahmasthana, der Ort des totalen Bewußtseins.

Brahmasthana: Zentraler Bereich eines Raumes, Gebäudes oder einer Stadt, der die inneren neun Quadrate des Vastu-Purusha-Mandala umfaßt. Im Brahmasthana konzentrieren sich die energetischen Kräfte; entsprechend wird es als Ort des absoluten Bewußtseins betrachtet, das stets nach oben offen und unbelastet, und unmöbliert bleiben sollte.

Brihat Samhita: Wichtiges Grundlagenwerk zu Vastu; verfaßt von Varahamihira.

Buddha: Merkur

Candra: Mond

Caraka Samhita: Zuammen mit der »Sushruta Samhita« bilden diese Texte die älteste Grundlage ayurvedischer Konzepte und Heilverfahren.

Caraka: Indischer Arzt, der etwa 600 v. Chr. die »Caraka Samhita« niederschrieb. Zusammen mit der »Sushruta Samhita« bildet sie die älteste Grundlage ayurvedischer Konzepte und Heilverfahren.

Chaitra: März

Chakra: Energiezentren des Körpers, übersetzt Lichtrad; Punkte erhöhter Energie, die parallel zur Wirbelsäule vom Schambein bis zum Scheitel verlaufen und denen körperliche und psychische Funktionen, Emotionen und Organbereiche, Farben, Planeten und Edelsteine sowie Himmelsrichtungen zugeordnet sind.

Daiva: Halbgott

Dakshina: Süden

Dattatreya: Religiöses Prinzip, das Gesundheit bringt.

Deva: Dämon

Dhatu: Körpergewebe, die Ayurveda unterscheidet sieben verschiedene Gewebearten.

Dhumaaya: Die Proportion des Rauches – 1 : 1,111.

Dhwajaaya: Die Proportion des Reichtums – 1 : 1.

Dosha: Grundlegendes Regulationssystem, das die Funktionsweise unseres Organismus bestimmt. Ayurveda unterscheidet die Dosha Vata, Pitta und Kapha. Sie sind alle drei in jedem Menschen vorhanden, jedoch von Geburt an in einem für jeden charakteristischen Verhältnis angelegt. Das jeweils dominierende Dosha prägt mit seinen Eigenschaften die körperlichen und geistigen Merkmale des betreffenden Menschen und damit seine Konstitution oder Natur.

Durga: Religiöses Prinzip, das für Wut, Rache und Eifersucht, auch in positiver Hinsicht, steht.

Eashanya: Nordosten

Ganesha: Religiöses Prinzip, das Hindernisse beseitigt.

Gajja: Elefant

Gajjaaya: Die Proportion des Elefanten – 1 : 1,666.

Grihapravesham: Hauseinweihungszeremonie

Guna: Grundeigenschaft jeglicher Existenz

Guru: Jupiter

Hasta: Aus 24 Fingerbreiten bestehende Maßeinheit von Vastu.

Indraprastha: »Sitz des Götterkönigs«, der Überlieferung nach eine märchenhaft schöne Stadt, erbaut nach den Plänen Mayas und sagenhafter Prototyp der Vastu-Architektur.
Ishwara: Das höchste aller religiösen Prinzipien der indischen Mythologie.

Jala: Zeit
Jyeshta: Mai
Jyotisha: Wissenschaft von den Planetenstrahlungen, das Wissen um die Kraft der Lichtstrahlen; umfaßt auch die vedische Astrologie.

Kaakaaya: Die Proportion der Krähe – 1 : 1,777.
Kapha: Das aus den beiden Elementen Wasser und Erde abgeleitete Dosha. Es ist für die Körperstrukturen und den Flüssigkeitshaushalt verantwortlich und steht für biologische Stärke und Ausdauer.
Karma: Zyklus der Wiedergeburten; selbstverschuldetes Geschick durch die Taten in früheren Lebensstadien sowie im jetzigen Leben.
Kartika: Oktober
Ketu: Einer den neun Planeten der vedischen Astrologie, der Drachenkopf; beeinflußt den Nordwesten.
Kharaaya: Die Proportion des Esels – 1 : 1,555.
Kubera: Patron des Reichtums.

Laxmi: Religiöses Prinzip, das Wohlstand bringt.

Magha: Januar
Mahabharata-Epos: Aus 18 Büchern und über hunderttausend Doppelversen bestehendes Epos; eine der wichtigsten Grundlagen des Hinduismus und der indischen Kultur; ihm sind unter anderem viele Werke der klassischen Sanskrit-Dichtung entlehnt. Zentrales Thema ist die geschichtliche Entwicklung Indiens: »Maha« bedeutet übersetzt groß und »Bharata« ist der indische Subkontinent.
Mandala: Grafisches Symbol, das energetische Schwingungen darstellt und feinstoffliche Inhalte verstärkt sowie unter anderem die kosmische Ordnung widerspiegelt.
Manasara: Das wichtigste Grundlagenwerk zu Vastu; gilt als Ausgangsbasis für alle weiteren alten Vastu-Schriften. Ihr Verfasser soll der Legende nach Vishwakarma gewesen sein.
Mangala: Mars
Manipura: Drittes Chakra.
Mantra: Gesang, Kanon, unter anderem mit Schutzfunktion.
Manushya: Menschen, Menschheit

Margasira: November

Marma: Vitale Punkte, die durch traumatische Einflüsse verletzt werden können und deshalb geschützt werden müssen. Ayurveda zählt insgesamt 107 Marmapunkte im menschlichem Körper. Zudem die Punkte, an denen sich die Diagonalen und Energielinien im Brahmasthana kreuzen, auch Marmasthana genannt.

Maya: Dämon, welcher der Überlieferung gemäß die Lehre von Vastu auf die Erde brachte und unter dessen Ägide die sagenhafte Stadt Indraprastha erbaut wurde. Zudem gilt Maya als Verfasser der »Mayamata«.

Mayamata: Die zweitwichigste Vastu-Schrift neben der »Manasara«. Als Autor gilt der Dämon Maya.

Meru: Eine aus Pancaloha gefertigte Pyramide zur Vastu-Korrektur und benannt nach dem mystischen Berg Mern; gewissermaßen der Goldene Schnitt in dreidimensionaler Form.

Muhurtha: Vedische Zeiteinheit; etwas weniger als eine Stunde. Die Brahma muhurtha kurz vor Sonnenaufgang beispielsweise ist die beste Zeit für geistige Arbeit, denn zu diesem Zeitpunkt existiert besonders viel Prana und zudem sind mehr negative Ionen vorhanden als sonst.

Muhurta Shastra: Lehre vom geeigneten Zeitpunkt.

Muladhara: Erstes Chakra.

Nairutya: Südwesten

Navagraha: Die neun Planeten der vedischen Astrologie.

Nakshatra: Astrologische Maßeinheiten, nach denen unter anderem der beste Zeitpunkt, Muhurta, für bestimmte Bauvorhaben errechnet wird. Auch der Geburtsstern im individuellen Horoskop.

Neecha: Von niedriger Güte, schlecht

Neechasthana: Gemäß den Vastu-Kriterien der falsche, schlechte Ort.

Paisacha: Dämonen, Unterwelt

Panca Karma: Die »fünf Handlungen«, System ayurvedischer Reinigungstherapien, die der intensiven Entschlackung und dem Abbau toxischer Rückstände in Körpergeweben und Organen dienen.

Pancaloha: Mischung fünf verschiedener Metalle – Gold, Silber, Kupfer, Zinn und Zink.

Pancamahabhuta: Die fünf Elemente Wasser, Erde, Feuer, Luft und Raum (Äther).

Pandit: Gelehrter, Wissenschaftler

Paramanu: Kleinste Einheit der Vastu-Maße, ein Atom.

Paschima: Westen

Phalguna: Februar

Pitta: Das aus dem Element Feuer abgeleitete Dosha. Es gilt als Stoffwechselprinzip und ist zuständig für Verdauungs- und Stoffwechselvorgänge sowie den Wärmehaushalt.

Poorva: Osten

Prakriti: Die schöpferisch-aktive weibliche Urenergie.

Prana: Lebenspendende Energie und feinstoffliche Essenz, die für die vitale Kraft des Körpers steht.

Prithivi: Erde

Puja room: Gebetsraum, vergleichbar mit der Hauskapelle in unseren Breiten; auch Meditationsraum.

Purana: Auf den vedischen Schriften basierende Texte, die als Erweiterungen dieser anzusehen sind. Die Puranas sind jedoch schöner zu lesen, weil in attraktiverer Form verfaßt; z.B. das »Mahabharatha«-Epos

Purusha: Die formlose männliche Urenergie.

Pushya: Dezember

Rahu: Einer den neun Planeten der vedischen Astrologie, der Drachenschwanz; beeinflußt den Südwesten.

Rajas: Eines der drei Guna, steht unter anderem für Dynamik, Beweglichkeit und Lebenskraft.

Rajasika-Zone: Zone innerhalb eines Gebäudes und Raumes, in der die Qualitäten der Grundeigenschaft Rajas vorherrschen.

Rama: Religiöses Prinzip der Moral und Gerechtigkeit.

Ramayana-Epos: Neben dem »Mahabharata«- eines der wichtigsten Epen der Inder. Es handelt vom Leben des Rama, der siebten Inkarnation Vishnus.

Rishi: Weiser, Erleuchteter

Rudra: Der zerstörerische Aspekt, ein religiöses Prinzip.

Ruta: Jahreszeit

Sahasrara: Siebtes Chakra.

Sama: Zustand, in dem sich alle Dosha im Gleichgewicht befinden, liegt im Nordosten.

Samhita: Schriftensammlungen, aus denen sich die einzelnen Veden zusammensetzen.

Samkhya: Eines der sechs Systeme der indischen Philosophie.

Sattva: Eines der drei Guna; steht für Reinheit, den Impuls, sich zu entwickeln sowie für Stabilität, Kreativität und schöpferisches Potential.

Sattwika-Zone: Zone innerhalb eines Gebäudes und Raumes, in der die Qualitäten der Grundeigenschaft Sattva vorherrschen.

Shadvarga: Eine Gruppe von Formeln, Regeln zum Bau, auch und vor allem, was die Proportionen anbetrifft.
Shani: Saturn
Shanku: Stab aus Sandelholz oder Elfenbein, der im alten Indien zur Ausrichtung nach den Himmelsrichtungen diente.
Shastra: Wissenschaft, Lehre, Schriften
Shiva: Der »Zerstörer«, ein religiöses Prinzip der indischen Mythologie.
Shukra: Venus
Simhaya: Die Proportion des Löwen – 1 : 1,222.
Sravana: Juli
Sthana: Ort, Platz
Subramanian: Der Krieger, ein religiöses Prinzip.
Surya: Sonne
Sushruta: Indischer Chirurg und Verfasser der »Sushruta Samhita« (etwa 700 v. Chr.), die gemeinsam mit der »Caraka Samhita« die älteste Grundlage ayurvedischer Konzepte und Therapieverfahren bildet.
Sutragrahin: Sohn oder Schüler eines Architekten.
Swadhisthana: Zweites Chakra.
Swasaaya: Die Proportion des Hundes – 1 : 1,333.

Taksaka: Zimmermann
Tamas: Eines der drei Guna, steht unter anderem für Dunkelheit, Unwissenheit und potentiell zerstörerische Kraft.
Tamasika-Zone: Zone innerhalb eines Gebäudes und Raumes, in der die Qualitäten der Grundeigenschaft Tamas vorherrschen.
Tithi: Tag innerhalb der Mondphase, an dem unter anderem mit einem Bau begonnen werden sollte.
Triguna: Grundeigenschaften jeglicher Existenz, die Grundlagen allen Seins; genannt Rajas, Sattva und Tamas.

Uccha: Von guter Qualität, richtig.
Ucchasthana: Gemäß den Vastu-Kriterien der richtige, gute Ort.
Uttara: Norden, auch Antwort, Lösung.

Vara: Wochentag, an dem mit einem Bau begonnen werden sollte.
Vastu Purusha: Der »Vastu-Mann«, ein Dämon, der im Vastu-Purusha-Mandala dargestellt ist und dessen Körperteile jeweils unterschiedliche Energiefelder repräsentieren. Auch die Ausstrahlung eines Raumes und Gebäudes; gewissermaßen deren Wesen.
Vastu-Purusha-Mandala: Schema, das jedem Bereich eines Gebäudes spezifische Eigenschaften und damit Funktionen zuordnet – die Verkörpe-

rung von Vastu, und zentrales System der Vastu-Architektur, auf das alle Prinzipien von Vastu Bezug nehmen.

Vastu Shastra: Wissenschaft vom gesunden Bauen und Wohnen.

Vagbhata: Indischer Arzt, der etwa im 7. Jahrhundert n. Chr. die »Asthanga Hridaya Samhita« verfaßte.

Vaidya: Ayurveda-Arzt.

Vaishaka: April

Varahamihira: Gelehrter des antiken Indiens, gilt als Verfasser der »Brihat Samhita« und als Begründer der Proportionslehre von Vastu.

Vardaki: Maurer

Varuna: Patron der Ozeane.

Vata: Das aus den beiden Elementen Luft und Raum abgeleitete Dosha. Es steht für Bewegung und Fluß und ist verantwortlich für alle Bewegungsabläufe im Körper. Zudem steuert Vata das Wachstum, regelt die Aktivität von Körper und Geist und kontrolliert die beiden anderen Dosha.

Vayu: Patron des Windes.

Vayuvya: Nordwesten

Veden: Die Veden, von *veda*, vollständiges Wissen, gelten als die ältesten Belege der indischen Kultur und werden auch als das älteste überlieferte Wissensgut der Menschheit betrachtet. Bei diesen in Sanskrit verfaßten Texten handelt es sich nicht um ein einzelnes Werk, sondern um eine eigene Literaturgattung. Ihre Niederschrift wird in die Zeit vom 3. Jahrtausend v. Chr. bis zum 8. Jahrhundert n. Chr. datiert.

Vishnu: Der »unbesiegbare Bewahrer, Erhalter«; ein religiöses Prinzip der indischen Mythologie. Es gilt als Manifestation der Sonne und als Erscheinungsform Agnis, des Patrons des Feuers.

Vishuddha: Fünftes Chakra.

Vishwakarma: Überirdischer, der nach der Legende die Lehre von Vastu auf der Erde verbreitete und die »Manasara« verfaßte.

Vrishabhaya: Die Proportion des Bullen – 1 : 1,444.

Vyaya: Rückgang und Verlust.

Yama: Patron des Todes sowie religiöser Prinzipien und Gerechtigkeit.

Yantra: Grafisches Symbol, das als Instrument fungiert, welches positive feinstoffliche Inhalte transportiert und verstärkt. Entsprechend hat ein Yantra auch Schutzfunktion.

Yoga: Eines der sechs Systeme der indischen Philosophie. Im Westen ist Yoga überwiegend als körperliches Übungssystem bekannt.

Yoni: Quelle und Ursprung, auch Vagina.

Literatur

Grundlagenwerke zu Vastu

Manasara on architecture and sculpture (Volume 1 – 7)
Übersetzer und Herausgeber: Prof. Sri Prasanna Kumar Acharya
Munshiram Manoharlal Publishers Pvt. Ltd., New Delhi

Mayamatam (Volume 1 und 2)
Treatise of housing, architecture and iconography
Übersetzer und Herausgeber: Bruno Dagens
Indira Gandhi National Centre for the arts, New Delhi, ISBN 81-208-1026-8

Vástu-Sástra (Volume 1 und 2)
Hindu Canons of Iconography and Painting
Übersetzer und Herausgeber: D.N. Shukla
Munshiram Manoharlal Publishers Pvt. Ltd., New Delhi, 1996, ISBN 81-215-0611-5

A Dictionary of Hindu Architecture
Autor: Prof. Sri Prasanna Kumar Acharya
Munshiram Manoharlal Publishers Pvt. Ltd., New Delhi, 1995, ISBN 81-215-0701-4

Indian Architecture
Autor: Prof. Sri Prasanna Kumar Acharya
Munshiram Manoharlal Publishers Pvt. Ltd., New Delhi, 1996, ISBN 81-215-0719-7

Grundlagenwerke zu Ayurveda

Caraka Samhitá (Volume 1 und 3)
Übersetzer und Herausgeber: Dr. Ram Karan Sharma, K.S.D. Sanskrit University, Darbhanga, Bihar und Vaidya Bhagwan Dash, Deputy Advisor für Ayurveda, Ministerium für Gesundheit und Familienplanung, New Delhi
Chowkhamba Sanskrit Series Office, Varanasi-1, 1995

Caraka Samhita (Volume 2)
Übersetzer und Herausgeber: Prof. Priyavrat Sharma
Chaukhamba Orientalia, Varanasi, 1994

Astánga Samgraha of Vágbhata (Volume 1 und 2)
Übersetzer und Herausgeber: Prof. K.R. Srikantha Murthy, Government College für Indische Medizin, Bangalore
Chaukhambha Orientalia, Varanasi, 1996

Sushruta Samhita (Volume 1 – 3)
Übersetzer und Herausgeber: Kaviraj Kunjalal Bhishagratna, M.R.A.S.
Chowkhamba Sanskrit Series Office, Varanasi, 1991

The Veda of the Black Yajus School – Taittiriya Samhita
Übersetzer: Arthur Berriedale Keith, D.C.L., D. Litt.
Motilal Banarsidass, Delhi in Zusammenarbeit mit Harvard University Press, 1967

Weitere Literatur

The Wealth of Indian Alchemy & Its Medicinal Uses (Volume 1 und 2)
Übersetzt und überarbeitet von B. Mukherji
Sri Satguru Publications, a division of Indian Books Centre, Delhi, 1995, ISBN 81-7030-582-9

Handbook of Vastu
B. Niranjan Babu
UBS Publishers' Distributors Ltd. Mumbai, New Delhi, Bangalore, Calcutta 1998

Principles & Practice of Vastu Shastra
Prof. V. V. Raman
Vidya Bhawan Publishers & Booksellers Jaipur, Rajasthan 1996

Vastu Law for Industrial Developments
Dr. K. V. Raja Rao
UBS Publishers' Distributors Ltd. Mumbai, New Delhi, Bangalore, Calcutta 1996

Science in Vastu Applications
Dr. K. V. Raja Rao
The World Academy of Vastu Education and Science (WAVES), 1995

Times of India, Ausgabe vom 2. 4. 1998:
Cashing in on mystic rules for better hotels – Vaastu shastra
Autor: D. Muralidhara Rao

Wonders of the medicinal powers of indian geomancy (vaastu)
Dr. K. V. Raja Rao, Managing Director of Waves
World Academy of Vaastu Education and Sciences (WAVES), Bangalore

Raman & Rajeswari Research Foundation: *First Workshop on Vastu*
Autor: B. Niranjan Babu

An Introduction to Vaastu shastra
Autor: P. N. Ramachandra
Bhagya Lakshmi Stores, Book sellers & Publishers, Bangalore, 1998

Builders & Developers World, Ausgaben Oktober und November 1997:
Report on Vastu Seminar (am 13.9.1997)

Builders & Developers World, Ausgabe Oktober 1996:
Vaastu – the ancient science of architecture
Autor: B. Niranjan Babu

Builders & Developers World, Ausgabe Mai 1996:
Significance of vaastu – Principles in ancient forts of indian background
Autor: K. V. Raja Rao

Builders & Developers World, Ausgabe Mai 1996:
Relevance of vaastu
Autor: Shri B. V. Raman

Builders & Developers World, Ausgabe Januar 1997:
Application of vaastu in cellars
Autor: A. R. Hari

Builders & Developers World, Ausgabe Januar 1996:
Vaastu for upliftment of humanity
Autor: K. V. Raja Rao

Builders & Developers World, Ausgabe März 1996:
Vastushastra and the remedies
Autor: K. S. Anand Kumar

Builders & Developers World, Ausgabe Februar 1997:
Vastu in Buildings
Autor: R. Bangarappa

Angkor
Herausgeber: Henri Stierlin
Benedikt Taschen Verlag GmbH, Lausanne, ISBN 3-8228-9533-4

Lexikon der Weltarchitektur
Herausgeber: Sir Nikolaus Pevsner, John Fleming und Hugh Honour
Prestel Verlag München, ISBN 3-7913-0319-8